HEYNE BÜCHER

W0408010

IRISIANA

Frieder Anders

Taichi
Chinas lebendige Weisheit

Grundlagen der fernöstlichen Bewegungskunst

Herausgegeben von Frieder Anders
unter Mitarbeit von Wolfgang Höhn

IRISIANA

IRISIANA BEI HEYNE

Herausgegeben von Michael Görden

13/9848

Umwelthinweis:
Dieses Buch wurde auf
chlor- und säurefreiem Papier gedruckt.

Taschenbucherstausgabe 4/2001

Wilhelm Heyne Verlag GmbH & Co. KG, München
http://www.heyne.de
Printed in Germany 2001
Umschlaggestaltung: Atelier Seidel, Altötting
Umschlagabbildung: Gettyone Stone, München
Herstellung: H + G Lidl, München
Satz: Fotosatz Völkl, Puchheim
Druck und Bindung: RMO, München

ISBN 3-453-18054-2

Inhalt

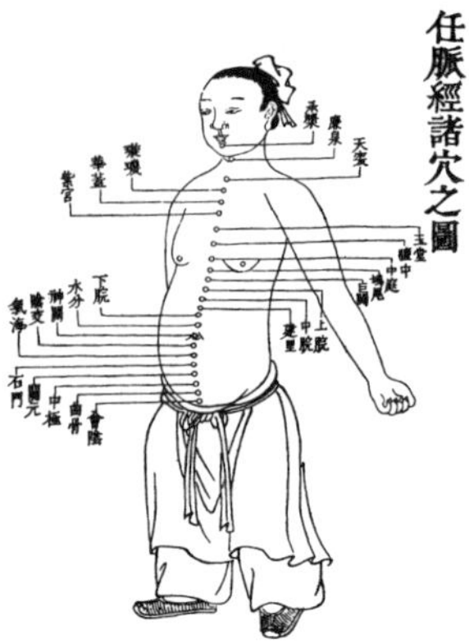

II. Wege

III. Der Weg des Taichi Chuan

IV. Erfahrungsberichte

Anhang

Dem Andenken von
Großmeister YANG SHOU-CHUNG
gewidmet

楊
守
中
老
大
師
献
呈

Einleitung

»Es ist aber gerade der Osten, der uns ein anderes, weiteres, tieferes und höheres Begreifen lehrt, nämlich das Begreifen durch das Leben.«

CARL GUSTAV JUNG

Im Weltbild der alten Zeit war die Erde ein Viereck und der Himmel eine gewölbte Schale darüber. Damit der Himmel die Erde nicht erdrücke, wurde er am Rand und in der Mitte von Balken gestützt. Der Balken in der Mitte hieß *taichi** – »der große Balken«: Er reichte tief in die Erde hinab und berührte am nördlichen Polarstern den Himmel. Wie dieser Balken soll der Mensch sein: mit den Füßen auf der Erde und dem Kopf in den Wolken, denn seine Aufgabe ist es, Mitte und Verbindung zwischen Himmel und Erde zu bilden. Als kosmologischer Begriff ist *taichi* einer der Namen, die die Chinesen dem »Namenlosen« gegeben haben – dem Urzustand, bevor Himmel und Erde waren: das »Urgegebene«, »Unbedingte«, »Eigenschaftslose«, wie einige der Übersetzungen lauten. Wie der große Balken im mythologischen Bild Himmel und Erde verbindet, so ist *taichi* der Urkeim des Lebens, der Himmel und Erde im Innersten zusammenhält. »*Taichi* kommt aus dem Unendlichen. Es ist der Ursprung von Bewegung und Ruhe und die Mutter von *yin* und *yang*. In Bewegung handeln die beiden Kräfte getrennt voneinander, in Ruhe verschmelzen sie zur Einheit« (Klassischer *taichi*-Text 2., S. 222).

Taichi ist das große Eine, in dem zugleich die Zweiheit angelegt ist. Die Schöpfung entsteht durch das Zusammenwirken zweier polarer Kräfte, *yin* und *yang*, die sich bedingen, abwechseln und ergänzen. Alles, was existiert, ist daher einem steten Wandel unterworfen – aber der Wandel ist nicht chaotisch, er folgt dem Spiel von *yin* und *yang*, dem *tao*, das selbst unwandelbar und ewig ist.

Taichi chuan ist die Bewegungskunst, die *taichi*, die Polarität und den Wandel verwirklicht. »*Chuan*« (genau: »ch'üan«), wörtlich »Faust«, bezeichnet die Abfolge vorgegebener Bewegungen, die die Grundlage täglichen Übens darstellt. *Taichi chuan* üben heißt, die Polarität und den steten Wandel im Leben zu er-

* Zur Schreibweise der chinesischen Ausdrücke siehe Seite 262.

kennen suchen, beides zu akzeptieren und sein Handeln oder Nichthandeln danach einzustellen, um sich so der Erfahrung des *taichi*, der Einheit allen Seins, anzunähern.

Ein weiterer wichtiger Begriff zum Verständnis von *taichi chuan* ist *ch'i. Ch'i* hat viele Bedeutungen, u. a. Luft, Äther, Atem, Lebenskraft, Wesen. Chinesische Autoren definieren es als »Ursprung des Lebens« oder als »etwas, dessen Form und Stoff nicht zu sehen ist, das aber diese – sie wechselseitig bewegend – beeinflusst« oder: »*Yin* und *yang* heißen die beiden *ch'i*: Sie erzeugen in gegenseitiger Bewegung alle Dinge« (nach Stiefvater, S. 31). *Ch'i* ist einmal Äther, sozusagen die nicht materielle Substanz des Universums und dessen Wirkkraft (»Atem des Himmels und der Erde«). Dann bedeutet es »Atem«, denn mit dem Atem nimmt der Mensch kosmisches *ch'i* in sich auf und verwandelt es, zusammen mit dem durch Nahrung aufgenommenen *ch'i*, in inneres *ch'i*, seine Lebenskraft. Der Mensch erfüllt also dann seine Bestimmung, Verbindungsglied zwischen Himmel und Erde zu sein, wenn er sein *ch'i* entwickelt und erkennt, dass auch ihn die gleiche Kraft durchdringt, die das ganze Universum bewegt. Alle menschlichen Tätigkeiten wurden darum bei den Chinesen an dem Ausdruck dieser erstrebten Einheit gemessen, die aus dem Nähren und Bewahren von *ch'i* resultierte.

In der Heilkunst geht es darum, *ch'i* im Körper ungehindert zirkulieren zu lassen und freien Austausch mit dem kosmischen *ch'i* zu ermöglichen – dann ist der Mensch gesund. Die zahllosen Übungen und Systeme, die als *»ch'ikung«* bezeichnet werden (»Übung und Entwicklung des *ch'i*«) zielen darauf, mittels meditativer Atem- und Bewegungsübungen – ohne ärztliche Hilfe – Gesundheit zu erlangen und zu bewahren. Im frühen Taoismus ging das Bestreben weiter: Durch Meditation sollte *ch'i* in spirituelles Bewusstsein umgewandelt und damit ein Zustand erreicht werden, in dem das Ego stirbt und die Einheit allen Seins erlebt wird.

In den Kampfkünsten bildet frei fließendes *ch'i* die Voraussetzung für die Fähigkeit zu kämpfen. Darüber hinaus hat aber praktisch jede chinesische Kampfkunstart bei der Entwicklung ihrer Techniken speziellen Gebrauch von *ch'i* gemacht: Je nach Betonung der »äußeren (Muskel-)Kräfte« oder der »inneren Kräfte« – der Einheit von Geist, Bewegung und *ch'i* – unterscheidet man »äußere« und »innere« Kampfkünste oder Mischformen.

In der Kunst, vor allem in Malerei und Kalligrafie, war es wesentlich, das *ch'i* des Darzustellenden rein in sich aufzunehmen und wiederzugeben – eine Mimesis, bei der man ichbezogene Empfindungen auszuschalten versuchte: Um Bambus zu malen, musste der Künstler sich selbst vergessen und zu Bambus werden. Aus der Beobachtung der Gesamtheit der Natur entwickelten die Chinesen die Geomantie. Sie verdeutlichte, wie das *ch'i* des Himmels und der Erde die Landschaft geformt hatte und welche Orte sich am besten eigneten, um Gebäude zu errichten, ohne die innere und äußere Harmonie der Landschaft zu zerstören.

Taichi chuan umfasst alle diese Möglichkeiten, mit *ch'i* umzugehen. Es ist *ch'ikung*, Heilmethode, Meditation in Bewegung und Kampfkunst in einem; als Kampfkunst die berühmteste und »chinesischste« von allen, weil sie am reinsten das Prinzip der »inneren Energie« verwirklicht: Entwicklung und Einsatz von Kräften aus dem frei fließenden *ch'i* heraus, ohne Blockierung durch Muskelanspannungen, Affekte oder ichhaftes Wollen. Ihre Bewegungen sind dem Pinselstrich des Malers oder Kalligrafen vergleichbar; sie sind nicht individualpsychologische Selbstdarstellung, sondern freier Ausdruck der Einheit von innerem und äußerem *ch'i*.

Die Geschichte des *taichi chuan* liegt größtenteils im Dunkeln. Fast jedes Buch vertritt seine eigene Auffassung über den Zeitpunkt seiner Entstehung, denn schriftliche Quellen gibt es nicht; die Basistexte des *taichi* stammen aus der Neuzeit, anders als die klassischen Schriften der Malerei, der Medizin oder der Literatur. Tatsächlich wird ein Zeitraum von 3000 Jahren in Anspruch genommen – eben die Zeit, in der die chinesische Philosophie sich entfaltete und die Systeme von Gesundheitsübungen, Heilverfahren, Meditationen und Kampfkünsten entwickelt wurden, die den Nährboden für die Entstehung des *taichi chuan* abgaben.

Wahrscheinlich ist *taichi chuan* vor etwa 300 Jahren als Synthese bekannter Kampfkunst-Systeme und taoistischer Meditations- und Atemübungen entstanden. Die Legende weiß vom taoistischen Mönch CHANG SAN-FENG, der im 12. Jh. n. Chr. *taichi chuan* entwickelt haben soll. CHANG war ein Meister der harten oder »äußeren« Kampfkünste. Diese sind, so heißt es, im Kloster Shaolin unter BODHIDHARMA, dem indischen Mönch und Begründer des Zen-Buddhismus, im 6. Jahrhundert entstanden, und zwar aus Übungen, die den Mönchen als Ausgleich für das lange Sitzen in Meditation verordnet wurden. »Auge, Faust und Fuß« sind ihre Prinzipien, d. h., das Training zielte auf hohe Reaktionsgeschwindigkeit und Ausbildung der Hände und Füße zu tödlichen Waffen. Unzufrieden mit der äußeren Kampfkunst, die »den Schlangen ständig Beine anmalte«, wie ein chinesisches Sprichwort überflüssiges Tun beschreibt, suchte CHANG nach neuen Wegen. Er wollte weniger äußere Techniken, weniger Schweiß und Keuchen, stattdessen sollten die natürlichen inneren Energien eingesetzt werden, die er mittels der taoistischen Meditation entwickelt hatte. Durch die Beobachtung des Kampfs eines Kranichs mit einer Schlange entdeckte er, so wird berichtet, die Polaritäten von *yin* und *yang* und schuf die Urform von *taichi chuan*, die so genannten »13 Bewegungsformen«. Der Name des Bergs, auf dem er lebte, Wu Tang, wurde später die Bezeichnung für die inneren Kampfkünste.

In neuerer Zeit kennt man vier Hauptstile, nämlich den *Ch'en-*, *Yang-*, *Wu-* und *Sun*-Stil. Es sind »Familienstile« und es war Tradition, dass die Geheimnisse eines Stils nur innerhalb der Familie weitergegeben wurden. Gelang es einem Außenstehenden, das Vertrauen eines Meisters zu erlangen, wurde er als »Meisterschüler« an Sohnes Statt angenommen und gehörte fortan zur Familie, dem Meister zu absoluter Loyalität verpflichtet. In der Regel wurden nur die Söhne unterrichtet, weil die Väter verhindern wollten, dass ihre Geheimnisse weitergegeben wurden, wenn die Töchter in andere Familien einheirateten. *Taichi chuan*, wie es heute verbreitet ist und von Millionen Chinesen – und immer mehr westlichen Menschen – morgens in den Parks als »Schattenboxen« geübt wird, ist »öffentliches« *taichi chuan*; es sind vereinfachte Formen, die von den Familien der Öffentlichkeit zugänglich gemacht wurden. Seine große Verbreitung hat *taichi chuan* erst im 20. Jahrhundert erfahren, einmal in den 20er- und 30er-Jahren, als man sich in China verstärkt auf die eigene Kultur besann, und dann in den 50er-Jahren, als die Regierung dem Volk *taichi chuan* als hervorragende Gesundheitsübung verordnete. Ebenfalls in den 50er-Jahren wurde *taichi chuan* im Westen – zunächst in den USA – bekannt. »Öffentliches« *taichi chuan*, von Schülern, aber nicht von Meisterschülern weitergegeben, unterscheidet sich erheblich von dem authentischen (Familienstil-)*taichi chuan*, das über Generationen hinweg entwickelt und vertieft worden ist. Denn um seine »Geheimnisse« zu erfassen, reicht ein einzelnes Leben nicht aus – und drei Leben nicht, diese selbst zu entdecken, wie YANG CH'ENG-FU gesagt haben soll.

In diesem Buch wird nach der Behandlung der geistigen Grundlagen der *Yang*-Stil vorgestellt, der von der Familie YANG (der Name hat nichts mit *yin* und *yang* zu tun!) entwickelt wurde, und zwar der authentische Familienstil – so weit er mir nach sechs Jahren Unterricht bei Meister CHU bekannt ist. Meister CHU lebt und unterrichtet in London. Er ist Meisterschüler von Großmeister YANG SHOU-CHUNG (1910–1985), dem Urenkel des Begründers des *Yang*-Stils, YANG LU-CH'AN. YANG SHOU-CHUNG gründete die International Tai Chi Chuan Association

YANG CHIEN-HOU (1839–1917)

YANG CH'ENG-FU (1883–1936)

(ITCCA) mit dem Ziel, den »echten« *Yang*-Stil zu verbreiten. Meister CHU unterrichtet in vielen Ländern und bildet Lehrer aus, die berechtigt sind, im Namen der ITCCA zu unterrichten.

YANG LU-CH'AN (1799–1872), der Begründer des *Yang*-Stils, war wie CHANG SAN-FENG Meister der äußeren Kampfkünste und damit nicht mehr zufrieden. Er hörte vom berühmten *taichi*-Meister CH'EN CHANG-HSING (*Ch'en*-Stil) und weil er als Fremder keine Aussicht hatte, als Schüler in die Familie aufgenommen zu werden, unternahm er es, als angeblich taubstummer Diener ins Haus zu gelangen. Heimlich beobachtete er den abendlichen Unterricht und übte nachts, was er gesehen hatte. Nach etlichen Jahren wurde er entdeckt – und erwies sich als so fähig, dass ihn der Meister nach verschiedenen Prüfungen als Schüler annahm. Später reiste er durch China, besiegte 18 berühmte Meister mit nicht mehr als jeweils zwei Bewegungen und erhielt den Beinamen »YANG, der nicht kämpft«. Er begann in Peking öffentlich zu unterrichten, konnte damit aber nicht fortfahren, weil er zum Lehrer des Kaisers bestellt wurde. Seine Söhne YANG CHIEN-HOU (1839–1917) und YANG PAN-HOU (1837–1892) führ-

YANG SHOU-CHUNG (1910–1985)

CHU KING-HUNG

ten seinen Stil fort. YANG CH'ENG-FU (1883–1936), ein Sohn des YANG CHIEN-HOU, gilt als berühmtester Meister des 20. Jahrhunderts. Er reiste viel und verbreitete den *Yang*-Stil in ganz China. Von den Tausenden seiner Schüler wurden nur wenige in die Tradition und die Geheimnisse des Familienstils eingeweiht und später als Meister des authentischen *Yang*-Stils autorisiert. Doch auch andere Schüler betätigten sich als Lehrer und gaben weiter, was sie unvollständig gelernt hatten. Das erklärt, warum der *Yang*-Stil heute in so vielen »öffentlichen« Varianten auftritt. In der Volksrepublik China wurde 1955 von der Regierung eine kurze Fassung veröffentlicht, die so genannte Peking-Form, die möglichst vielen möglichst rasch das Erlernen von *taichi chuan* ermöglichen sollte.

Auch im Westen, zunächst in den USA, in Kanada und England und in den letzten Jahren auch in Festland-Europa, ist der *Yang*-Stil die am meisten verbreitete Form. Das geht zum großen Teil auf CHENG MAN-CH'ING (gest. 1975) zurück, einen Schüler von YANG CH'ENG-FU. Als Meister der Poesie, Malerei, Kalligrafie und Heilkunde war er doch kein Meisterschüler YANG CH'ENG-FUS gewesen und sein *Yang*-Stil unterscheidet sich – nicht nur im Ablauf der Bewegungen, der so genannten *taichi*-Form, die er selbst verkürzt hat – beträchtlich vom authentischen. YANG SHOU-CHUNG (1910–1985), der älteste Sohn von YANG CH'ENG-FU, wurde von diesem seit seinem achten Lebensjahr ausgebildet und nach dessen Tod Nachfolger in der Familientradition; drei jüngere Söhne leben heute in China. YANG SHOU-CHUNG hatte seit 1949 in Hongkong nur drei autorisierte Meisterschüler ausgebildet – der letzte war Meister

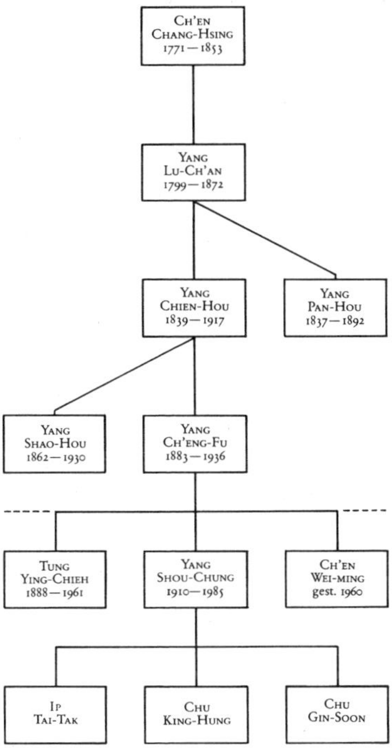

Stammbaum des authentischen *Yang*-Stils

CHU KING-HUNG, der seit 1970 in London lehrt.

An Büchern über den *Yang*-Stil, oder besser die *Yang*-Stile, fehlt es nicht; sie beziehen sich alle auf YANG CH'ENG-FU. Dies ist das zweite Buch in einer westlichen Sprache, das die Fortsetzung der Tradition des *Yang*-Familienstils durch YANG SHOU-CHUNG darstellt; er selbst hat auf Initiative von CHU GIN-SOON, seinem zweiten Meisterschüler, ein englisches Buch mit Beispielen von *taichi chuan* als Kampfkunst publiziert. Wenige Publikationen zeigen *taichi*-Fotos von YANG CH'ENG-FU; meist stellen die Autoren sich selbst dar. Da sie aber in ihrem Text den klassischen *taichi*-Schriften aus dem Umkreis der *Yang*-Familie folgen, ist die Diskrepanz zwischen dem Geschriebenen und dem Gezeigten beträchtlich. Mein erstes Buch, »*Taichi* – Das chinesische Schattenboxen«, beschreibt ebenfalls eine Variante des »neuen« *Yang*-Stils und nicht den authentischen.

YANG SHOU-CHUNG galt als der führende Meister des *Yang*-Stils, aber leider gibt es, außer in seinem einzigen Buch, von ihm keine Fotos oder Filme. Ich hoffe, dank der Fotos von Meister CHU, mit diesem Buch die Lücke zwischen Wort und Bild schließen zu können und die Theorien und Aussagen über *taichi chuan* verständlich zu machen.

Frankfurt/M., November 1984

FRIEDER ANDERS

I. Grundlagen

»Dem tao *entstammt das Sein der Myriaden Dinge,*
das Wechselspiel von yin *und* yang *bewirkt*
ihr scheinbares Geschiedensein.«

JOHN BLOFELD

Das Tao und sein Wirken

Das Sein als ungeheuer weites und zeitloses Meer fleckenloser Reinheit, in welchem, als Folge der Wechselwirkung von Dunkel und Hell, eine Unzahl Illusionen durcheinander spielen, ähnlich sich ständig wandelnden Wolkenformationen oder gleich rastlosen Wellen – diese Vorstellung ist von solch immensem Alter, dass niemand zu sagen vermag, wann sie zum ersten Mal aufgetaucht ist. Womöglich wesentlich älter als das, was korrekterweise als Taoismus bezeichnet werden kann, war sie eine Glaubensauffassung, die von den Chinesen, unabhängig von ihrer Religionszugehörigkeit, nur selten infrage gestellt wurde. Eines frühen Tages in der archaischen Volksreligion formuliert, wurde sie zum eigentlichen Kern taoistischer Lehren, von Konfuzianern – trotz vielfältigster Meinungsunterschiede zu den Taoisten – als Selbstverständlichkeit akzeptiert und dann ebenso in die Struktur des Buddhismus verwoben, als dieser das »Reich der Mitte« erreichte. MAO TSE-TUNG und CHOU EN-LAI, so behaupten manche heute, hätten ihre außergewöhnlichen Erfolge der wohl gehüteten geheimen Beherrschung einer Wissenschaft von *yin* und *yang* zu verdanken. Mag auch niemand geeignet sein, den Wahrheitsgehalt dieser Behauptung aufzudecken, so zeigt sie doch, dass diese uralte chinesische Vorstellung bis heute etwas von ihrem alles durchdringenden Einfluss bewahrt hat.

Die Vorstellung eines »höchsten Wesens«, so überaus grundlegend in den westlichen Religionen, wird in Ostasien generell ersetzt durch jene eines »höchsten Seinszustandes«, einer nicht personalen Vollkommenheit, von der alle Wesen, einschließlich des Menschen, einzig aufgrund von Verblendung getrennt erscheinen. Götter, obwohl ihre Existenz weithin angenommen wird, erhalten keine letzte oder höchste Bedeutung; wie Dämonen,

Tiere oder Fische bilden sie eine eigene Ordnung der Wesen, und wie den Menschen, so sind auch ihnen vom unerbittlichen Gesetz der Unbeständigkeit enge Grenzen gesetzt. Betrachtet man höchste geistige Bestrebungen als »spirituelle Echtheitsstempel«, so steht der Taoismus weit über allen Religionen. Die wirklichen Taoisten, mögen sie auch den von ihren eher einfältigen Brüdern der populären Volksreligionen ererbten Göttern mit heiterer Gelassenheit gegenüberstehen, sind weit entfernt von einer Gleichgültigkeit gegenüber der Göttlichkeit selbst: Ist es doch ihr Ziel, mittels der so genannten »Kultivierung des Weges« weit mehr als nur Götter zu werden. Ich zweifle, dass christliche Missionare, die einem solchen Menschen von Gott sprachen, jemals begriffen haben, dass sie genauso gut über eine Art Vogel oder Geist hätten diskutieren können – allesamt nur Teile der umgebenden Szenerie, zwar nicht ohne Bedeutung, aber doch für den Menschen von nur geringem Interesse.

Ja, der taoistische Begriff vom Letzten: tiefgründige Philosophie, geistiges Streben, die Poesie der Natur und die Ehrfurcht vor der Heiligkeit aller Wesen und Dinge, sie bilden diese so überaus erhabene Vorstellung – eine der christlich-jüdischen Tradition so fremde, dass sie der Erklärung bedarf. Umso mehr, als sie die Basis bildet, in der alle taoistischen Praktiken gründen – von den naivsten bis zu den erhabensten.

Tao oder das Namenlose

Das *tao* ist unermessbar, weit und ewig. Als ununterscheidbare Leere, als purer Geist ist es die Mutter des Kosmos; als Nichtleere ist es der Umfasser, der Erhalter und, in gewissem Sinn, das Sein aller Myriaden Dinge, alles durchdringend. Als das Ziel der Existenz ist es der Weg des Himmels, der Erde und des Menschen. Von keinem Sein, ist es Ursprung allen Seins. Keiner Aktivität bewusst, ohne Absicht und Zweck, weder Belohnung noch Lob erstrebend, erfüllt es doch alle Dinge mit Vollkommenheit. Gleich dem Wasser ist Weichheit sein Weg. Es ist eher schattenhaft, wie eine tiefe Schlucht, denn glänzend. Die Dinge dem *tao* zu überlassen, ohne sich in seinen natürlichen Ablauf zu mischen – das ist bestes Handeln, denn, so lehrt Lao Tzu: »Des Himmels und der Erde Schwächstes, es überwin-

Kalligrafie von Zenmeister Ōmori Sōgen: *hsü hsin* (leerer Geist)

det das Stärkste; kommend von nirgendwo dringt es das Zwischenraumlose. Daher weiß ich den Schatz des Nichtwirkens. Die den Wert erkennen des Lehrens ohne Worte, des Nichtwirkens, wenige sind es« (Lao Tzu, *Tao Te Ching*, 43).

Tao (der Weg), erklärt uns Lao Tzu, ist nur eine passende Bezeichnung für etwas, das am besten das Namenlose genannt würde. Nichts kann von ihm gesagt werden, ohne seine Fülle zu schmälern. Zu sagen, dass es existiert, heißt auszuschließen, was nicht existiert – des *tao* ureigenstes Wesen jedoch ist die Leere. Zu sagen, dass es nicht existiert, schließt die *tao*-durchdrungene Vielfalt aus. Fort mit dualistischen Kategorien! Worte begrenzen. Grenzenlos ist das *tao*. Es ist *t'ai hsü* (die große Leere), frei aller Merkmale, existent aus sich selbst, ununterschieden, fern aller Vorstellung – gleichwohl im kleinsten Samen in ganzer Fülle vorhanden. Es ist ebenso *t'ai chi* (der Urgrund, die schöpferische Kraft des Kosmos). Und auch *t'ai i* (der große Wandler), denn ohne Ende sind seine Windungen und Wandlungen. Gesehen mit der begrenzten Sicht des Menschen, ist es auch *t'ien* (der Himmel), Quelle aller Ordnung und Regelmäßigkeit. Es ist die Mutter von Himmel und Erde; ohne seine Nahrung kann nichts existieren.

Offensichtlich hebt eine solche Vorstellung das *tao* über Gott hinaus, denn Theisten halten daran fest, dass Gott und die Kreaturen seiner Schöpfung auf ewig zwei und voneinander getrennt sind. Ein Christ, obwohl bestrebt, in Gottes Gegenwart zu leben, denkt nicht im Traum daran, die Geschöpfe und Gott eins werden zu lassen. Gott also, alles ausschließend, was nicht Gott ist, ist weniger als das Unbegrenzte. Für einen Taoisten ist nichts getrennt vom *tao*. Geheimnis über Geheimnis, wie Lao Tzu sagt.

Im *Tao Te Ching* finden wir an anderer Stelle (52. Spruch): »Einen Urgrund hat das Universum, Mutter kann er genannt werden. Erkenne die Mutter, dass du erkennst das Kind; erkenne das Kind, zu ergreifen die Mutter.« In anderen Worten: Weder kann die Welt der Form verstanden werden, bevor nicht das Nichts begriffen ist, noch ist es möglich, die Leere zu durchdringen ohne Verstehen der Welt der Gestalt. Diese zwei sind Aspekte des Einen.

Noch einmal Lao Tzu: »Seinen Namen weiß ich nicht, doch nenne es *tao*. So ihr besteht auf Benennung, so ruf ich es gewaltig und tätig, in großen Kreisen bewegt … Nichtheit sein Name vor des Universums Geburt. Sein ist sein Name als Mutter aller Dinge. Darum: Suchst du sein Geheimnis zu erblicken, erscheint es als endlose Leere; willst du sein Wesen schauen, so siehst du sein Sein« (*Tao Te Ching*, 25. Spruch). Dies ist die von den Alten ererbte Vorstellung des Unendlichen.

Yin und Yang

Ausgehend von Gedanken, die im »Buch der Wandlungen«, *I Ching*, formuliert werden, kann man annehmen, dass die Menschen, Jahrhunderte vor LAO TZU, das Wirken des *tao* erschauten aus dem Wechsel von *yin* und *yang*, Ersteres negativ, passiv, weiblich, Zweiteres positiv, aktiv, männlich. LAO TZU sagt dazu: »Das *tao* gab Geburt der Eins, die Eins der Zwei, die Zwei der Drei, die Drei den Myriaden Dingen, welche tragen das *yin* und umschließen das *yang*, harmonisch vereint« (*Tao Te Ching*, 42. Spruch). Dies mag bedeuten: Das *tao* zeugt die Möglichkeit aller Form, das ist die Eins, sein aktives Prinzip ist *yang*, sein passives *yin*, dies ist die Zwei; deren Verbindung erzeugt die »Drei Schätze«, die Drei; diese gebären alle Myriaden Dinge des Universums. Ein jedes Einzelne ist erfüllt mit der Ganzheit des Einen, in letzter Wirklichkeit existiert kein Du, kein Ich, kein Dies und Das; in der relativen Wirklichkeit hingegen gibt es unzählige, scheinbar voneinander getrennte Objekte. Das Eine kann zugleich sowohl der absoluten als auch der relativen Wahrnehmungsstufe in einfacher oder mehrfacher Gestalt erscheinen.

Die Lehre des *yin* und *yang* ist wesentlich älter als das Buch des hier so oft zitierten LAO TZU. Sie bildet schon die Grundlage des »Buchs der Wandlungen«, Jahrhunderte vor LAO TZU verfasst. Später wurde diese Lehre weiterentwickelt: Es gab eine Schule der *yin*- und *yang*-Philosophen, die der Ansicht waren, dass das gewissenhafte Studium der *yin*- und *yang*-Bestandteile in allen Prozessen, Stoffen und Objekten eine solche Einsicht in die Arbeitsweise der Natur hervorbringt, dass man fähig wird, die Entwicklung von Ereignissen ebenso vorherzusehen wie die unterschiedlichen Längen von Tag und Nacht oder die Zyklen der Jahreszeiten. Daher die Allgegenwart des *yin-yang*-Symbols in der chinesischen Kunst, nicht einzig in speziell taoistischer, obwohl es natürlich das eigentliche Symbol des Taoismus bleibt – so wie das Kreuz im Christentum oder die Swastika im Buddhismus. Bemerkenswert ist, dass in dieser Darstellung jedes der beiden Prinzipien schon den Keim des gegenteiligen enthält. Dies aus der Überzeugung, dass unter den Bedingungen dieser Welt reines *yang* und reines *yin* nicht vorkommen – außer in einer kosmischen Form, die noch zu beschreiben ist.

Zyklischer Wechsel

Das *tao* in seinem differenzierenden, nicht leeren Aspekt wird als unendlicher Wechselstrom gesehen und alles ist diesem unaufhörlichen Wechsel von Augenblick zu Augenblick unterworfen. Nichtsdestoweniger verlaufen diese Wechsel in regelmäßigen Zyklen; die Grundmuster der einzelnen Strukturen werden endlos wiederholt. Das Kommen und Gehen des Herbstes an sich variiert nur in engen Grenzen, wohingegen die Blätter, die im Herbst zur Erde fallen, niemals identische Strukturen aufweisen. Solche Zyklen sind vorhersehbar, z. B. die Aufeinanderfolge von Tag und Nacht oder der vier Jahreszeiten. Taoistische Adepten lernen sowohl die verschiedenen Sequenzen dieser Wechsel zu erforschen als auch über sie zu meditieren; die Untersuchung befähigt, in gewissen Grenzen vorauszusehen, was unweigerlich geschehen wird; die Kontemplation erzeugt jene Gelassenheit, die aufkommt, wenn Verlust, Verfall und Tod als für das Ganze ebenso wesentlich erkannt werden wie Gewinn, Wachstum und Leben. »Das Buch der Wandlungen«, dies uralte Werk, von Taoisten und Konfuzianern gleichermaßen geschätzt, noch heute als unfehlbare Quelle der Weissagung gepriesen, basiert auf Beobachtung der verschiedenen Strukturen in den Zyklen der Natur und ihrer Interpretation in Begriffen des Wechselspiels von *yin* und *yang*.

Wu Hsing

Die *wu hsing*-Lehre, vielleicht nicht ganz so alt wie die des *yin* und *yang*, wird oft auch die »Lehre von den Fünf Elementen« genannt, zweifellos aufgrund ihrer scheinbaren Ähnlichkeit mit dem alten griechischen Glauben, wonach alles im Universum auf vier Grundelemente zurückzuführen ist. Bei den fünf *(wu) hsing* handelt es sich aber weniger um Elemente als vielmehr um Aktivitäten oder »Wandlungsphasen« (s. S. 71 ff. und S. 132 f. – was die tatsächliche Bedeutung des Schriftzeichens *hsing* ist). Die Weisen, die diese Lehre begründeten, hatten fünf Haupttypen natürlicher Prozesse beobachtet, deren Wechselwirkungen ähnlich denen zwischen Holz, Feuer, Erde, Metall und Wasser waren – eine eher sinnbildliche denn tatsächliche Übereinstimmung. Diese Weisen hatten erkannt, dass alle Naturabläufe auf einem empfindlichen Gleichgewichtssystem zwischen verschiedenen Prozessen beruhen, welche einander unterstützen, hemmen oder blockieren können, abhängig von der Stärke der jeweiligen Prozesse in der jeweils gegebenen Situation. Der ruhigen Betrachtung der Natur viel Zeit widmend und die verschiedenen Kräfte in ihren zeitweise gegeneinander wirkenden Handlungen beobachtend, hatten sie gelernt, den Ausgang solcher Konflikte vorherzusagen oder ihn, in engen Grenzen, zu manipulieren. Meister der *wu hsing*-Wissenschaft waren zur Vorausschau in einem Maß befähigt, das Uneingeweihten als Weissagung oder als Fähigkeit, den Lauf der Natur zu beeinflussen, spektakulär erscheinen musste.

Folglich spielte diese Wissenschaft eine große Rolle in der Entwicklung des volkstümlichen Taoismus und Einzelne erreichten hohes Ansehen durch ihre Fähigkeit, die Zukunft vorauszusehen oder, im Auftrag ihrer Klienten, bestimmte Ereignisse zu vereiteln. Die taoistischen Adepten jedoch, die mithilfe verschiedenster Praktiken, allgemein »Kultivierung des Weges« genannt, ihre geistige Umwandlung erstrebten, hatten nicht das geringste Verlangen, irgendwelche Weissagungen zu machen oder Manipulationen vorzunehmen. Zufrieden, in Ruhe den majestätischen Verlauf der Zeiten und Planeten zu betrachten, waren sie jedweder Einmischung in die Natur oder in die Aktivitäten der Menschen deutlich abgeneigt. Ein jedes in der richtigen Perspektive betrachtend, fanden sie, dass alles »gut« ist – für ein Auf muss es ein Ab geben, für Licht Dunkelheit, für Ein muss auch Aus sein, für Leben Tod. Warum also einschreiten? Für Menschen dieses Kalibers war die *wu hsing*-Wissenschaft einzig interessant, ein wenig Licht auf die Geheimnisse der Natur zu werfen und so die Ehrfurcht vor ihrem geheimnisvollen Wirken noch auszuweiten. Doch teilten eben nicht alle Taoisten diese erhabene Gemütsverfassung oder waren fähig, die Dinge aus einer Perspektive zu sehen, die sie vollkommen unbekümmert um den Ausgang dieser oder jener Begebenheit ließ, und so erreichte die Wissenschaft des *wu hsing* im »institutionalisierten« Taoismus große Bedeutung.

Drachenadern

Da reines *yang*, auch kosmisches *yang* genannt, dem Himmel zugehört, reines oder kosmisches *yin* der Erde, so muss es eine Verbindungsmöglichkeit zwischen beiden geben. »Drachenadern«, so wird gelehrt, existieren an bestimmten Plätzen, unsichtbare Linien, die vom Himmel in die Berge und entlang der Erde laufen, deren Funktion ähnlich der der Meridiane des menschlichen Körpers ist. In diesen Drachenadern fließt das *yang ch'i* (kosmische Energie) hinab, um sich mit dem *yin ch'i* (Erdenergie) zu mischen. Dem normalen Auge unsichtbar, können sie von Menschen, erfahren in der Lehre des *yin* und *yang*, entdeckt werden. In der chinesischen Landschaftsmalerei findet diese Vorstellung ganz deutlich ihren Ausdruck. Dort sind die Adern als weit ausladende Kurven dargestellt, in ihren Ursprüngen markiert von den Konturen der Wolken, von den wellenförmigen Bewegungen der Berge und Hügel und von den Windungen der Flüsse oder anderer Landschaftszüge. Solche Bilder oder landschaftlich reizvolle Gebiete unseres Globus betrachtend, glaubt man beinahe zu spüren, wie jene Kraft nach unten

strömt und die Umgebung mit Energie durchpulst.
Noch auf andere Weise sind taoistische Vorstellungen weitaus unmittelbarer durch Bilder als durch verbale Beschreibungen übermittelt, besonders jene Auffassung, dass der ganze Kosmos aus Geist geformt ist. Die Leere der Nichtleere findet sich angedeutet in den ungewissen Ausdehnungen von Meeren, Schnee, Wolken und Nebel und durch die Art der Darstellung fester Objekte, die gerade im Begriff scheinen, aus dem Nichts auf- oder in es einzutauchen. Die wellenförmigen Landschaften, in denen Sterbliche und ihre Behausungen völlig unbedeutend gegenüber der Erhabenheit ihrer Umgebung erscheinen, sind Ausdruck der Bedeutungslosigkeit des Menschen im Vergleich zur himmlischen Weite. Berge erscheinen wie Wolken, Wolken ähneln Bergen; Felsen und Baumstämme scheinen derart lebendig, als würden sie den Betrachter anlächeln oder beobachten. Zuweilen sind die Konturen von Menschen und Tieren so mit ihrer natürlichen Umgebung verschmolzen, dass sie wie aus einer einzigen Substanz erscheinen.
Scheinbar bedeutungslose Objekte wie etwa eine Libelle auf einem Zweig erwecken im Betrachter die plötzliche Intuition, dass jedes kleinste Geschöpf die einmalige Ausprägung einer ungeheuren und heiligen Vielfalt ist, eine Verkörperung der selbst nicht zu begreifenden Unermesslichkeit des *tao*. Alles scheint erfüllt von einem wundervollen Geheimnis, das sich soeben enthüllt und dabei ein unheimliches Gefühl weckt, das alles in der Natur als vibrierende Lebendigkeit begreift. Dies führt zum Erkennen der kosmischen Energie, die sich, durch die Drachenadern hinabströmend und sich verteilend, mit der ganzen Schöpfung vereint.
Der taoistische Künstler lässt sein Werk absichtlich unvollendet, denn so kann der Betrachter es mittels eigener Intuition vervollständigen. So wie im *ch'an*-(Zen-)Buddhismus eine scheinbar unsinnige Folge von Wörtern oder eine überraschende Handlung eine außergewöhnliche Verständigung von Herz zu Herz übermittelt, so entfachen Bilder dieser Art zuweilen eine leuchtende Flamme unmittelbarer Erkenntnis im Geist des Betrachters, der sich bewusst wird, mittels des Bildes vom Fluss der kosmischen Energie gestreift worden zu sein.
Aus der Erkenntnis der Drachenadern wuchs eine Wissenschaft, bekannt als *feng shui* (Wissenschaft von Wind und Wasser, Geomantie). Über die Platzierung von Wohnhäusern oder Gräbern wurde in Übereinstimmung mit dieser Lehre entschieden, um so den größtmöglichen Nutzen aus der einfließenden kosmischen Energie zu ziehen und sich des richtigen Gleichgewichts von *yin* und *yang* (zwei zu drei ist

die ideale Verteilung) zu versichern. Die Lehrer des *feng shui* ließen sich bei ihrer Wahl eines Bauplatzes von der jeweiligen Position der Berge, Hügel, Täler, Senken und Flüsse leiten sowie von Ausdehnungen stehender Gewässer. Wie viel an Glaubwürdigkeit, wenn überhaupt, man dieser kuriosen Wissenschaft auch beimessen mag, sie hat zweifellos einige bewundernswerte Resultate hervorgebracht und ist wesentlich für die exquisite Lage von Grabmälern, Klöstern und Einsiedeleien verantwortlich.

In gebirgigen Gegenden mag es nicht schwer sein, liebliche Flecken zu finden; vollkommene Plätze jedoch, mit einer fein abgestimmten Balance rauer und weicher Konturen, mit dem rechten Verlauf von Hügeln und Flüssen, dem entsprechenden Wechsel von Erhebungen und Schluchten – die Sicht des Betrachters öffnend, mit der genau richtigen Proportion und Position von Bäumen und Felsen –, solche sind schwer auszumachen ohne die Hilfe von *feng shui*-Gelehrten, die das Gleichgewicht zwischen *yin* und *yang* erkennen können. Dank ihres Scharfsinns sind im weiten Reich Chinas einige Plätze zu finden, die diese strikten Forderungen erfüllen und auch einigermaßen zugänglich sind und denen nur noch eine reizende taoistische oder buddhistische Behausung fehlt, um eine Vollkommenheit zur anderen zu fügen. An solchen Orten kann man nicht umhin, die Verbindung vibrierenden Wohlbefindens mit heiliger Ehrfurcht wahrzunehmen, die ganz von selbst in jedem wachsen würde, der tatsächlich im Strom zur Erde fließender kosmischer Energie steht.

Die »Drei Schätze«

Ching (»Essenz«), *ch'i* (»Lebensenergie«) und *shen* (»spirituelle Energie«) – das sind die drei Substanzen oder Energien, die in der taoistischen Praxis von größter Wichtigkeit sind und deshalb im Allgemeinen die »Drei Schätze« genannt werden. Während sie in ihrer reinen, kosmischen Form zu subtil sind, um leicht bemerkt zu werden – außer in den Verwandlungen, die sie verursachen –, sind sie in einer gröberen, leichter zu identifizierenden Form auch im menschlichen Körper vorhanden. »Genährt« (das meint: erhalten und gestärkt), »vermehrt« und »umgewandelt« unterstützen sie die Aneignung jener immensen körperlichen und geistigen Reichtümer, nach denen taoistische Adepten ihr Leben lang streben. Verfeinerung und Verwandlung von *ching*, *ch'i* und *shen*, um Vitalität und Lebensspanne des Adepten zu erweitern und die natürlichen Schätze seines Geistes zu mehren und zu läutern, bilden den eigentlichen Kern der taoistischen geistigen Bemühungen und Praktiken. Dieser geheime Prozess wurde von Uneingeweihten als etwas völlig anderes missverstanden, woraus die in alter Zeit verbreitete Auffassung resultierte, taoistische Meister seien nichts weiter als Alchemisten, die danach trachteten, unedle Metalle in Gold zu verwandeln. Solch Missverständnis erwuchs aus der esoterischen Sprache taoistischer Traktate und auch unter den Taoisten waren nicht wenige, die den tatsächlichen geistigen Gehalt der Texte verfehlten. So kommt es, dass die Ziele, die ein Taoist verfolgt, je nachdem, ob er ein tatsächlicher oder ein Möchtegernadept ist, amüsant-naiven bis geistig erhabenen Charakter aufweisen.

Wu Wei

So wird es gelehrt: Es gibt ein *tao* (Weg) des Himmels, ein *tao* der Erde und ein *tao* des Menschen. Das *tao* des Menschen, das ist der ihm von der Natur verordnete Weg, den zu verlassen stets unklug und oft gefährlich ist. Und dennoch ist die menschliche Gesellschaft schon in ihren frühesten Tagen von ihm abgegangen – dies können wir aus der dringlichen Einrede schließen, mit der schon die alten Weisen wie LAO TZU oder CHUANG TZU dazu aufforderten, zu ihm zurückzukehren. Bis heute hat sich die Kluft zwischen dem natürlichen Weg des Menschen und dem, den er selbst eingeschlagen hat, so rapide vergrößert, dass nun selbst seine unmittelbarste Umwelt von den zerstörerischen Auswirkungen bedroht ist. Die Zeit ist gekommen, da den Lehren von LAO TZU und CHUANG TZU absoluter Vorrang vor allen anderen eingeräumt werden sollte. Aber wer könnte sich vorstellen, dass so etwas innerhalb seiner oder auch der Lebenszeit seiner Enkel geschieht? Haben doch inzwischen die Chinesen selbst dem größten Schatz ihrer Weisheit den Rücken gekehrt: Kommunisten und Konfuzianer, obwohl in ihren Denkweisen sehr verschieden, sind sich in mancher Hinsicht ähnlich, pflegen sie doch beide die Ergebenheit gegenüber dem Einheitsstaat und den Hass gegenüber der Individualität, welche der tiefste Wesenszug des Taoismus ist.

Wer sich völlig dem Taoismus widmet, der versucht, so weit als möglich in Einklang mit der Natur zu leben. Von Beginn an beinhaltet dies das Betrachten der natürlichen Abläufe, die Erkenntnis ihrer Angemessenheit und die Einsicht, dass sie alle »gut« sind – in dem Sinn, dass sie wesentlich für die Struktur des Ganzen sind. Abseits dieses natürlichen Weges tauchen Chaos und Zerstörung auf. Mühelos mit der Natur gehen heißt, wie ein Fisch mit der Strömung schwimmen oder gleich einem geübten Holzschnitzer das Messer entlang der Struktur zu führen. Betrachtet man die Natur als Führer, als Freund, so wird das Leben mühelos, ruhig und gelassen: voll der Freude also. Die Sorge verschwindet, heitere Ruhe tritt an ihre Stelle. *Wu wei*, eins der wesentlichen Prinzipien des Taoismus, bedeutet wörtlich Nichthandeln, aber nicht in dem Sinn, dass man den ganzen Tag herumsitzt wie ein toter Baumstumpf oder ein Steinblock. Es bedeutet vielmehr, jedes nicht spontane Handeln zu vermeiden, in jedem Fall gradlinig und geschickt zu agieren, aber immer nur in Übereinstimmung mit der momentanen Notwendigkeit: lebhaft, wenn erforderlich, aber nie übereifrig und stets ohne Anspannung, ohne Vorteilsdenken und ohne Berechnung. Eine Pflanze, die Licht braucht, wächst intuitiv auf die Sonne zu, mühelos, in ihren Bewegungen wirtschaftlich, ohne jegliche Berechnung und dennoch erfolgreich. So sollte es auch bei den Menschen sein. Frei von Habgier, frei der Anspannung, für Sorgen und Ängste ein Unbekannter tut der Weise, was immer notwendig ist, und endet genau in dem Augenblick, da das Beabsichtigte erreicht ist. Weit davon entfernt, sich zum Erfolg zu beglückwünschen, verliert er es sogleich danach aus dem Sinn. Für eine moderne Analogie lässt sich ein geschickter Autofahrer heranziehen: Er versäumt nie, Kupplung und Bremse richtig einzusetzen, doch er tut das immer nur als Reaktion auf ein unmittelbares Erfordernis und nicht aus Berechnung und ohne den Vorgang im Gedächtnis zu behalten, wenn das Erfordernis vorüber ist. *Wu wei* ist zweifellos einer der Hauptfaktoren des Erfolgs taoistischer Adepten, ihre geistigen und körperlichen Kräfte bis ins hohe Alter und für ein langes Leben zu bewahren. Keine Sorge – keine Berechnung – wenig Verschleiß!

Stille

»Ungerührt von den Winden der Verhältnisse, ist des Einsiedlers Herz ein stiller See.« Diese Worte las ich über dem Eingang der ersten taoistischen Einsiedelei, die ich besuchte. Später begegneten mir sinngleiche Sätze in Stein geschlagen, auf Wandrollen gepinselt, ausgesprochen von taoistischen Adepten und enthalten in wohl jedem Buch, das, direkt oder indirekt, mit der »Kultivierung des Weges« zu tun hatte. Wenn einem einzigen Wort bei den Taoisten eine hervorragende Bedeutung zukommt, so ist es das Wort »Stille«. Wer nach dem »Weg« fragt, kann sich Antworten wie dieser sicher sein: »Um zu deinem wahren Sein zu dringen, musst du ein Meister der Stille werden. Aktivität um der Gesundheit willen, niemals zum Punkt der Überanstrengung geführt, muss abwechseln mit Stille, absoluter Stille. Sitze regungslos wie ein Stein und lasse deinen Geist ruhig werden. Schließe die Tore der Sinne. Fixiere deinen Geist auf ein Objekt, oder besser, tritt ein in den Zustand objektloser Wachheit. Kehre den Geist in sich

selbst und betrachte das innere Leuchten.«
Auf den Einwand, dass dies doch wohl ziemlich schwierig sei, bekäme man zur Antwort: »Es ist leicht, wenn du den Weg weißt. Du musst lernen, genügsam zu leben, unbewegt durch Verlangen nach Wohlstand und Ruhm. Kommen Leidenschaft und Sehnsucht auf, so betrachte sie als Feind, als Zerstörer deiner Gelassenheit und verwirf sie unverzüglich. Nimm die Dinge, wie sie kommen. Gram und Enttäuschung haben ihren Ursprung außerhalb deiner selbst. Verschließe die Tür vor ihnen. Befreie dich von ihnen. Ist dies geschehen, so kommt die Stille leicht und wie von selbst. Keine Anstrengung ist nötig, einen Geist zu festigen, der sich allen Ursachen der Unruhe abgewandt hat. Glaube nicht, dein Leben wäre dann leer. Ganz im Gegenteil, du wirst sehen, dass die größte aller Freuden ist, einfach zu sein!«
Taoisten sind maßvoll in allen Dingen. Ihre Methode liegt niemals darin, Leidenschaft zu unterdrücken, sondern sie gelassen zu überwinden. Man ist der Auffassung, dass die friedliche Betrachtung der Hässlichkeiten und Trümmer, die durch Handlungen aus Habgier und Leidenschaft erzeugt werden, ausreicht, um im weisen Menschen den Wunsch zu wecken, von alldem loszukommen. Solche Abwendung führt zur Stille und gleichzeitig unterstützt die tägliche Kultivierung der Stille – und seien es nur ein paar Minuten des Morgens oder Abends – diesen Prozess des Sichabwendens. Diese Erfahrung war es, die mich verstehen ließ, warum *tao* als angemessener Name für das Namenlose gewählt wurde. Tao meint Weg, wobei das Ziel und der Weg dorthin ein und dasselbe sind; also: Man wendet sich ab von der Leidenschaft, um das Ziel der Stille zu erreichen, und »stillt« sich, um zu dieser Abwendung fähig zu sein. Das mag paradox klingen, doch genauso funktioniert diese Methode.
Wie mit Leidenschaften, so mit Sehnsüchten. Erinnerungen an die Qualen unerfüllten Verlangens, gekoppelt mit der Reflexion über den flüchtigen Charakter seiner Objekte und über die Kurzlebigkeit der Befriedigung, die sie zuweilen geben, sind ein äußerst wirksames Mittel, um alle Sehnsüchte so schnell dahinschwinden zu lassen, wie sie aufgetaucht sind. Ein oder zwei Gläser Wein zum Essen sind in taoistischen Einsiedeleien nicht verboten und jenen jungen Brüdern, die die sexuelle Enthaltsamkeit unerträglich finden, steht es frei, sich für einige Zeit wieder in »die Welt des Staubes« zu begeben, um dann zurückzukehren und ungestört von aller Sehnsucht weiter ihren Weg zu kultivieren. Exzess ist der wahre Feind der Stille, doch nicht weniger als die Ausschweifung ist auch der Puritanismus ein Ab-

irren vom *tao*. Nichts, was der Mühe wirklich wert ist, gelingt in Eile. Wo die Kultivierung des Weges kontinuierlich vorwärts schreitet, nehmen Leidenschaft und Verlangen ganz von selbst ab, ohne Notwendigkeit, sie zu unterdrücken; unmerklich löst sich das Wohlgefühl der jungen Einsiedler immer mehr aus seiner Abhängigkeit von äußeren Dingen, mehr und mehr wächst ihre Lebensfreude von innen. Die Stille bringt eine ständig wachsende »Freude in Stille« mit sich.

Ziele

Der Strom des Taoismus, durch die Jahrhunderte fließend, hat sich oft in sonderbaren Tälern gewunden. Seine Lehren sind zu erhaben, zu feinsinnig, um von Menschen geringer Intelligenz oder mangelnden Einfühlungsvermögens verstanden zu werden. Unbildung als solche spielt dabei keine Rolle, denn Wissen oder Nichtwissen hat mit Weisheit wenig zu tun, jedoch hat Unbildung zusammen mit der Abwesenheit geistiger Einsicht so manches Mal kuriose Resultate hervorgebracht.

Gebildete Menschen, die aufgrund mangelnder Sensibilität in der Kultivierung des Weges womöglich nicht sehr weit gekommen waren, hat es andererseits wenigstens nicht allzu sehr enttäuscht, dass ihre Lehrer ihnen nicht beibringen konnten, wie ein Vogel im Himmel zu schweben. Möchtegernadepten ungebildeter bäuerlicher Familien, die auf der Suche nach Lehrern in die Berge wanderten, waren wohl nicht selten von wahrem spirituellem Durst getrieben, wurden aber allzu oft begierig nach übernatürlichen Fähigkeiten und fielen in die Hände von Scharlatanen oder gerieten an Lehrer, die, sich selbst wissend und weise dünkend, ebenso unerreichbare Ziele wie diese Unwissenden verfolgten. Unter rechter Führung jedoch konnte ein solcher Geist aufblühen und gedeihen und selbst zu einem großen Meister reifen – ich hatte Gelegenheit, dies zu sehen.

Solche Missverständnisse ergeben sich aus der esoterischen Sprache der geheimen taoistischen Schriften, die man auf bizarrste Art und Weise interpretieren kann, ganz zu schweigen von jenen Texten, die ohne einen Eingeweihten, der den mündlichen Schlüssel zu ihnen liefern kann, völlig unverständlich bleiben müssen. Gerade jene bilderreichen Passagen, die die Seligkeit der Meditation und die Kräfte des Geistes beschreiben, wie z. B. »Den Drachen reitend schwebte er über der Welt, ließ sich in den Wolkenpalast der Unsterblichen fallen, durchflog den Weg jenseits der glühenden Sonne und trat ein in die Höfe des Himmels«, wurden von den Unbefangenen zuweilen wörtlich genommen. Daneben gab es taoistische Adepten von Verstand und Gelehrsamkeit, die glaubten, da die Naturgesetze auf allen Ebenen gelten, müsse der Prozess der geistigen Läuterung ebenso auf physikalische Substanzen anwendbar sein. Immerhin, solch eine Auffassung war auch für ihre westlichen Zeitgenossen – von vor ein- bis zweitausend Jahren – durchaus annehmbar.

Die Begriffe »goldenes Elixier« und »Umwandlung« verweisen eigentlich auf den physisch-geistigen Prozess taoistischer Meditationspraktiken, doch sind sie nur allzu oft missverstanden worden, zuweilen mit stillschweigender Duldung der Meister, die ihre Geheimnisse vor den Uneingeweihten geschützt wissen wollten. Über Jahrhunderte wurde gemeinhin geglaubt, dass taoistische Alchimisten tatsächlich unedle Metalle in Gold umwandeln und eine Droge erstellen können, die ewige Jugend und Unsterblichkeit sichert. Diesem Glauben entsprechend wurde der Körper eines erfolgreichen Adepten umgewandelt in eine gewichtslose, jadeähnliche Substanz, unzugänglich für Feuer und Eis, von einem Häppchen Wind und einem Schlückchen Tau genährt und fähig, auf immer zu dauern. Von da an dachte man sich diese Wesen – nun Unsterbliche – hausend in den unzugänglichen Bergen Zentralasiens, auf oder in den rosa- und korallenfarbenen Wolkenpalästen, im glänzenden Eispalast auf dem Mond und in kostbaren Behausungen gegenüber dem Jadekaiser in den Höfen des Himmels.

Bedeutend weniger naiv schon der Glaube, entweder durch den Gebrauch medizinischer Drogen oder mittels gewisser Praktiken die jugendliche Vitalität zu erhalten und außergewöhnliche Langlebigkeit zu erreichen. Gewiss sind völlige Erhaltung jugendlicher Schönheit und eine in Jahrhunderten messbare Lebensspanne Unmöglichkeiten, doch bin ich in der Tat älteren und wirklich alten Einsiedlern begegnet, die für ihr Alter auffallend jung und voller Lebenskraft waren sowie auch ein, zwei Alten, die angeblich bereits ein gutes Stück ihres zweiten Jahrhunderts hinter sich hatten – und ich hege keinen Zweifel daran.

Schwieriger war für mich, jenen Glauben zu akzeptieren, wonach ein taoistischer Meister einen »Geist-Körper« schaffen kann, der in der Lage ist, den sterblichen Körper nach Belieben zu verlassen und wieder in ihn zurückzukehren.

Wenn Taoisten davon sprechen, einen »Geist-Körper« zu schaffen und im Tod in ihn einzugehen, so mag der Begriff »Körper« bildhaft gemeint sein oder nicht – in jedem Fall handelt es sich um eine typisch chinesische Vorstellung. Die meisten Menschen sind der Ansicht, dass entweder der Tod endgültig ist oder aber dass uns Unsterblichkeit wohl oder übel aufgedrängt ist. Die Chinesen hingegen glauben, dass

Unsterblichkeit erst einmal gewonnen werden muss.
Taoisten, die zum traditionellen Glauben neigen, wonach der Mensch zwei Seelen hat, nämlich *p'o* (»Körper-Seele«), die sich nahe beim Leichnam aufhält und seine Auflösung teilt, und *hun* (»Geist-Seele«), die sich in einer längeren, doch nicht grenzenlosen Existenz in den höheren Regionen erfreut, halten Unsterblichkeit für die strahlende Prämie für unausgesetztes Bemühen. Wenn von der Schaffung eines Geist-Körpers gesprochen wird, dann bestätigt das oft nur auf andere Art die Auffassung, dass der Adept sich einem Prozess der Läuterung unterziehen muss, bis er allen Lohn der Kultivierung des Weges genießen kann.
Wir kommen nun zu dem, was ich das wahre Ziel taoistischer Mystik nenne, und zwar ohne alle Übertreibung und auf einfache Weise ausgedrückt. Es kennt zwei Stadien, das gegenwärtige und das letztendliche. Zunächst strebt der Adept danach, in Harmonie mit der Natur zu leben, er genießt das Glück im Hier und Jetzt und ist gelassen und gleichgültig gegenüber dem, was folgen mag, denn dem, der weise lebt, geschieht alles zum Besten, ob der Tod nun früher kommt oder später. In dieser Zeit wird der Unrat der aus dem Ego geborenen Verblendung geläutert, bis nichts mehr erhalten bleibt als purer Geist: noch ein wenig behindert durch eine fleischliche Hülle, die aber, sobald der Tod eintritt, abgelegt wird.
Für die fernere Zeit gilt das Ziel, zum »Urgrund« zurückzukehren, indem man sich einer Vergöttlichung unterzieht, die man in Worten allenfalls andeuten kann. Das täuschende Ego fällt fort, doch nichts tatsächlich Vorhandenes ist verloren. Geist, bar seiner Fesseln, kehrt zurück zu Geist: nicht als ein Tautropfen, der bestimmt ist, unbedeutender Partikel eines riesigen Meeres zu sein, sondern als das Unbegrenzte, das heimkehrt zum Unbegrenzten. Das befreite Bewusstsein expandiert, um das ganze Universum zu umfassen – um *es zu sein*! Könnte es jemals eine köstlichere Anstrengung geben?

Unsterbliche

»Unsterblichkeit« ist der Begriff, mit dem Taoisten aller Verständnisstufen ihr Ziel bezeichnen, daher wird der malerische Titel »Unsterblicher« in gleicher Weise taoistischen Weisen, Meistern der Meditation und älteren Einsiedlern verliehen, von denen man, in Anbetracht ihres Wissens und ihrer Haltung, höflich annimmt, sie hätten ihr Ziel erreicht. Ob die seltsame Idee einer Fleisch- und Blut-Unsterblichkeit der feineren Vorstellung einer Unsterblichkeit im mystischen Sinn vorausging oder ob von Anbeginn transzendentale Unsterblichkeit das wahre Ziel und die körperliche Umwandlung eine Dazudichtung war, um das geheime Wissen der Weisen zu schützen, bleibt offen. Ich selbst bin überzeugt, dass transzendentale Unsterblichkeit stets das wahre Ziel war, obwohl der übliche Ausdruck *hsien-jen* (Unsterblicher) erst sehr viel später in Gebrauch kam, nämlich als es notwendig wurde, die Vorstellung eines vollkommenen Weisen im taoistischen Sinn vom konfuzianischen Äquivalent zu unterscheiden; denn in den auf Lao Tzu und Konfuzius folgenden Jahrhunderten wurden solche Titel wie »Königlicher Mensch«, »Wahrer Mensch«, »Heiliger Mensch« von Anhängern aller Glaubensrichtungen benutzt. Für mich klingen im Wort »Unsterblicher« tausend Erinnerungen mit. In den Bergen Chinas gibt es Plätze von solcher Magie, dass es mich nicht übermäßig überraschen würde, dort auf einen bärtigen Weisen zu treffen, herbeifliegend auf einem scharlachrot gefiederten Kranich, auf einem Drachen mit grün und gold schimmernden Schuppen oder auf einem blauschwänzigen Einhorn.

Um aber die wahre Natur taoistischen Strebens zu verstehen, ist es unerlässlich, die Bedeutung der »Unsterblichkeit« in jenem Sinn zu erfassen, die sie für ganz in das Geheimnis der Kultivierung des Weges eingeweihte Mystiker und Adepten hat:

Ein Unsterblicher ist jemand, der durch völlige Entwicklung seiner körperlichen und geistigen Fähigkeiten und durch Abschütteln der Leidenschaft und Ausrottung aller Begierden – bis auf die simpelsten und harmlosesten – ein freies, unmittelbares Dasein erreicht hat: ein Wesen, so nahe der Vollkommenheit, dass sein Körper wie eine Schale oder ein Behälter voll reinen Geistes ist. Er hat sich einer geistigen Wiedergeburt unterzogen, sich befreit aus den Fesseln der Ichheit und steht nun von Angesicht zu Angesicht seinem »wahren Selbst« gegenüber, wissend, dass dies nicht sein persönlicher Besitz ist, sondern nichts anderes als das erhabene, ununterscheidbare *tao*. Mit dem Verschwinden seines scheinhaften Ego sieht er sich nicht länger als Individuum, sondern als das unwandelbare *tao*, verkörpert in einer vergänglichen, wolkengleichen Form. Tod, wenn er kommt, ist für ihn nicht mehr als das Ablegen eines abgetragenen Gewandes. Er hat ewiges Leben erreicht und ist bereit, wieder einzutauchen in das grenzenlose Meer des reinen Seins.

Die zentrale Lehre

Ein Nachmittag im Spätsommer. In der feuchten Szechuanebene weit unter uns müssen die Menschen lebhaft ihre Fächer bewegen, aber in dieser Höhe spielt eine kühle Brise in den Zweigen der Bäume, die den alten Hof beschatten, und die Sonne ist angenehm warm. Die Einsiedelei steht auf einer natürlichen Plattform, zu drei Seiten ragen steile Gipfel auf, die vierte gibt den Blick frei auf den Lauf eines Flusses, der sich in die grünen Gebirgsausläufer stürzt, die sich aus der tiefen Ebene erheben. Wir stehen mit dem Rücken zu den niedrigen klösterlichen Gebäuden mit ihren schweren Dächern und ihren fantastisch aufwärts geschwungenen Dachvorsprüngen. Ein bärtiger Taoist, in ein himmelblaues Gewand gekleidet, einen Gaze-Hut tragend, aus dessen Spitze ein Knoten seines pechschwarzen Haares hervorlugt, setzt sich auf einem tiefen Stuhl vor uns nieder. Obwohl sonst immer locker und entspannt, sitzt er nun mit gekreuzten Beinen, die Hände in seinen Schoß gefaltet, den Körper aufrecht, denn jetzt ist es für ihn angemessen, die hierarchische Position eines Lehrers des Weges einzunehmen. Zu seinen Seiten stehen Reihen von Porzellankübeln mit Chrysanthemen, deren Blätter in tiefster Bronze leuchten – sie sind für diese Jahreszeit nicht ungewöhnlich, doch hier unterstreichen sie zusätzlich die Würde eines Weisen, der dabei ist, eine wichtige Erklärung abzugeben. Seine Ausführungen dauern etwa eine Stunde. Auf das Wesentliche verkürzt lauten sie: Das *tao* ist ein sanft leuchtendes Meer reinster Leere, ein Nebel, grenzenlos, unbefleckt. Geboren aus diesem Meer umwinden sich spielend *zwei Drachen* – der männliche hell wie die Sonne, mit goldenen, feurigen Schuppen, Meister der Aktivität; der weibliche strahlend wie der Mond, mit silber glänzenden Schuppen, Meister der Passivität. Ihr Ineinandersein bringt den Rhythmus zyklischen Wechsels hervor: die Bewegungen der Planeten, das Fortschreiten der Jahreszeiten, den Wechsel von Tag und Nacht. Aus ihrem Zusammenspiel erscheinen die *fünf leuchtenden Dämpfe*, blau, rot und gelb, weiß und schwarz. Diese geben, dunkelnd, wirbelnd, ringend, sich vermischend, dem Himmel seine Rundheit, der Erde ihre Eckigkeit, den Myriaden Dingen ihre vergängliche Gestalt. Wie Regen ergießen sich aus dem Himmel die *drei wolkengleichen Essenzen* des *yang*, wie Nebel erheben sich von der Erde die drei Essenzen des *yin*, treffen und vermischen sich. So ist es, seit Himmel und Erde bestehen. Dies ist wahre Vollkommenheit.

Blind für die Vollkommenheit leben die Menschen im Dunkel. Allem Wissen des *tao* verloren verfolgen sie unwürdige Ziele. Gold auf Gold, Jade zu Jade häufend, streiten sie um Wohlstand, Ruhm, Macht und Rang. Öffnend die sechs Tore ihrer Sinne, ertränken sie sich selbst in törichter Protzerei und verschwenderischem Luxus. Doch einige gibt es, die wissen um den Wert des Lehrens ohne Worte, die wissen um die Kunst des *Sich-selbst-Überlassens*. Meidend die unsicheren Zinnen des Ruhms, die Fesseln des Reichtums, nehmen sie Abschied von den Kümmernissen und wandern durch einsame Täler fernab menschlicher Siedlung oder sitzen in Kontemplation über das Zusammenspiel der fünf Dämpfe. Frei von Leidenschaft und zügellosem Verlangen sammeln sie in *Stille* die wolkengleichen kosmischen Essenzen, mischen sie mit den geheimen Schätzen ihres Körpers und verfolgen das Licht in ihrem Innern. Eingestimmt in die Rhythmen der Natur erkennen sie die Vollkommenheit des *tao*. Solche erreichen *Unsterblichkeit*.

Mit Recht werden sie Unsterbliche genannt, denn ist die Zeit reif, so springen sie auf den Rücken des Drachen, steigen auf von der Erde, betreten, ohne zu zaudern, das Tor des Himmels, um eiligst zum Urgrund zu kommen. So *kehren sie zurück*, das mild leuchtende Meer verzückt durchfliegend. Selbst nun ewig und grenzenlos, tauchen sie in das Nichts.

ALAN WATTS

Yin und Yang – das ursprüngliche Paar

Wer sich zur Bejahung bekennt und nichts von der Verneinung weiß, wer sich zur Ordnung bekennt und nichts von Verwirrung weiß, der hat noch nicht die Gesetze des Himmels und der Erde und die Verhältnisse der Welt durchschaut. Das ist, wie wenn man sich an den Himmel halten und nichts von der Erde wissen wollte oder wie wenn man sich an die trübe Urkraft *(yin)* wenden und nichts von der lichten *(yang)* wissen wollte. Es ist klar, dass das nicht geht. Und nun doch ohne Aufhören so weiter zu reden, das ist entweder ein Zeichen von Torheit oder von Betrug« (R. WILHELM, DSCHUANG DSI, XVII, 4. S. 184).

Was ist die genaue Bedeutung von Polarität? Polarität bedeutet doch viel mehr als einfache Dualität oder Opposition. Denn spricht man von polaren Gegensätzen, so heißt das doch wesentlich mehr, als dass sie weit auseinander liegen: Es besagt, dass sie in Beziehung und in Verbindung stehen – dass sie Glieder, Enden oder Extreme eines einzigen Ganzen darstellen. Polare Gegensätze sind deshalb untrennbare Gegensätze, wie die Pole der Erde oder eines Magneten oder wie die Enden eines Stocks oder die Seiten einer Münze. Obwohl das zwischen den Polen Liegende »substanzieller« als die Pole selbst ist – da diese eher die abstrakten »Enden« als den konkreten Körper darstellen –, denkt der Mensch trotzdem in solchen Begriffen und deshalb teilt er im Denken, was in der Natur ungeteilt existiert. Denken bedeutet in Kategorien einteilen, die Erfahrung in Klassen und Kästchen einordnen. So kommt es, dass vom Standpunkt des Denkens aus die wesentliche Frage immer lautet: »Ist es dies oder ist es das?« Passt die Erfahrung in diese Klasse oder liegt sie außerhalb? Durch das Beantworten solcher Fragen beschreiben und erklären wir die Welt, legen wir sie offen. Aber innerhalb der Natur selbst gibt es keine Klassen. Wir werfen diese intellektuellen Netze und Kästchen über die Welt, genauso wie wir die imaginären Linien der (geografischen) Länge und Breite über das Antlitz der Erde weben und das ebenfalls imaginäre Firmament über die Sterne. So bewirkt der vorgestellte, abstrakte und begriffliche Charakter dieser Unterscheidungen ihre Polarität. Das Wesentliche an einem Kästchen für das Denken besteht darin, dass das Innere vom Äußeren verschieden ist. In der Natur jedoch sind die Wände eines Kästchens das, was dem Innen und dem Außen gemeinsam ist. Dies führt zu einer Art Schockerlebnis, wenn jemand unsere Aufmerksamkeit auf die verborgene Einheit polarer Gegensätze lenkt. Der Verdacht, dass Erfahrungen und Werte, die wir für gegensätzlich und deutlich unterschieden gehalten haben, letztlich Aspekte derselben Sache darstellen, erschüttert die Fundamente inneren Denkens. In der Morgendämmerung des philosophischen Denkens wurde sowohl in China als auch im Westen von zwei nahezu legendären Weisen auf die immer wieder verblüffende Einheit der Gegensätze hingewiesen: von HERAKLIT, der um 500 v. Chr. in Griechenland lebte, und von LAO TZU, in dem man einen Zeitgenossen des KONFUZIUS (gest. 479 v. Chr.) vermutet, obwohl er wahrscheinlich über ein Jahrhundert später gelebt hat. In den Fragmenten der uns überlieferten Schriften HERAKLITS finden wir eine Reihe von Aphorismen, die, hat man die Polarität der Gegensätze aus den Augen verloren, schockierende Paradoxe zu vermitteln scheinen:

1. Die Zeit (aion) ist ein spielendes, Brettsteine setzendes Kind; ein Kind ist König (Nestle 80).
2. Kampf ist der Vater von allem, der König von allem; die einen macht er zu Göttern, die anderen zu Menschen, die einen zu Sklaven, die anderen zu Freien (Capelle 29).
3. Man muss wissen, dass der Kampf das Gemeinsame ist und das Recht der Streit und dass alles Geschehen vermittels des Streites und der Notwendigkeit erfolgt (C 30).
4. HERAKLIT tadelt den Dichter des Verses: »Möchte doch der Streit aus Himmel und Erde verschwinden!« (HOMER). Denn es könnte keine Harmonie geben, wenn es nicht hohe und tiefe Töne gäbe, und keine

Lebewesen ohne das Dasein von männlichen und weiblichen (Prinzipien), die einander entgegengesetzt seien (C 24).

5. Das Widerstrebende vereinige sich, und aus den entgegengesetzten (Tönen) entstehe die schönste Harmonie, und alles Geschehen erfolge auf dem Wege des Streites (C 25).

6. Krankheit macht die Gesundheit süß, Übel das Gute, Hunger die Sättigung, Ermüdung das Ausruhen (C 104).

7. Der Dike (d. h. des Rechtes) Name wäre unbekannt, wenn dies (das Unrecht?) nicht wäre (N 68).

8. Meerwasser ist das reinste und das scheußlichste, für Fische trinkbar und heilsam, für Menschen ungenießbar und verderblich (C 101).

9. Für Gott ist alles schön und gut und gerecht; (nur) die Menschen halten das eine für ungerecht, das andere für gerecht (C 48).

10. Gut und schlimm ist dasselbe. Die Ärzte wenigstens, die überall schneiden und brennen, beanspruchen einen Lohn und verdienen doch keinen, da sie ein und dasselbe bewirken (d. h. die schmerzhafte Operation und die erwünschte Heilung) (N 69).

11. Der Weg auf und ab ist ein und dasselbe (C 66).

12. In der Peripherie des Kreises fallen Anfang und Ende zusammen (N 74).

13. Des Wollkamms Bahn ist, obgleich gerad und krumm, ein und dasselbe (N 73).

14. (Die Knochen und ihre Verbindungen, die Gelenke, sind zugleich ein einheitliches Ganzes und nicht.) Verbindungen gehen ein: Ganzes und Nichtganzes, Übereinstimmendes und Verschiedenes, Akkorde und Dissonanzen; und aus allem wird eines und aus einem alles (N 62).

15. Ein und dasselbe offenbart sich in den Dingen als Lebendes und Totes, Waches und Schlafendes, Junges und Altes. Denn dieses ist nach seiner Umwandlung jenes, und jenes, wieder verwandelt, dieses (C 18).

16. Lehrer der meisten ist Hesiod. Glauben sie doch, der wisse am meisten – er, der doch Tag und Nacht nicht kannte! Sind sie doch eins! (C 125).

17. Des Bogens (gr.: bios) Name ist Leben (gr.: bios), seine Wirkung Tod (N 75).

18. Sie begreifen nicht, dass es (das All-Eine), auseinander strebend, mit sich selber übereinstimmt: widerstrebende Harmonie wie bei Bogen und Leier (C 27).

19. Wenn ihr nicht auf mich, sondern auf den Logos hört, ist es weise, anzuerkennen, dass alles eins ist (C 9).

20. Gott ist Tag und Nacht, Winter und Sommer, Krieg und Frieden, Sättigung und Hunger; er wandelt sich aber gerade wie (das Feuer), das, wenn es mit Räucherwerk vermischt wird, nach dem Duft eines jeden so oder so benannt wird (C 45).

21. Auch die Schlafenden verrichten Arbeit und wirken mit an dem, was im Weltall geschieht (N 9).
In der Geschichte und im Klima des westlichen Denkens steht HERAKLIT allein, denn eine Lehre, für die »ein und dasselbe sich in den Dingen offenbart als Lebendes und Totes, Waches und Schlafendes, Junges und Altes«, scheint uns keine Richtlinien zum Handeln zu bieten, d. h. eine Auswahl zu treffen. Für uns gilt nicht HERAKLIT, sondern ARISTOTELES als Meister der Philosophie: Dieser betont, dass jede Aktion Wahl ist und dass der Wille sich nur in Aktion setzt, um etwas Gutes zu wählen, das etwas Schlechtem vorzuziehen ist – selbst wenn die falsche Wahl getroffen wurde. Im Großen und Ganzen feiert man in der westlichen Kultur die Illusion, dass das Gute ohne das Schlechte bestehen kann, Licht ohne Dunkelheit und Vergnügen ohne Schmerz, und dies gilt gleichermaßen für die christlichen und ihre weltlich-technischen Epochen: Hier oder künftig ist unser Ideal eine Welt, von der es in der Offenbarung (21,4) heißt: »... und der Tod wird nicht mehr sein, noch Leid noch Geschrei, noch Schmerz wird mehr sein, denn das Erste ist vergangen«.
Um Ehre zu geben, wem Ehre gebührt – das ist eine großartige Illusion gewesen. Aber jenen, deren gesunder Menschenverstand noch auf der Logik des ARISTOTELES fußt, fällt es schwer, anzuerkennen, dass die Grundlagen der chinesischen Kultur auf der polaren Betrachtungsweise von Licht und Dunkelheit beruhen. Vergleiche da die Worte des LAO TZU mit HERAKLIT:

»Wenn auf Erden alle das Schöne als schön erkennen, so ist dadurch schon das Hässliche gesetzt.
Wenn auf Erden alle das Gute als gut erkennen, so ist dadurch schon das Nichtgute gesetzt.
Denn Sein und Nichtsein erzeugen einander.
Schwer und Leicht vollenden einander.
Lang und Kurz gestalten einander.
Hoch und Tief verkehren einander.
Stimme und Ton sich vermählen einander.
Vorher und Nachher folgen einander.«
(R. WILHELM, *Tao te King*, 2. Spruch)

Eine Kultur, die auf solchen Prämissen beruht, konnte wohl kaum eine bombastische Technologie hervorbringen. Andererseits führt die polare Sicht von Gut und Nichtgut aber keinesfalls zur Dekadenz oder zu einer Lebensweise ohne Handlungsfähigkeit, ohne Ordnung und Prinzipien. Es steht außer Frage, dass die Chinesen vor der Industriellen Revolution in mehreren Perioden ihrer Geschichte die reichste und höchstentwickelte Zivilisation der Erde besaßen.
Anders als HERAKLIT stand LAO TZU in seiner Kultur nicht allein.

Hexagramm 64 *wei chi* (Vor der Vollendung)

Sein Weltbild wurzelte in einer mythologischen Tradition, die zu seinen Lebzeiten schon alt war – eine absolut grundlegende Tradition für die chinesische Weise zu denken und zu fühlen. Die Tradition ist verkörpert im *I Ching*, dem »Buch der Wandlungen«. Obwohl man für diesen klassischen Text ein sagenhaftes Alter in Anspruch genommen hat, indem man ihn irgendwo zwischen 1300 und 2000 v. Chr. datierte, gibt es keinen klaren Beweis seiner Existenz als geschriebenes Dokument vor etwa 400 v. Chr. Nichtsdestoweniger ist das zugrunde liegende System des Symbolismus von höchstem Alter, obwohl das auf uns gekommene Werk im Lauf von Jahrhunderten zusammengetragen wurde. Ganze Generationen von chinesischen Gelehrten und Denkern haben Kommentare dazu verfasst und in seine ursprünglichen Formen Gedanken und Bedeutungen hineinprojiziert, die historisch gesehen recht späte Entwicklungen darstellen.

Die Basis des »Buchs der Wandlungen« bildet eine Folge von 64 Symbolen oder Hexagrammen von der Art wie das Bild links. Jedes Hexagramm, wie schon der Ausdruck besagt, besteht aus sechs Linien, die entweder unterbrochen oder nicht unterbrochen, negativ oder positiv sind; und die 64 Symbole beinhalten jede mögliche Kombination der beiden Arten von Linien. Durchgehende Linien stellen *yang* dar, den männlichen oder positiven Aspekt der Natur, und unterbrochene Linien *yin*, den weiblichen oder negativen Aspekt. Diese Ausdrücke sollen zuerst auf die Süd- und Nordseiten von Bergen angewandt worden sein, Erstere sonnig, Letztere schattig. Da die zwei Seiten eines Bergs eine untrennbare Polarität bilden, erwarben *yang* und *yin* die Bedeutung von archetypischen Polen der Natur – plus und minus, stark und nachgebend, Mann und Frau, Licht und Dunkel, Steigen und Fallen. Folglich betrachtete man die Reihe der 64 sechsfachen Kombinationen der beiden als einen symbolischen Abriss aller Grundsituationen im Leben und in der Natur. Je nach der Anordnung und relativen Stärke der positiven und negativen Kräfte repräsentiert ein Hexagramm das fundamentale Strukturgerüst für die Disposition der Natur in einem beliebigen Augenblick.

Ferner betrachtet man jedes Hexagramm als Zusammensetzung zweier Trigramme und die acht möglichen Trigramme werden gewöhnlich wie in der Abbildung unten angeordnet. Die den Trigrammen zugeschriebenen Namen – Himmel, Erde, Wasser, Feuer, Wind, Donner, See, Berg – stehen für die elementaren Prinzipien im wechselnden Muster der Natur, und so beschreibt zum Beispiel ein Hexagramm, das aus Erde ☷ über Berg ☶ besteht, eine Situation, in der es für die Größe oder die Macht günstig ist, im Verborgenen zu bleiben, und für Herrscher und tätige Menschen, in Bescheidenheit zu handeln.

Diese Symbole dienten ursprünglich dem Wahrsagen und der eigentliche Text des Buchs besteht aus einer Reihe von Orakelsprüchen, die die dargestellten Situationen beschreiben und für passendes Handeln Rat geben. Die gebräuchlichste der verschiedenen Methoden zur Befragung des Orakels besteht neben dem Münzenwerfen darin, ein Bündel von 50 Schafgarbenstängeln aufs Geratewohl zu teilen; die Stängel werden dann nach einem System ausgezählt, welches zu dem Hexagramm führt, das der augenblicklichen Lage des Fragestellers entspricht. Man scheint von der Voraussetzung auszugehen, dass die Teilung der Stängel nach dem Zufallsprinzip in Wahrheit der Ordnung der Zeit folgt, zu welcher sie vorgenommen wird, und so ergibt sie ein Hexagramm, welches das Gleichgewicht und die an jenem besonderen Zeitpunkt und Platz wirksame Tendenz der Naturkräfte offenbart.

Anordnung der acht Trigramme um das *t'ai chi*-Symbol nach Fu Hsi

Die Überlieferung schreibt die Erfindung der Hexagramme dem weisen Kaiser Fu Hsi zu, der zu Beginn der chinesischen Geschichte geherrscht haben soll.

»In alter Zeit, als Fu Hsi zum Herrscher über alles unter dem Himmel geworden war, blickte er auf und betrachtete die Formen am Himmel (die Sternbilder) und blickte nieder und betrachtete das Geschehen auf der Erde. Er betrachtete die Muster der Vögel und Tiere und die Eigenschaften der verschiedenen Standorte und Plätze. In unmittelbarer Nähe, in seinem Körper, fand er Dinge, die der Betrachtung wert waren, und ebenso in größerer Entfernung, in allen Ereignissen im Allgemeinen. So ersann er die

›Acht Trigramme‹, um mit den Kräften der hellen Geister in Verbindung zu treten und die Beziehungen zwischen den zehntausend Wesen zu ordnen« (NEEDHAM, Vol. 2.1.326). Die »Große Abhandlung« im »Buch der Wandlungen« erklärt diese allgemeinen Prinzipien wie folgt: »Der Himmel ist hoch, die Erde ist niedrig, damit ist das Schöpferische *(ch'ien)* und das Empfangende *(k'un)* bestimmt. Entsprechend diesem Unterschied von Niedrigkeit und Höhe werden vornehme und geringe Plätze festgesetzt.

Bewegung und Ruhe haben ihre bestimmten Gesetze; danach werden feste und weiche Linien unterschieden. Die Ereignisse folgen je nach ihrer Art bestimmten Richtungen. Die Dinge unterscheiden sich voneinander nach bestimmten Klassen. Auf diese Weise entstehen Heil und Unheil. Am Himmel bilden sich Erscheinungen, auf Erden bilden sich Gestaltungen; daran offenbaren sich Veränderungen und Umgestaltung.

Darum lösen die acht Zeichen einander ab, indem Festes und Weiches einander verdrängen. Erregt werden die Dinge durch Donner und Blitz, befruchtet werden sie durch Wind und Regen; indem Sonne und Mond ihren Kreislauf gehen, wird es einmal kalt, einmal heiß.

Der Weg des Schöpferischen *(ch'ien)* wirkt das Männliche; der Weg des Empfangenden *(k'un)* wirkt das Weibliche. Das Schöpferische erkennt die großen Anfänge; das Empfangende vollendet die fertigen Dinge. Das Schöpferische erkennt durch das Leichte; das Empfangende vermag durch das Einfache …

Darum ist es die Ordnung der Wandlungen, der sich der Edle hingibt und wodurch er zur Ruhe kommt. Es sind die Urteile zu den einzelnen Linien, deren sich der Edle erfreut und über die er nachsinnt. Darum betrachtet der Edle in Zeiten der Ruhe diese Bilder und sinnt nach über die Urteile. Wenn er etwas unternimmt, so betrachtet er die Veränderungen und sinnt nach über die Orakel. Darum wird er vom Himmel gesegnet. ›Heil! Nichts, das nicht férdernd ist!‹ …

Was einmal das Dunkel *(yin)* und einmal das Lichte *(yang)* hervortreten lässt, das ist der Sinn *(tao)*. Als Fortsetzender ist er gut; als Vollender ist er das Wesen. Der Gütige entdeckt ihn und nennt ihn gütig. Der Weise entdeckt ihn und nennt ihn weise. Das Volk gebraucht ihn Tag und Nacht und weiß nichts von ihm, denn der Sinn des Edlen ist selten. Er offenbart sich als Gütigkeit, aber er verbirgt seine Wirkungen. Er belebt alle Dinge, aber er teilt nicht die Sorgen des heiligen Weisen. Seine herrliche Art, sein großes Wirkungsfeld sind das Höchste, was es gibt. Dass er alles in vollem Reichtum besitzt, das ist sein großes Wirkungsfeld. Dass er alles

Das Symbol des *t'ai chi*

täglich erneuert, das ist seine herrliche Art. Als Erzeuger alles Erzeugens heißt er Wandlung. Als Vollender der Urbilder heißt er das Schöpferische, als Nachbildendes heißt er das Empfangende. Indem er dazu dient, die Gesetze der Zahl zu erforschen und so die Zukunft zu weisen, heißt er die Offenbarung. Indem er dazu dient, die Veränderungen mit lebendigem Zusammenhang zu durchdringen, heißt er das Werk. Dasjenige an ihm, was durch das Lichte *(yang)* und Dunkle *(yin)* nicht ermessen werden kann, heißt der Geist …

Darum gibt es in den Wandlungen den »Großen Uranfang« *(t'ai chi)*. Dieser erzeugt die beiden Grundkräfte (*yang* und *yin*). Die zwei Grundkräfte erzeugen die vier Bilder. Die vier Bilder erzeugen die acht Zeichen. Die acht Zeichen bestimmen Heil und Unheil. Heil und Unheil erzeugen das große Wirkungsfeld.« (R. WILHELM, *I Ging*, S. 260–295)

Die Symbolik des »Buchs der Wandlungen« zeigt also ein Bild des dynamischen Musters der Natur, so wie es durch das ewige Wechselspiel des Urpaars *yin* und *yang* in wechselnden Graden von Kraft und Richtung geformt wird. Obwohl die Anordnung dieser Kräfte Glück und Unglück bestimmen soll, gibt es im ganzen Buch kein von Grund auf schlechtes Hexagramm, denn wo immer die negative Kraft im Steigen begriffen ist, enthält sie im Stillen den Keim der positiven Kraft. Im chinesischen Denken besteht das wesentlich Gute der Natur und des Menschen genau in ihrem Gut-und-Schlecht. Die beiden heben sich nicht gegenseitig auf, sodass damit jedes Handeln nutzlos gemacht würde; sie spielen ewig in einer gewissen Ordnung und Weisheit besteht darin, diese Ordnung wahrzunehmen und im Einklang mit ihr zu handeln. Der Weise versucht genauso wenig das Negative auszulöschen – Dunkelheit, Tod etc. – wie im Zyklus der Jahreszeiten Herbst und Winter zu streichen. Hier erscheint dann eine Sicht des Lebens, die seinen Wert und sein Wesen nicht als ein Ringen um stetigen Aufstieg betrachtet, sondern als Tanz. Tugend und Harmonie bestehen nicht im Hervorheben des Positiven, sondern im Bewahren eines dynamischen Gleichgewichts. Das vertraute chinesische Symbol für das Urpaar ist der Kreis, der aus so etwas wie zwei stilisierten

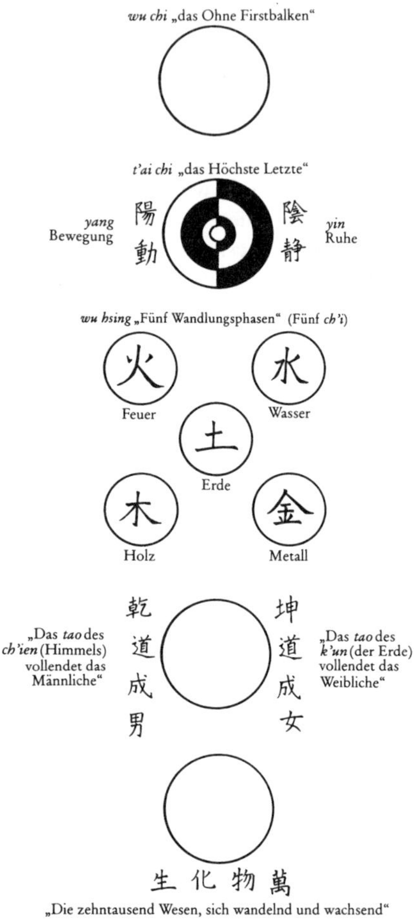

Das *t'ai chi*-Diagramm des CHOU TUN-YI

Fischen zusammengesetzt zu sein scheint: der eine schwarz, der andere weiß, und jeder mit einem »Auge« in der anderen Farbe (s. S. 39). Diese Zeichnung weist offensichtlich auf Drehung und ist in dieser Hinsicht verwandt mit der Swastika 卐 und dem Fylfot – und vielleicht auch mit dem Sternzeichen der Fische (Pisces), vom Ende/Anfang des Jahres. Dieses Symbol ist bekannt als das *t'ai chi* (das Höchste Letzte) – obwohl das Höchste Letzte oft auch durch einen leeren Kreis dargestellt wird – oder einfach als das *yin-yang*. Die Bedeutung des Kreises, des rotierenden Charakters des *yin-yang*-Symbols, liegt natürlich darin, dass die Welt nicht als mit einem zeitlichen Anfang oder Ende geschaffen angesehen wird. Vielmehr handelt es sich um unaufhörliches Anfangen und Enden und in der Hierarchie der Prinzipien – das Höchste Letzte (das *t'ai chi* oder das *tao*), das *yang* und das *yin*, die vier »Bilder« (die Zweierkombinationen aus *yin*- und *yang*-Linien), die »Acht Trigramme«, die 64 Hexagramme und zuletzt die »Zehntausend Wesen« – zeigt sich eher eine Rangfolge als eine Zeitfolge.

Eine der bemerkenswertesten Formen dieser Hierarchie findet sich in dem vom neokonfuzianischen Denker CHOU TUN-YI (1017–1073) entworfenen und erläuterten Diagramm (s. links), das er so beschreibt: »Was keinen Firstbalken *(wu chi)* hat und (selbst) doch der höchste Firstbalken ist *(t'ai chi)*! Der höchste Firstbalken regt sich und erzeugt *yang*. Wenn die Bewe-

gung an ihre Grenze gelangt ist, (folgt) Ruhe. In der Ruhe erzeugt der höchste Firstbalken *yin*. Wenn die Ruhe ihre Grenze erreicht hat, kehrt sie sich um in Bewegung. Bewegung und Ruhe wechseln ab, das eine ist die Wurzel des andern. *Yin* und *yang* nehmen ihre festgesetzten Rollen auf, und so werden die beiden Kräfte eingesetzt. *Yang* wird verwandelt, indem es mit *yin* reagiert, und so entstehen Wasser, Feuer, Holz, Metall und Erde. Dann durchdringen sich die Fünf *ch'i* (Arten von Materieenergie) harmonisch und die vier Jahreszeiten beginnen ihren Lauf …
Das wahre (Prinzip) dessen, was keinen Firstbalken hat, und die Essenzen der zwei (Kräfte) und der fünf (Wandlungsphasen) reagieren auf wunderbare Weise miteinander, und das hat Verfestigung zur Folge. Das *tao* des Himmels vollendet das Männliche und das *tao* der Erde das Weibliche. Indem sie miteinander reagieren und sich beeinflussen, wandeln sich die beiden *ch'i* des Männlichen und Weiblichen und erwecken die Myriaden Dinge zum Leben. Eine Generation folgt auf die andere und ihre Wechsel und Umwandlungen nehmen kein Ende …« (NEEDHAM, Vol. 2, 460 f.).

Der Gebrauch des leeren Kreises und die Verwendung von Ausdrücken wie »das, was keinen Firstbalken hat« oder »das Leere« für das Höchste Letzte soll nicht einfach besagen, dass die Grundlage der Wirklichkeit bloße Leere sei, sondern dass es sich jeder Beschreibung und Abgrenzung entzieht, außer in den Begriffen von *yin* und *yang*. Auf der Grundlage dieser unbeschreibbaren Einheit erzeugt das Urpaar eine Welt in spielerischem Austausch, denn eigentlich sind sie eins. Fast ausnahmslos sind für das chinesische Denken die Konflikte der Natur in einer tiefer liegenden Harmonie verwurzelt. So kann es keinen ernsten Konflikt geben, keine äußerste Bedrohung der universalen Ordnung, keine Möglichkeit endgültiger Vernichtung oder Nichtexistenz, »denn Sein und Nichtsein erzeugen einander«, wie es bei LAO TZU (2,5) heißt.

Der immer währende Einfluss des »Buchs der Wandlungen« und seines dynamischen, bipolaren Modells für den Gang der Natur veranlasste die chinesischen Gelehrten in allen Epochen, die natürlichen Elemente, den Wechsel der Jahreszeiten, die geologischen Besonderheiten, die Pflanzen und Tiere als unterschiedliche Anordnungen und Wechselbeziehungen von *yin* und *yang* anzusehen. So heißt es bei HUAI NAN TZU (einem philosophischen Klassiker des 2. Jh. v. Chr.):
»*Tao* nimmt seinen Anfang in der Großen Leere, die das Universum hervorbringt, welches seinerseits das Fluidum erzeugt. In diesem findet eine Scheidung statt. Die reineren und helleren Teilchen sind

dünner und feiner und bilden den Himmel. Die gröberen und trüberen sammeln sich und werden zur Erde. Die Verschmelzung der reineren und feineren Teilchen ist einfach, die Verdichtung der schwereren und trüberen Teilchen ist mühsam und schwierig, deshalb entsteht der Himmel vor der Erde. Die vereinigte Essenz von Himmel und Erde ist *yin* und *yang*; das Wirken von *yin* und *yang* erzeugt die vier Jahreszeiten und die Zerstreuung der Essenz der vier Jahreszeiten erzeugt die zehntausend Wesen. Aus dem heißen *yang*-Fluidum kommt das Feuer und die Essenz des Feuers wird zur Sonne. Aus dem kalten *yin*-Fluidum kommt das Wasser und die Essenz des Wassers formt den Mond. Aus der sexuellen Beziehung zwischen Sonne und Mond werden die Sterne geboren. Der Himmel beherbergt die Sonne, den Mond und die Sterne; die Erde enthält das Wasser, die Flüsse, den Boden und den Staub.« (FORKE, S. 37).

Von WU NENG TZU wird die Zeugung von Tieren aus *yang*- und *yin*-»Flüssigkeiten« beschrieben, obwohl das so übersetzte Wort *ch'i* auch die Bedeutung von Atem, Lebenskraft oder materieller Energie hat:

»Bevor Himmel und Erde sich trennten, gab es ein einziges, chaotisches Fluidum. Dieses lief über und teilte sich in zwei Formen, in welchen es reine und trübe, leichte und schwere Teilchen gab. Die leichten und reinen stiegen nach oben und bildeten *yang* und den Himmel; die schweren und trüben sanken nach unten und wurden zu *yin* und der Erde: der Himmel fest, stark und in Bewegung; die Erde weich, nachgebend und in Ruhe. Dies war der natürliche Zustand der Flüssigkeiten. Nachdem Himmel und Erde ihren Platz eingenommen hatten, vermischten sich die *yin*- und *yang*-Flüssigkeiten, und dabei wurden alle Tiere geschaffen, die Tiere mit Haut, Schuppen, Fell, Federn und Schalen ...« (FORKE, S. 56).

Es ist nicht überraschend, dass die Zeugung der Welt durch *yin* und *yang* einen sexuellen Nebensinn haben sollte. Dies zeigt sich ganz deutlich in folgendem Zitat aus dem Buch des CH'ENG TZU:

»Ein *yin* und ein *yang*, das ist das fundamentale Prinzip *(tao)*. Die leidenschaftliche Vereinigung von *yin* und *yang* und die Paarung von Mann und Frau ist die ewige Regel des Universums. Wenn Himmel und Erde sich nicht vermischten, woher würden dann alle Wesen ihr Leben empfangen? Wenn die Frau zum Manne kommt, empfängt sie Kinder. Kinder empfangen ist der Weg der Fortpflanzung. Mann und Frau paaren sich und zeugen Nachwuchs« (FORKE, S. 68).

Auch bei der Beobachtung der Gewohnheiten von Tieren, Vögeln und Insekten brachten die chinesischen Naturforscher diese in Verbindung

mit den *yin-* und *yang*-Einflüssen, wie in den folgenden Abschnitten aus dem *Ching-chi Wen-chi*:
»Vögel, Tiere, Pflanzen und Bäume empfangen das *yin-* und das *yang*-Fluidum und werden so bestimmt. Der Adler ist auf Mord aus und im Herbst stürzt er sich auf seine Beute. Die Maus ist voller Gier und geht in der Nacht aus. Im vierten und fünften Monat können sie sich in eine Turteltaube und in eine Wachtel verwandeln, denn im vierten und fünften Monat ist *yang* kräftig, und *yin* kann durch *yang* verwandelt werden. Die Spatzen brüten auf ihren Eiern und versammeln sich im Frühling. Der Fasan sucht nach seinem Weibchen und schreit am Morgen. Im elften und zwölften Monat können sie sich in Frösche und Muscheln verwandeln, denn in diesen Monaten erreicht *yin* seinen Höhepunkt, und *yang* kann durch *yin* umgewandelt werden.
Im Frühling fliegen die Wildgänse nach Norden und die Schwalben kommen von dort; jene reisen von Süden nach Norden und diese von Norden nach Süden. Beide fliegen mit dem *yang*-Fluidum, welches ihnen zum Vorteil gereicht. Im Herbst dagegen kommen die Wildgänse an und die Schwalben fliegen ab; die Wildgänse auf dem Weg von Norden nach Süden, die Schwalben in umgekehrter Richtung, aber beide nutzen das brauchbare *yin*-Fluidum, um darauf zu fliegen« (FORKE, S. 217).

Dieser Text enthält auch die folgende seltsame Beschreibung der Zeugung von Würmern und anderen Lebewesen auf verfaulten Pflanzen, welche, so irrig sie auch sein mag, für das Gefühl spricht, dass die *yang*-Lebenskraft stets in der *yin*-Situation von Tod und Verfall latent vorhanden ist: »Wenn verfaulte Pflanzen zu Glühwürmchen werden, werden Pflanzen in Tiere und unbelebte Dinge in belebte verwandelt. Geschieht das nicht deshalb, weil der Glanz des *yang* seinen Gipfel erreicht hat, sodass auch die Dinge des dunklen *yin* am *yang* haften bleiben und sich in es verwandeln? Im Allgemeinen sind die beiden Flüssigkeiten *yin* und *yang* immateriell und bewegen sich ruhig im Innern, während Wind, Regen, Tau, Donner, Insekten und Pflanzen Form besitzen und äußerlichen Wandlungen unterworfen sind« (FORKE, S. 220).
Der *yin-yang*-Symbolik liegt die Ansicht zugrunde, dass die Welt ein System von Wandlungsvorgängen darstellt, und darin liegt wirklich die Bedeutung des gerade zitierten Abschnitts. *Yin* und *yang* gleichen jeweils den Tälern und Gipfeln einer Wellenbewegung. Die den *yin-yang*-Kreis teilende S-Kurve lässt an eine Art von Peitschenwelle oder peristaltische Bewegung denken, an eine kontinuierliche Wellenbewegung nicht nur von Leben und Tod, Tag und Nacht, sondern von einer Form des Lebens zur anderen.

»Gewisse Keime, die aufs Wasser fallen, werden zu Wasserlinsen. Wenn sie die Verbindungslinie von Wasser und Land erreichen, werden sie zu Flechten. Breiten sie sich an der Uferböschung aus, werden sie zu Hundezahn-Veilchen. Erreichen sie fruchtbaren Boden, dann werden sie zu *wu-tsu* (genaue Bedeutung unbekannt), aus dessen Wurzeln Raupen, aus dessen Blättern Schmetterlinge oder Krebse entstehen. Diese verwandeln sich in Insekten, die in der Kaminecke geboren werden und die wie Gerippe aussehen … Nach tausend Tagen werden sie Vögel mit dem Namen *kan-yü-ku,* deren Speichel zu *ssu-mi* (nicht zu identifizieren) wird. Aus *ssu-mi* werden Weinfliegen … Das Insekt *ch'ing-ning* erzeugt den Leoparden, dieser das Pferd, welches den Menschen hervorbringt. Danach geht der Mensch zurück zum Keim, aus dem alle Wesen kommen und zu dem alles zurückkehrt« (H. A. GILES, CHUANG TZU, S. 228).

Stets verschieden in der Form ist diese Wellenbewegung dennoch ein einziger Prozess von Leben und Tod, Auf und Ab und Weisheit zeigt sich – wenigstens in den chinesischen taoistischen und buddhistischen Lehren – in der Erkenntnis der grundlegenden Identität der scheinbaren Gegensätze. In den Worten des CHUANG TZU: »Leben folgt auf den Tod. Tod ist der Beginn von Leben. Wer weiß, wann das Ende erreicht wird? … Wenn Leben und Tod nichts weiter als aufeinander folgende Stadien sind, wozu sollte ich mich dann beklagen? Deshalb sind alle Dinge eins. Was wir lieben, ist Lebendigkeit. Was wir hassen, ist Verderbnis. Aber Verderbnis wird ihrerseits zu Lebendigkeit und Lebendigkeit wird wieder zu Verderbnis. Deshalb heißt es, dass die Welt von einem einzigen Leben *(ch'i)* durchdrungen ist, und die Weisen schätzen seine Einheit entsprechend« (GILES, CHUANG TZU, S. 278).

Aber diese Einheit ist im *yin-yang*-Wechsel gar nicht so sehr verdunkelt und verborgen, sondern deutlich offenbar für jene, die den Verstand besitzen, sie zu sehen – ein wichtiger Punkt, den CHUANG TZU in der folgenden witzigen Anekdote illustriert: »Darum, was vom Standpunkt des Ichs aus ein Querbalken ist oder ein Längsbalken, Hässlichkeit oder Schönheit, Größe oder Gemeinheit, Übereinstimmung oder Abweichung: Im Sinn *(tao)* sind diese Gegensätze aufgehoben in der Einheit. In ihrer Geschiedenheit haben sie ihr Bestehen; durch ihr Bestehen kommen sie zum Vergehen. Alle Dinge, die jenseits sind vom Bestehen und Vergehen, kehren zurück zur Aufhebung in der Einheit. Aber nur der Schauende kennt diese Aufhebung in der Einheit. Er entfaltet keine Tätigkeit vom Standpunkt seines Ichs aus, sondern beruhigt sich beim allgemein Anerkannten. Das allgemein

Anerkannte ermöglicht (ungehinderte Tätigkeit), diese Tätigkeit ermöglicht Fortschritt ohne Haften, dieser Fortschritt führt zur Erlangung des Lebens; wer das Leben erlangt hat, der ist am Ziel. Zu Ende ist für ihn die subjektive Bedingtheit. Er ist zu Ende und weiß nichts mehr vom So-Sein; das ist der Sinn *(tao)*. Wer seinen Geist abmüht, um die Einheit (aller Dinge) zu erklären, ohne ihre Gemeinsamkeit zu erkennen, dem geht's, wie es in der Geschichte heißt: ›Morgens drei‹. Was bedeutet dieses ›Morgens drei‹? Es heißt: Ein Affenvater brachte (seinen Affen) Stroh und sprach: ›Morgens drei und abends vier.‹ Da wurden die Affen alle böse. Da sprach er: ›Dann also morgens vier und abends drei.‹ Da freuten sich die Affen alle. Ohne dass sich begrifflich oder sachlich etwas geändert hätte, äußerte sich Freude oder Zorn bei ihnen. Die Affen waren eben auch in subjektiver Bedingtheit befangen. Also macht es der Berufene in seinem Verkehr mit den Menschen. Er befriedigt sie mit Ja und Nein, während er innerlich ruht im Ausgleich des Himmels: Das heißt beides gelten lassen« (R. Wilhelm, Dschuang Dsi, II, 4).

In mancherlei Hinsicht besitzt die *yin-yang*-Symbolik mehr den Charakter einer Philosophie oder sogar einer primitiven Wissenschaft als den einer Mythologie. Obwohl *yin* und *yang* weiblich und männlich genannt werden, werden sie nie als Göttermutter und Göttervater der Welt personifiziert, noch findet man den kleinsten Hinweis, dass sie in einen kosmischen Krieg des Lichts gegen die Finsternis oder des Guten gegen das Übel verwickelt sind. Die Chinesen scheinen die Personifizierung kosmischer Kräfte nie sehr ernst genommen zu haben noch irgendeine stärkere Neigung verspürt zu haben, das Universum als Schöpfung und Gebiet eines himmlischen Herrschers zu betrachten. Die *yin-yang*-Metaphorik führte dazu, dass sie das Universum im Großen und Ganzen als selbst steuernden Körper ansahen, der sich auf spontane Weise bewegt und reguliert, wie der Blutkreislauf oder die Beine eines Tausendfüßlers.

»Einbein sprach zu Tausendfuß: ›Ich mühe mich mit meinem einen Fuße ab umherzukriechen und komme damit nicht zustande. Wie macht Ihr's nur, dass Ihr alle Eure tausend Füße regt?‹

Tausendfuß sprach: ›Das mache ich ganz anders. Habt Ihr noch nie gesehen, wie ein Mensch ausspuckt? Der Speichel besteht aus lauter Bläschen, von der Größe einer Perle an bis zu der von feinen Nebeltröpfchen. Das kommt alles durcheinander heraus, ohne dass man die Bläschen einzeln zählen könnte. So setze ich einfach mein natürliches Triebwerk in Gang, ohne zu wissen, wie es im Einzelnen sich auswirkt.‹

Tausendfuß sprach zur Schlange: ›Mit all meinen tausend Füßen komme ich noch nicht so schnell voran wie Ihr ohne Füße. Wie kommt das?‹ Die Schlange sprach: ›Die Bewegungen des natürlichen Triebwerks lassen sich nicht ändern. Was brauche ich Füße?‹« (R. WILHELM, DSCHUANG DSI, XVII, 7).

Ein eher fantastischer Aspekt der *yin-yang*-Theorie erscheint jedoch in jenen Entwicklungen des Taoismus, die sich mit der Suche nach körperlicher Unsterblichkeit befassten, d. h. mit dem Erreichen desselben Kräftegleichgewichts im einzelnen Organismus wie im Universum. So hoffte man, dass das Individuum zu einem System werden könne, welches sich selbst, genauso wie das Universum, ewige Dauer verleiht und so zu einem *hsien,* einem Unsterblichen, wird. Zu diesem Zweck versuchte man viele Techniken – die alchemistische Zubereitung eines Elixiers der Unsterblichkeit, Übungen, um den Atem zu verlangsamen sowie besondere sexuelle Experimente –, um die *yang*-Kraft des Mannes mit der *yin*-Kraft der Frau zu nähren. Die erfolgreiche Anwendung dieser Methoden sollte den *hsien* dazu befähigen, seine alternde Haut wie eine Schlange abzuwerfen und daraus so frisch hervorzukriechen wie ein kleiner Junge.

So wie bei der westlichen Alchemie mit ihrer Suche nach dem Stein, der die Grundmetalle in Gold umwandeln sollte, ist es immer schwierig zu beurteilen, wie wörtlich diese Unternehmungen zu nehmen sind. In einigen Fällen besteht wenig Zweifel darüber, dass sowohl das Ziel als auch die Mittel – so wie sie beschrieben werden – in Bildern darstellen sollen, wie spirituelle und seelische Wandlungsvorgänge ablaufen. So erörtert der alchemistische Autor des 13. Jahrhunderts, CH'EN HSIEN-WEI, die Zubereitung von echtem Zinnober, in welchem, mit Honig vermischt und zu Pillen gedreht, man die Droge der Unsterblichkeit vermutete. Er beschreibt den Vorgang, wie er im Alchemistenkessel *(fu)* abläuft, aber er bringt dieses *fu* mit dem Hexagramm *fu,* »die Wendezeit«, aus dem »Buch der Wandlungen« in Verbindung.

»Geistiges Feuer … vertreibt das *yang*, das sich innerhalb des *yin* befindet. Dieses *yang* steigt und fliegt nach oben und am »ursprünglichen Ort des geistigen Feuers« trifft es zusammen mit dem *yin*, welches sich im Innern des *yang* befindet. Diese beiden fangen einander, kontrollieren einander, paaren sich und binden sich zusammen … Die beiden *ch'i* (Energien) knüpfen sich aneinander und knoten sich zusammen und rufen Wechsel und Umwandlungen hervor. Manchmal erscheinen der ›Knabe‹ und das ›Mädchen‹ und manchmal die Gestalten des Drachens und des Tigers. Mit zahllosen Wandlungen fliegen sie umher, steigend, laufend und springend, ohne Rast für auch nur einen Augenblick, und nie das Gefäß und den Ofen verlassend … So wird sich die echte (Zinnober-)Droge verdichten und sammeln. Dies ist das *tao*. Die beiden wesentlichsten Dinge sind das aufmerksame Bewusstsein und der anziehende Geist; beide unterstützen die Wirksamkeit der ›Feuer-Zeiten‹. Die Meditationsmethoden der Buddhisten scheinen wertvoll zu sein, aber in Wirklichkeit sind sie es nicht. Die Taoisten, die tief atmen und den Speichel schlucken, jagen Lappalien hinterher und geben das auf, worauf es wirklich ankommt« (NEEDHAM, S. 333).

Die letzten drei Sätze scheinen klar darauf hinzuweisen, dass der »alchemistische« Vorgang in Wirklichkeit spirituell ist. Interessant ist auch, dass das Bild des Wechselspiels von Drache und Tiger im Zusammenhang mit den Tänzen vor dem taoistischen sexuellen Ritual gebraucht wurde. Und hier dürften wir es wieder mit bildhafter Sprache zu tun haben.

Anders gesagt verweist die Unsterblichkeit des *hsien* mit ihren wiederholten Häutungen wohl nicht auf eine persönliche Überwindung des Todes, sondern bedeutet eine Wandlung der Identität – vom Ego zum Universum. Dies würde bewirkt durch eine klare und vollständige Wahrnehmung der verborgenen Einheit der *yin*- und *yang*-Prinzipien, und dazu würde die Verwirklichung derselben Einheit zwischen dem Selbst und dem Nichtselbst gehören, zwischen der Welt innerhalb der Haut und der Welt außerhalb.

»Der Meister LÜ TZU sprach: Himmel und Erde gegenüber ist der Mensch wie eine Eintagsfliege. Aber dem großen Sinn *(tao)* gegenüber sind auch Himmel und Erde wie eine Luftblase und ein Schatten. Nur der ursprüngliche Geist und das wahre Wesen überwinden Zeit und Raum.

Die Samenkraft (Lebensenergie) ist ebenso wie Himmel und Erde der Vergänglichkeit unterworfen, aber der Urgeist ist jenseits der polaren Unterschiede. Hier ist der Ort, von wo Himmel und Erde ihr Dasein ableiten. Wenn die Lernenden es verstehen, den Urgeist zu erfassen, so überwinden sie die polaren Gegensätze von Licht *(yang)* und Dunkel *(yin)* und weilen nicht mehr in drei Welten (Himmel, Erde und Unterwelt). Aber dazu ist nur der fähig, der das Wesen geschaut hat in seinem ursprünglichen Angesicht …

BUDDHA spricht vom Vergänglichen, dem Schöpfer des Bewusstseins, als der grundlegenden Wahrheit der Religion; und im Taoismus umfasst der Ausdruck »Leere erzeugen« die ganze Arbeit der Vollendung von Leben und Essenz. Alle … sind sich in dem einen Ziel einig: dem Finden des spirituellen Elixiers, um vom Tod zum Leben zu gelangen. Worin besteht nun dieses spirituelle Elixier? Es bedeutet, für immer im Zustand der Absichtslosigkeit zu verweilen. Das tiefste Geheimnis unserer Lehre, das Geheimnis des Bades, beschränkt sich auf die Arbeit, das Herz (den Geist, *hsin*) leer zu machen. Dadurch kommt das Herz zur Ruhe. Was ich hier in einem Wort enthüllt habe, ist die Frucht jahrzehntelanger Bemühung« (R. WILHELM/C. G. JUNG, Das Geheimnis der Goldenen Blüte, S. 104 f.).

Der Zustand des »leeren Herzens« *(wu hsin)* wird erreicht, wenn das ganze Wesen zu dem wird, was der Kopf für die Augen zu sein scheint – eine transparente Leere, erfüllt von allem, was man sieht. So ist es mit allen Sinnen: Subjekt, Tätigkeit und Objekt sinnlicher Erfahrung werden eins und die Dualität des Wissenden und Gewussten, des Innen und des Außen, wird transzendiert.

»Das Licht ist nicht nur im Leib, es ist aber auch nicht (nur) außerhalb des Leibs. Berge und Flüsse und die große Erde werden von Sonne und Mond beschienen: Das alles ist dieses Licht. Darum ist es nicht nur im Leib; Verständnis und Klarheit, Erkennen und Erleuchtung; und alle Bewegungen (des Geistes) sind ebenfalls alle dieses Licht, darum ist es auch nicht etwas außerhalb des Leibes. Die Lichtblüte des einzelnen Leibes durchzieht ebenfalls den Himmel und deckt die Erde« (R. WILHELM/C. G. JUNG, S. 113 f.).

Hier, im Symbol der Lichtblüte, zeigt sich für mich der Gipfel der chinesischen Weisheit: sein tiefes Erfassen der Welt als eines Systems von Beziehungen, von Dingen als »gegenseitig entstehend« und »sich gegenseitig durchdringend«. Alle Dinge gleichen dem Regenbogen, denn das Phänomen Regenbogen existiert nur dann, wenn gewisse Beziehungen zwischen Sonne, atmosphärischer Feuchtigkeit und Beobachter bestehen. Der Regenbogen ist »leer«, weil er nicht unabhängig für sich selbst existiert.

Aber im chinesischen Denken hat man erkannt, dass diese Wahrheit für alles gilt, den Beobachter eingeschlossen. Augen und Licht entstehen gegenseitig in derselben Weise wie *yin* und *yang*. Das Universum setzt sich deshalb nicht aus unabhängigen Gegenständen zusammen, d. h., es ist nicht so wie der menschliche Verstand es gewöhnlich zerstückelt: Das Universum veräußert sich selbst in den Dingen. Es ist ein Leib, ein Feld, dessen Teile sich gegenseitig hervorbringen, so untrennbar wie Vorderseiten und Rückseiten, aber in einem unendlich komplexen und verwickelten Labyrinth. Ein *hsien* zu werden bedeutet so im Grunde, seinen wahren und ursprünglichen Körper – den Kosmos – bewusst in Besitz zu nehmen, und dies, indem man ganz wörtlich zu Bewusstsein, zu den eigenen Sinnen, kommt, denn diese schaffen letztlich das Werk der Integration für uns. Licht, Farbe, Form,

Gewicht, Struktur sind alle Zustände eines Nervensystems und eines Körpers, der seinerseits einen integralen Bestandteil der so gesehenen Regenbogenwelt darstellt. Aber der Mensch trennt sich davon ab und verliert das Gefühl für seinen ursprünglichen Körper, indem er sich als ein »Ich« betrachtet, das diese und jene Erfahrungen hat und in Bezug auf sie zurücktritt, so wie man ein Bild betrachtet. Das Herz *(hsin)* leeren *(wu)* meint, damit aufhören, von der Erfahrung getrennt zu sein, und zu sehen, dass man sie nicht *hat,* sondern dass man sie *ist.*

»KONFUZIUS sprach: ›Dein Ziel sei Einheit! Du hörst nicht mit den Ohren, sondern hörst mit dem Verstand; du hörst nicht mit dem Verstand, sondern hörst mit der Seele. Das äußere Hören darf nicht weiter eindringen als bis zum Ohr; der Verstand darf kein Sonderdasein führen wollen, so wird die Seele leer und vermag die Welt in sich aufzunehmen. Und der Sinn *(tao)* ist's, der diese Leere füllt. Dieses Leersein ist Fasten des Herzens.‹

YEN HUT sprach: ›Dass ich noch nicht imstande bin, diesen Weg zu gehen, kommt wohl eben davon her, dass ich als YEN HUT existiere. Vermöchte ich ihn zu gehen, so wäre meine Existenz aufgehoben. Das ist wohl mit der Leere gemeint?‹

Der Meister sprach: ›Du hast's erfasst. Ich will es dir erklären … Sieh dort die Öffnung in der Wand! Das ganze leere Zimmer wird dadurch erhellt. (Wer so ist), bei dem verweilen Glück und Segen, aber sie bleiben nicht auf ihn beschränkt. Von einem solchen mag man sagen, dass er imstande ist, alle Fernen zu durchdringen, während er ruhig an seinem Platz verweilt. Er gebraucht sein inneres Auge, sein inneres Ohr, um die Dinge zu durchdringen, und bedarf nicht verstandesmäßigen Erkennens‹« (R. WILHELM, DSCHUANG DSI, IV, 1).

JACQUES LAVIER

Zwischen Himmel und Erde

Folgt man der Überlieferung der sesshaften Urchinesen in der Region Shanhsi (in Nordwestchina), so erwachte im Menschen zu allererst das Bewusstsein seiner Vertikalität und er sah sich auf einmal zwischen Himmel und Erde gestellt. Über sich beobachtete er eine unfassbare und unzugängliche Welt, unter seinen Füßen dagegen eine feste, ganz materielle Welt, in unmittelbarer Reichweite seiner Hand. So entstanden die Begriffe *t'ien* und *ti,* Himmel und Erde.

T'ien, der Himmel (Abb. 1, S. 50), die Ebene (a) über dem Menschen (b) ist unfassbar, immateriell, nicht

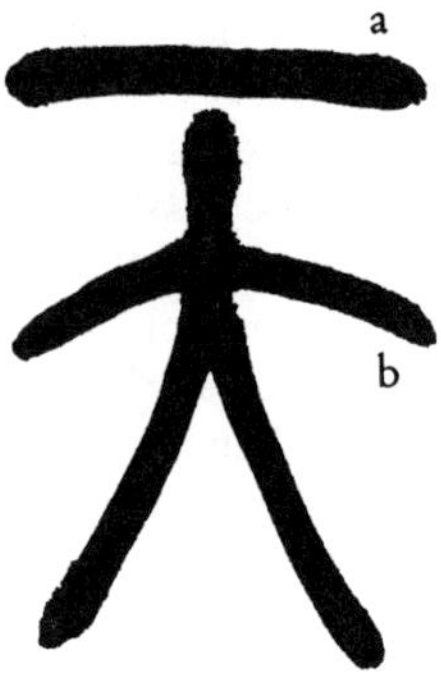

Abb. 1

messbar. Er schenkt uns Wärme und Licht, er enthält die leuchtenden Gestirne – vor allem die Sonne –, die sich scheinbar auf kreisförmigen Bahnen bewegen. Daher erklärt es sich, dass der Himmel in der Überlieferung als Kreis aufgefasst und durch einen Zirkel dargestellt wird.

Ti, die Erde (Abb. 2), zeigt eine Pflanze, die aus dem Boden sprießt (a), ein Symbol, das die Herkunft des Schriftzeichens bezeugt: Es wurde von Ackerbauern gezeichnet. Die rechte Seite des Zeichens *ti* soll die Vorstellung eines Behälters (b) ausdrücken, der einen Keim (c) birgt, aus dem ein kleiner Trieb (d) hervorsprießt. Diese greifbare, materielle, messbare Erde erscheint uns flach und unbeweglich im Vergleich zum Himmelsgewölbe, an dem sich alles in Bewegung befindet; auf der Erde zieht man die Grenzen von Feldern und Häusern mit der einfachsten Methode, nämlich derjenigen des Senkbleis; in sie setzt man die Grundsteine der Behausungen auf die vier Seiten, auf ihr findet man sich zurecht mittels der vier Hauptrichtungen. Es versteht sich von selbst, dass das Quadrat ihr Symbol ist und sie durch ein Winkelmaß dargestellt wird.

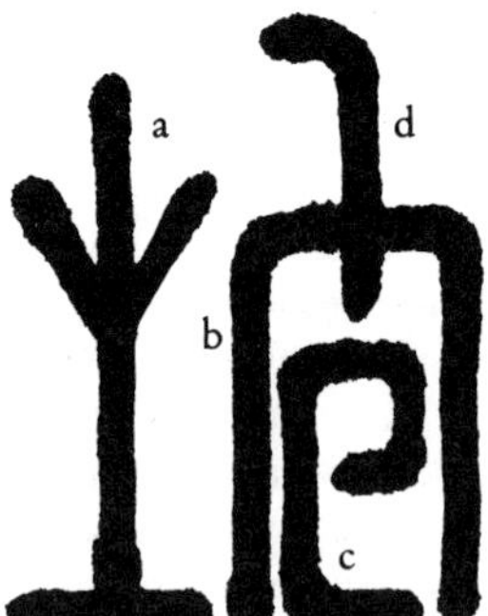

Abb. 2

Hier wollen wir unser Augenmerk noch auf einen besonderen Aspekt des Symbolgehalts von Himmel und Erde richten, denn er liegt dem metaphysischen Ursprung der Überlieferung zugrunde. Sieht man den Himmel als Energiequelle und die Erde als unbewegte Masse, so erscheint der erste als Befruchter der zweiten, indem er allen in der Erde angelegten Keimen, allen Möglichkeiten der Manifestation, Leben verleiht, und von da an erscheint eine Ordnung: Was unten potenziell angelegt ist, wird geweckt durch das, was von oben kommt.

In der Struktur von Pyramidenbauten suchten die Menschen von Shanhsi ihre Vorstellung von Himmel und Erde auszudrücken, die sich in diesem Sinn noch weiterentwickeln lässt. Das Obere, der Himmel, hat als Extrem die Einheit, die Spitze des Bauwerks; das Untere, die Erde, entspricht dagegen der Vielheit, ausgedrückt durch die Basis der Pyramide, ihre größte Schicht, die deshalb die größte Anzahl von Steinen enthält. Von diesem Bild ausgehend wird leicht verständlich, dass die Vielheit nur durch die Einheit existiert, ebenso wie die Erde nur durch den Himmel existieren kann: Jede Zahl, wie groß sie auch sein mag, ist letztlich nur ein Glied in ein und derselben Reihe, die mit der Zahl Eins beginnt.

Die Einheit *(i)* erscheint so mit einer schöpferischen Funktion, die die Überlieferung *tao* nennt (Abb. 3). Das Schriftzeichen zeigt einen Kopf (a), dessen Augenbrauen unter der Anstrengung des Denkens zusammengezogen sind – so steht es im Wörterbuch. Tatsächlich ist aber beim Schriftzeichen *tao* dieser Kopf nicht als Piktogramm

Abb. 3

(Bild) anzusehen, sondern als Ideogramm (Symbol): Er lässt etwas Geschlossenes oder fast Geschlossenes erscheinen und darin versteckt sich unter dem Dach die Zahl Zwei (die beiden waagrechten Linien). Wenn die Öffnung oben rechts anzeigt, dass man in die Umzäunung eindringen kann, dann kann auch etwas herauskommen, aber gewiss nicht die Zahl Zwei, die im Gegenteil gut versteckt bleibt. Was aus dem *tao* herauskommt, ist die Drei, die man oben findet in der Form von »Haaren«, die sich wirklich außerhalb befinden. Das Radikal (Zeichenbestandteil) auf der linken Seite des Schriftzeichens stellt einen Fuß (b) dar, der Abdrücke, Fußspuren (c) hinterlässt. Das weist darauf hin, dass das *tao* vom menschlichen Denken erfasst werden kann, dank der sichtbaren Spuren, die es hinterlässt, und von denen aus man zu ihm aufsteigen kann.

Tao ist also die schöpferische Funktion der Großen Einheit und enthält schon die Zwei. Selbstverständlich bedeutet Zwei hier Himmel und Erde, die man auch *yang* und *yin* nennen kann. Es genügt, die Schriftzeichen *yang* und *yin* zu betrachten, um sich darüber klar zu werden und gleichzeitig auf andere wichtige Begriffe zu stoßen.

Das beiden Schriftzeichen gemeinsame Radikal auf der linken Seite stellt eine Mauer dar, die aus behauenen Steinen aufgeschichtet ist:

Abb. 4

Abb. 5

Sinnbild der vom *tao* »konstruierten« Manifestation, oder auch der Pyramide, was letztlich aufs Gleiche herauskommt. Diese Mauer, in sich selbst unbewegt, kann sich unter zwei gegensätzlichen Aspekten zeigen, die durch die Radikale auf der rechten Seite der Schriftzeichen definiert werden: Bei *yin* (Abb. 4) sieht man ein Dach mit einer rechtwinkligen Holzkonstruktion (a), unter und in dem gerade ein Wurm ein Stück Holz durchnagt (b). Dieses Symbol der Zerstörung bedeutet genau genommen, dass es sich bei *yin* um einen Katabolismus (Abbau-Stoffwechsel) handelt. Bei *yang* (Abb. 5) dagegen sieht man auf der rechten Seite die runde Sonne, wie sie ihre Strahlen aussendet, also die direkte Darstellung eines Anabolismus, eines aufbauenden Vorgangs. Halten wir diese wichtigen Definitionen fest und vernachlässigen wir die klassische, aber unzureichende Erklärung der sonnenbeschienenen Mauer für *yang* und der Mauer im Schatten für *yin*, wo der Holzwurm eine Wolke und der Dachstuhl den bedeckten Himmel darstellen.

So kann man sich die Manifestation, wie sie als Ganzes zwischen dem Himmel, *yang*, oben und der Erde, *yin*, unten eingeschlossen ist, als einen ständigen Wechseltanz entgegengesetzter Vorgänge vorstellen, die irgendwie angetrieben werden von etwas, was in seiner Funktion einem elektrischen Kondensator gleicht. Diese Vorgänge zeigen uns, dass sowohl die Welt der Manifestationen im Ganzen als auch jede Erscheinung im Einzelnen, die an ihr teilnimmt und in sie eingeschlossen ist, im Grunde und in erster Linie Metabolismen (Stoffwechselvorgänge) sind. Man versteht nun besser, dass alles, was in den Bereich unserer Sinne gehört, notwendig dem Gesetz des Zyklus unterworfen ist, und ein einfaches Beispiel lässt uns diesen Gedanken begreifen: Ein menschliches Wesen geht zuerst durch eine Periode des Aufbaus (Jugend, Wachstum = Anabolismus), bevor es altert (Abbau = Katabolismus). In den Begriffen *yang* und *yin* ausgedrückt ist die Jugend das Ergebnis eines höheren Anteils von *yang* bezogen auf *yin* – der Anabolismus dominiert über den Katabolismus –, ein Verhältnis, das sich in der zweiten Lebenshälfte umkehrt. Ohne eine solche Umkehrung ließe sich das Prinzip des Zyklus nicht vorstellen. Und hier zeigt sich letztlich, warum die Zahl Zwei im *tao* eingeschlossen bleibt und niemals herauskommt (s. Abb. 3, S. 51), denn sobald diese beiden entgegengesetzten Kräfte existieren, werden sie sofort verbunden durch ihre Beziehung, die ihrem vollkommenen Gegensatz die Komplementarität hinzufügt:

1 *(yang)* + 1 *(yin)* + 1 (ihre Beziehung) = 3

Aus diesem Grund können *yang* und *yin* nicht getrennt existieren, ja, nicht einmal so vorgestellt werden und wenn man *yang-yin* oder *yin-yang* sagt, so drückt man dadurch mit Notwendigkeit eine Dreiheit aus, in welcher dem Bindestrich eine beachtliche Bedeutung zukommt.

Man kann also wirklich erst dann von Manifestation sprechen, wenn man von der Dreiheit ausgeht: Eins und Zwei sind nichts anderes als der nicht manifestierte Ursprung dieser Dreiheit und bilden das

Abb. 6

Reich der Metaphysik. Diese Bedeutung muss man auch dem Schriftzeichen *shen* (»Geist«, »spirituelle Energie«) (Abb. 6) geben, an dem man sieht, wie links die Zahl Zwei (a) die Drei (b) erzeugt: Diese Drei verläuft senkrecht wie die »Haare des *tao*« (s. Abb. 3, S. 51) und so werden Himmel-Erde, Oben-Unten und folglich die ganze Welt der Manifestationen bestimmt. Auf der rechten Seite des Schriftzeichens findet sich die Erläuterung der Dreiheit: zwei Hände, die zu beiden Seiten einer Art von Symmetrieachse hängen, die ebenfalls senkrecht verläuft (c). Diese Hände stellen *yang* und *yin* dar und der senkrechte Strich ist sozusagen der Bindestrich, das notwendige und obligatorische dritte Element.

Jetzt kann man verstehen, warum die sesshaften Völker der alten Überlieferung, und nicht nur derjenigen der chinesischen Tradition, ganz bewusst Pyramiden ohne Spitze gebaut haben, deren Plan ihnen

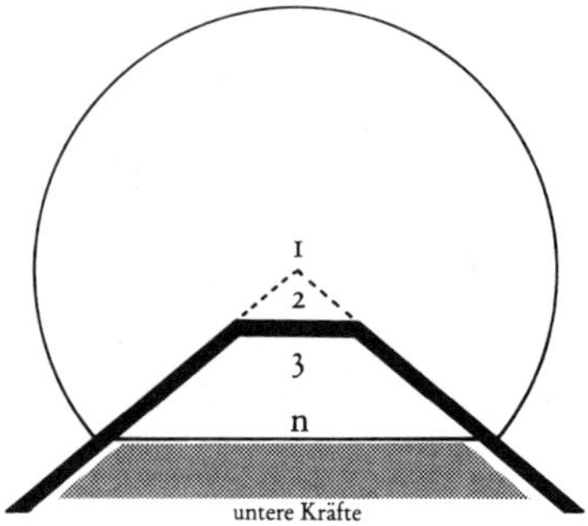

Abb. 7

Abb. 8

sozusagen vom linken Teil des Schriftzeichens *shen* geliefert wurde (Abb. 7). Die Spitze hat da in der Tat nichts zu suchen, da die Welt der Manifestationen erst bei Drei beginnt und die Pyramide ja diese Welt darstellen soll. Der fehlende Teil hat also die Aufgabe, das Nichtmanifestierte, den Ursprung des Ganzen, Eins und Zwei, anzudeuten. Und diejenigen, die alte Pyramiden, die man für unvollendet oder verfallen hielt, »restaurieren« wollten, waren genauso unwissend wie diejenigen, die in der Folgezeit vollständige Pyramiden bauten.

Nichts ist aber einfacher, als das wahre Unendliche zu begreifen: Es geht ausschließlich darum, zu wissen, dass die Welt der Manifestationen die Gesamtheit der Phänomene umfasst, die in Raum und Zeit ablaufen, während das Unendliche nur vorstellbar ist von dem Punkt oder Moment an, wo es keinen Raum und keine Zeit mehr gibt: kurz, außerhalb der Welt der Manifestation. Genau dieses deutet auch das Schriftzeichen *wu* (Abb. 8) an, das Nichtmanifestierte, das Unendliche, wo *i,* die Eins, herrscht, deren schöpferische und erhaltende Funktion *tao* ist. Da sieht man einen Menschen, der, mit seinen beiden Beinen mühsam Halt suchend (a), große Anstrengungen unternimmt bei dem Versuch, eine höhere Ebene, den Himmel, die Eins (b), zu erreichen, aber ohne dorthin zu gelangen. Ein Karikaturist könnte darin gewiss ein Bild für die Bemühungen der Mathematiker sehen, wie sie das zu erfassen suchen, was sie für das Unendliche halten.

So viel, um das von den Urchinesen erdachte und *ho t'u* genannte traditionelle Diagramm besser zu verstehen. *Ho* (Abb. 9) ist das schöpferische Fließen; die Wasserflut der linken Seite (a) wird auf der rechten (b) von einer Linie begleitet, die im Großen und Ganzen senkrecht verläuft, vom Himmel ausgeht (der durch die waagrechte obere Linie

Abb. 9

Abb. 10

dargestellt wird) und sich nach unten bewegt, wo der Himmelslinie keinerlei Begrenzung gegenübersteht: Man weiß, woher es kommt, aber nicht, wohin es geht. Auf halbem Weg wird diese Senkrechte von einem Mund leicht verformt: Das ist der Mund dessen, der zu erklären versucht, wie dieser schöpferische Strom vom Himmel herabfließt, aber ihn verformen muss aufgrund der Tatsache, dass er selbst zur Welt der Manifestationen gehört. Für ihn ist es deshalb unmöglich, eine völlig genaue Vorstellung von dem Unendlichen zu besitzen, von dem er spricht. So konnte LAO TZU am Anfang seines Buchs *Tao Te Ching* schreiben:
»Der Sinn *(tao),* der sich aussprechen lässt, ist nicht der ewige Sinn. Der Name, der sich nennen lässt, ist nicht der ewige Name.«
Bei *t'u* (Abb. 10) handelt es sich um eine völlig geschlossene Umzäunung: Dies ist die Manifestation, die ihren raumzeitlichen Rahmen nicht verlassen kann. Dieses Schriftzeichen enthält Bildsymbole, die verschiedene Deutungen zulassen, die aber auf einen gemeinsamen Sinn hinauslaufen:

1. Die Manifestation wird hervorgerufen durch Eins (den kleineren Kreis oben). Eins erzeugt die Zwei, die noch nicht manifestiert ist (die zwei konzentrischen Kreise unter dem Dach). Diese Vorstellung entspricht derjenigen, die im Schriftzeichen *tao* (s. Abb. 3, S. 51) enthalten ist und die zum absichtlich unvollendeten Bau der Pyramiden angeregt hat.
2. Der obere Kreis ist die Eins, von der aus sich die Pyramide in Form eines Dachs entwickelt (s. Abb. 7, S. 54) und zur Vielheit führt. Diese ist symbolisch dargestellt durch die beiden unteren Kreise, wo Zwei als unbestimmte Zahl, verschieden von Eins, verstanden werden soll, etwa wie »alles, was nicht Eins ist«.

Nach alledem muss man eingestehen, dass es recht schwierig ist, *ho*

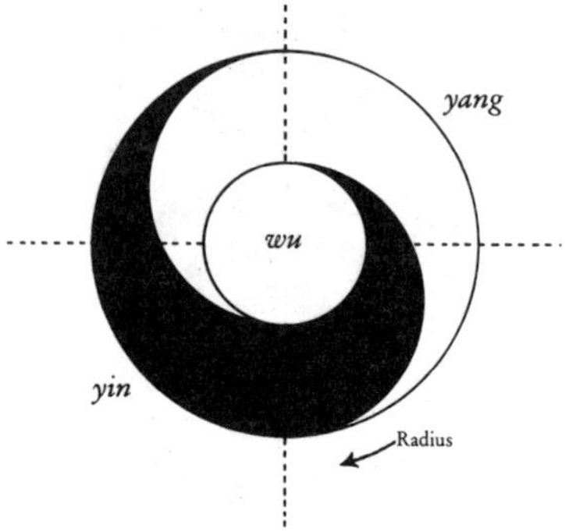

Abb. 11

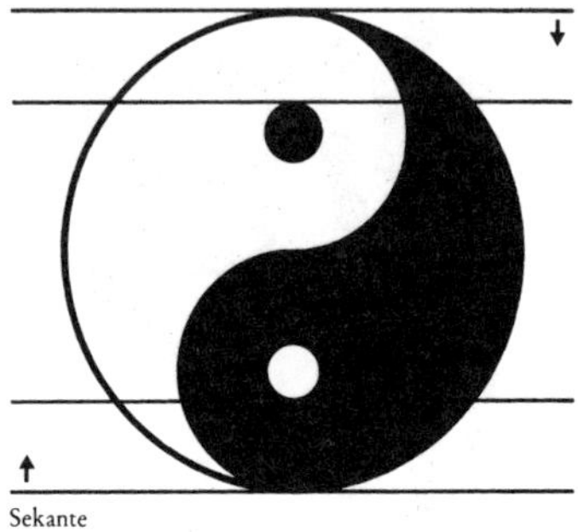

Abb. 12

t'u genau und vollständig zu übersetzen; es könnte »schöpferischer Strom und Manifestation« bedeuten, aber das ist ziemlich begrenzt. Wie dem auch sei, *ho t'u* ist die Bezeichnung für das in Abbildung 11 dargestellte Diagramm. Hier bemerkt man das weiße *yang* und das schwarze *yin*, die beide von einem leeren Zentrum *(wu)*, vom Unendlichen, ausgehen und dorthin zurückkehren (außerhalb des großen Kreises). Wenn man sich auf diesem Diagramm einen rotierenden Radius vorstellt, entdeckt man die Veränderungen im *yang-yin*-Verhältnis, dessen Hauptmarkierungen die folgenden sind: Unten ist das Maximum von *yin* bei gleichzeitiger Geburt von *yang* und oben ist es genau umgekehrt; bei waagrechtem Radius erkennt man links *yang* und *yin* in gleichem Verhältnis, mit zunehmendem *yang* und abnehmendem *yin* (wenn sich der Radius im Uhrzeigersinn dreht); auf der rechten Seite ist das Verhältnis gleich, aber die Tendenz ist genau umgekehrt. Es handelt sich hier um das allgemeine Diagramm der Manifestation und ihres resultierenden Zyklus.

Ein anderes chinesisches Diagramm, das *t'ai chi* (Abb. 12), kommt dem *ho t'u* nahe. Man findet darin dieselben »Angaben« unter der Voraussetzung, dass man sich nicht länger einen rotierenden Radius, sondern eine waagrechte Sekante (schneidende Gerade) vorstellt, die in der ersten Hälfte des Zyklus von unten nach oben wandert (zunehmendes *yang* bei gleichzeitig abnehmendem *yin*) und dann in der zweiten Hälfte von oben nach unten (abnehmendes *yang* und zunehmendes *yin*). Unter diesen Bedingungen findet man das Maximum von *yin* ganz unten bei gleichzeitiger Geburt des *yang* und oben das Umgekehrte, die Gleichheit *yang-yin*, wenn die Sekante durch die Mitte des Kreises geht; und schließlich hat man die Vor-

Abb. 13

Abb. 14

stellung des Anabolismus auf der linken Seite (*yang* nach oben hin zunehmend) und des Katabolismus auf der rechten. Die beiden »Augen« in diesem Diagramm sollen die Vorstellung ausdrücken, dass die eine der beiden Kräfte, wenn sie ihr Maximum erreicht, die andere schon im Keim enthält.

Das *t'ai chi*-Diagramm deckt sich nicht mit dem *ho t'u,* denn wenn Letzteres die Gesamtheit der Manifestationen in Bezug auf das *wu* erklärt – d. h. das Begrenzte in Bezug auf das Unbegrenzte –, zeigt das *t'ai chi*-Diagramm nur den Zyklus des Menschen zwischen Himmel und Erde und drückt somit einen auf den Menschen beschränkten, begrenzten Standpunkt aus, obwohl es sonst in allen Punkten übereinstimmt. Auch die Schriftzeichen für *t'ai chi* zeigen das deutlich: *t'ai* (Abb. 13) zeigt einen Menschen von vorn und unterstrichen, einen Menschen irgendwie im Superlativ, einen Menschen auf dem Gipfel der Vollkommenheit (den ursprünglichen Adam). *Chi* (Abb. 14) drückt aus, dass die Überlieferung der Ackerbauern (der Baum links (a) hat dieselbe Bedeutung wie in *ti,* s. Abb. 2, S. 50) den Menschen zwischen Himmel und Erde ansiedelt – rechts sieht man einen Menschen (b) im Profil zwischen zwei Ebenen. Dieser Mensch hat vor sich einen Mund (c), Symbol der Ernährung, und hinter sich eine rechte Hand (d), Symbol der Aktivität. Vielleicht kann man den darin ausgedrückten Gedanken noch besser begreifen, wenn man den rechten Teil von *chi* über das *t'ai chi*-Diagramm legt (Abb. 15, S. 58): Zwischen Himmel und Erde sieht man auf der einen Seite des Menschen den Mund, der die Energie aus der Nahrung aufbereitet und sich im Bereich des *yang* und des Anabolismus befindet; auf der anderen Seite die rechte Hand, die arbeitet und Energie verbraucht und sich folglich im Bereich des *yin* und des Katabolismus befindet. *T'ai*

Abb. 15

chi könnte man demnach wiedergeben mit »zyklisches Prinzip des Menschen zwischen Himmel und Erde«, wo der Mensch in erster Linie und unbestreitbar als Energieumwandler erscheint.
Der Platz des Menschen, so bestimmt es die Überlieferung, ist zwischen Himmel und Erde und das Ideal ist natürlich die »rechte Mitte« zwischen diesen beiden Extremen. Der Weise soll also in der Mitte der Pyramide stehen, d. h. auf halbem Weg zwischen Qualität und Quantität, zwischen Essenz und Substanz, wie der kartesische Taucher, der im Wasser auf und ab schwebt, bis er sein Gleichgewicht gefunden hat. So gesehen stellt man fest, dass sich die symbolische Darstellung der Pyramide mit nur drei Steinen zufrieden geben kann (Abb. 16): Der untere Stein ist breiter als hoch und zeigt damit an, dass auf dieser Stufe die Quantität die Qualität übertrifft. Im Gegensatz dazu ist der obere Stein höher als breit, aus genau entgegengesetzten Gründen. Um Wissen zu erwerben, unternimmt der Mensch in der Tiefe Schritte in der Horizontalen, die die Überlieferung mit den Bewegungen einer Schildkröte vergleicht, die langsam von einem Gegenstand zum anderen geht, ohne deren Beziehungen zu sehen. Dagegen wird der Mensch in der Höhe mit dem Adler verglichen, der im Auffliegen alles unter sich mit einem Blick erfasst. So bestimmen sich die beiden möglichen Wege der Erkenntnis – Analyse und Synthese –, aber zugleich auch die ganz exakte Position des Weisen, der sich immer in der »rechten Mitte« (*chung,* Abb. 17), aufhält und mit dem Steinwürfel – ebenso hoch wie breit – in der Mitte der vereinfachten Pyramide verglichen wird. Daher ist der Weise unbeweg-

Abb. 16

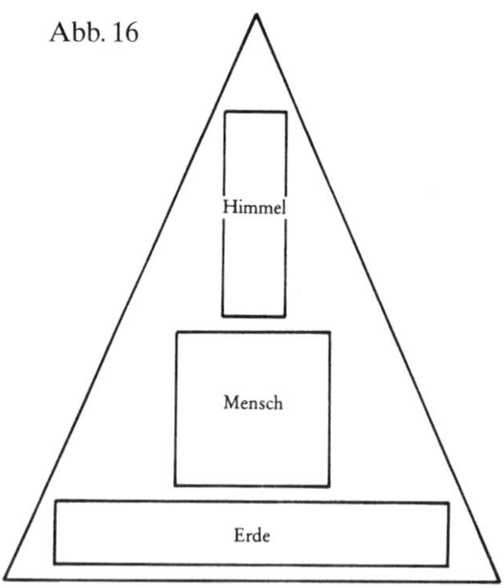

Abb. 17

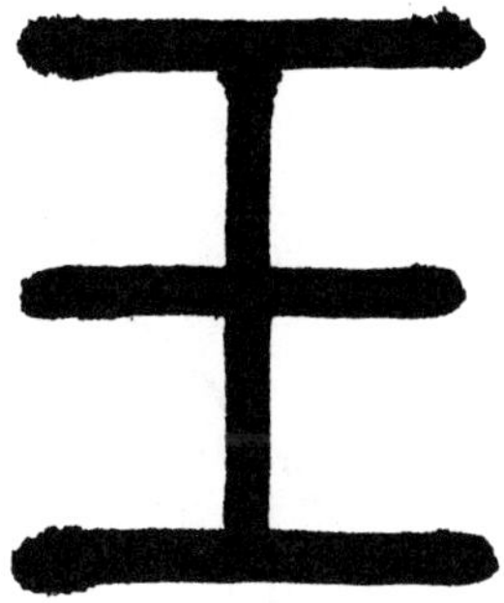

Abb. 18

lich, unbeweglich wie ein Würfel, der in stabilem Gleichgewicht auf der Erde ruht, was übrigens auch das Prinzip des Nichthandelns *(wu wei)* von Lao Tzu zum Ausdruck bringt.

Sowohl als Schildkröte wie auch als Adler entspricht der Weise also in verschiedener Hinsicht dem Würfel, aber die Taoisten bezeichnen ihn eher durch ein Kreuz mit gleich langen Armen zwischen den beiden Ebenen des Himmels und der Erde (Abb. 18): Dies ist *wang* (der König), ein Führer, der sich als solcher dadurch auszeichnet, dass er zugleich die Autorität – himmlisch, qualitativ und geistig – wie auch die Macht – irdisch, quantitativ und materiell – innehat. Er ist im Zentrum von allem und wird dadurch sogar zum Stützpunkt für die ganze Welt der Manifestationen.

Das Vorangegangene führt dazu, den Begriff des Zentrums genauer zu definieren, der in der Tat verschieden ist, je nachdem ob man das Kreuz in räumlichem oder in zeitlichem Sinn versteht. Ganz allgemein gesehen und in Übereinstimmung mit den beiden Diagrammen des *ho t'u* und des *t'ai chi* setzt sich das taoistische Kreuz aus zwei Achsen zusammen: einer senkrechten, die Zustände verbindet, d. h. Punkte des Maximums, das ja – wie schon der Name sagt – nicht überschritten werden kann (diese Achse entspricht auch der Symmetrieachse des rechten Teils im Schriftzeichen *shen*, Abb. 6, S. 53); und einer waagrechten, die das verbindet, was man als Tendenzen auffassen könnte – links eine aufbauende *(yang)*, rechts eine abbauende *(yin)*. Somit lässt sich eine Diagonale ziehen, um die *yang*-Zone (*yang*-Zustand und -Tendenz) von der *yin*-Zone (*yin*-Zustand und -Tendenz) zu trennen, wie es Abbildung 19 (S. 60) zeigt.

Weiterhin ist das taoistische Kreuz im räumlichen oder im zeitlichen Sinn verschieden zu interpretieren: Wenn das Kreuz die Achsen des

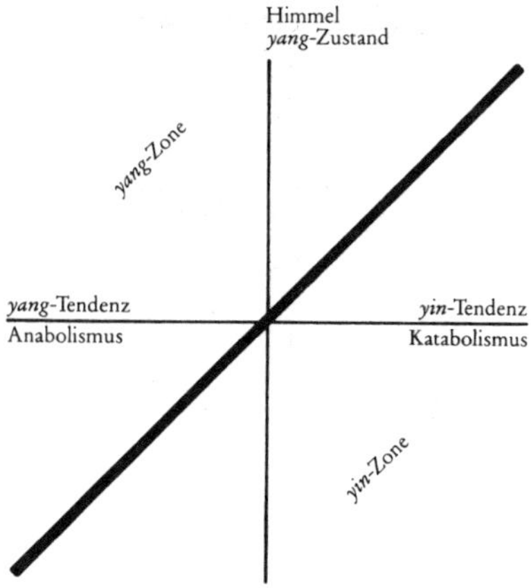

Abb. 19

irdischen Quadrats abbildet, die die vier Hauptrichtungen in Bezug auf einen Beobachtungspunkt in der Mitte bestimmen, so liegt dieser Punkt im eigentlichen Zentrum (Abb. 20). Wenn aber die beiden Achsen einem Zyklus angehören, genauer einem himmlischen Zyklus, der an einen zeitlichen Ablauf gebunden ist, so ist es unmöglich, die Stunde der Tagesmitte oder den Tag der Jahresmitte außerhalb des Zeitkreises zu setzen. Diese Mitte des Zyklus, Grenze zwischen dem Ende der *yang*-Zone und dem Beginn der

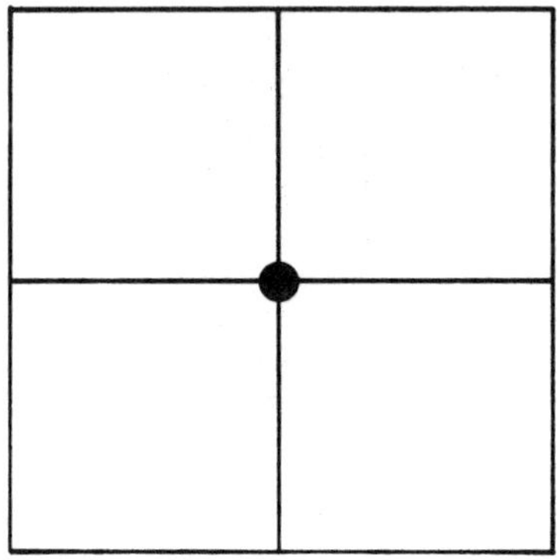

Abb. 20

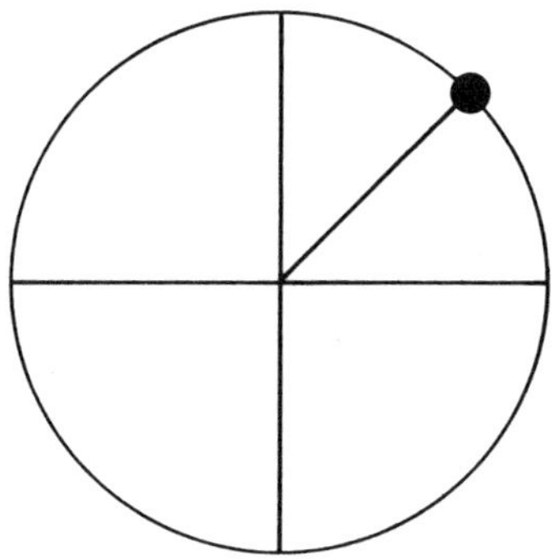

Abb. 21

yin-Zone, findet ihren Platz auf dem eigentlichen Kreis der Zeit, und zwar in dem Punkt oben rechts in Abbildung 21.

ALICE FANO

Pa Kua – die »Acht Trigramme«

In einem Kommentar zum *I Ching* (dem »Buch der Wandlungen«) heißt es: »Ein(mal) *yin*, ein(mal) *yang*, das ist das *tao.*« Diese beiden Kräfte, die ihrem Wesen nach entgegengesetzt, in Wirklichkeit aber in komplementärem Verhältnis zueinander stehen, haben in China folgende grafische Darstellung erhalten:

yang ——
yin – –

Yin und *yang*, diese beiden Aspekte ein und derselben Kraft, durchdringen sich gegenseitig und erzeugen so die »vier Bilder«, die wiederum in einer Folge von Verdopplungen die »Acht Trigramme« hervorbringen. Diagramm I, eine klassische Tafel der chinesischen Philosophie, gibt uns davon eine gute Vorstellung, ohne dass es vieler Erklärungen bedarf.

Doch zunächt noch eine Vorbemerkung: Auf ihren Erd- und Himmelskarten ist für die Chinesen der Süden immer oben, denn sie setzen den Mittag, das Maximum der Sonne, und den Zenit gleich: Oben ist dort, wo die Kraft der Sonne ihren Höhepunkt erreicht. Ebenso gehen sie in allen grafischen Darstellungen – im Gegensatz zu unseren Gewohnheiten – vom Unten, das am wesentlichsten und innerlichsten ist, zum Oben, welches am deutlichsten manifestiert und äußerlich ist. Dies ist zwar nur eine Übereinkunft, aber man muss sie beachten, damit keine Verwirrung entsteht. So ist z. B. im Trigramm *ch'ien* (Himmel) ☰ die innerste Linie die un-

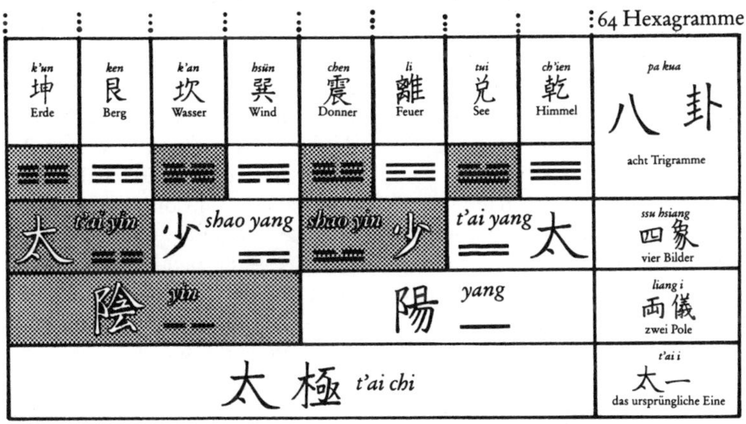

Diagramm I

tere, dann kommt die mittlere und oben die äußere. Nach dieser Vorbemerkung können wir uns nun Diagramm I zuwenden.

Das *t'ai chi* 太 極 unten ist das Nichtdifferenzierte, der höchste Firstbalken, der erste Ursprung, aus dem die zwei Kräfte oder Pole hervorgehen: *yin* 陰 und *yang* 陽. Der Ausdruck *i* 儀, der hier mit »Pol« wiedergegeben wird, ist ein recht merkwürdiges Schriftzeichen. Es setzt sich zusammen aus einem Menschen 亻 links und einem aus zwei Radikalen (Zeichenbestandteilen) zusammengesetzten Zeichen rechts: Oben 𦍌, das in der klassischen Etymologie als Schaf gilt, aber eher als *wang* 王, König, aufzufassen ist; allerdings handelt es sich um einen König mit einer »Krone« 丷, einen König, der seine Eingebung von oben empfängt. Unten steht das Zeichen 我, welches für sich allein *wo*, ich, bedeutet, das uns aber das *Shuo Wen* (etwa 100 n. Chr. verfasstes Wörterbuch der chinesischen Schrift mit nahezu 10 000 Zeichen) als einen Mann mit Lanze, als Krieger, vorstellt. Es scheint sich hier um die Vorstellung der zwei Gewalten zu handeln, die man später im alten Rom königlich (kriegerisch) und priesterlich (religiös) nannte: Imperator und Pontifex. Der Mensch zur Linken, der diese beiden umfasst, könnte die Vorstellung vermitteln, dass sich in jeder Schöpfung gleichzeitig die Vereinigung und die Trennung dieser beiden Gewalten vollzieht. Und im *I Ching* können wir lesen: »Zur Zeit der Trennung (im Herbst) kehrt jedes Ding zu seiner Wurzel zurück.« Dasselbe Schriftzeichen ohne das linke Radikal (Mensch) wird ebenfalls *i* ausgesprochen und bedeutet »Gerechtigkeit«, welches einige mit »das Passende, das Angemessene« übersetzen. Und steht nicht in der Bibel: »Gebt dem Kaiser, was des Kaisers ist, und Gott, was Gottes ist«?

Zu den beiden Schriftzeichen *yin* und *yang* gibt es zahlreiche Erläuterungen: *yang* sei die sonnenbeschienene Seite eines Ortes; dessen Gegenseite *yin* sei feucht, verborgen usw. … Vergessen wir niemals, dass das eine in Beziehung auf das andere existiert, und hüten wir uns vor vorschnellen Verallgemeinerungen! Der große deutsche Sinologe Richard Wilhelm schreibt in seiner Übersetzung des »Geheimnis der Goldenen Blüte«, *yin* sei die Nordseite eines Berges und das Südufer eines Flusses; *yang* (das für ihn einen im Wind flatternden Wimpel darstellt) steht für die Südseite des Berges und das Nordufer des Flusses. Man versteht dies besser, wenn man die Trigramme »Berg« ☶ und »See« ☱ betrachtet. Sie sind in allen Punkten entgegengesetzt, daher ist es ganz normal, dass sie ihre Attribute vertauschen.

Auf der nächsten Stufe stehen die »vier Bilder«. Das Schriftzeichen *hsiang* 象 ist eines der geheimnisvollsten

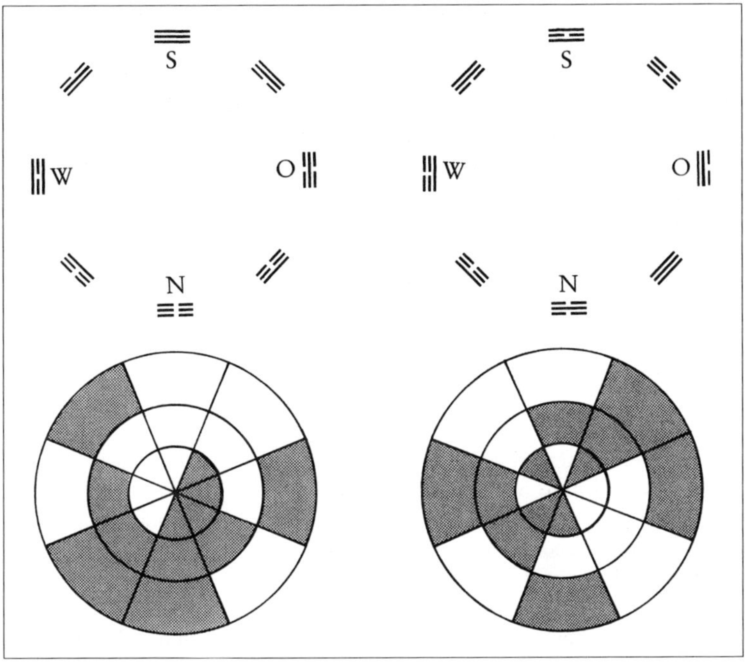

Diagramm II: Anordnung der acht Trigramme; links nach Fu Hsi apriorisch/ »vor dem Himmel«); rechts nach König Wen aposteriorisch/»nach dem Himmel«)

der chinesischen Sprache. Für einige stellt es einen laufenden Elefanten, für andere einen Eber dar. Meiner Meinung nach handelt es sich um die Darstellung einer Kraft, die etwas materieller ist als bei *i* 儀 (Pol), aber noch nicht völlig in Erscheinung getreten ist, denn erst auf der folgenden Stufe erreichen wir mit den »Acht Trigrammen« *pa kua* 八 卦, diejenigen Kräfte, die sich wirklich in der Welt manifestieren. Von links nach rechts sind dies: Erde *(3 yin),* Berg *(2 yin, 1 yang),* Wasser *(1 yin, 1 yang, 1 yin),* Wind *(1 yin, 2 yang),* Donner *(1 yang, 2 yin),* Feuer *(1 yang, 1 yin, 1 yang),* See *(2 yang, 1 yin)* und schließlich Himmel *(3 yang).*

Es wäre ein schwerer Irrtum, wollte man diese Symbole wörtlich nehmen. Der Berg ist nicht der Montblanc und das Wasser nicht das, was aus der Leitung kommt. Die Trigramme stehen eher für Tendenzen, allgemeine Modalitäten des Seins als für tatsächliche Objekte. So finden wir auf der Erde eine Tendenz

zur Verkalkung, zur Unbeweglichkeit, zur Härte. Diese Tendenz haben die alten Chinesen *ken,* 艮 »Berg« genannt, weil in der geschaffenen Welt der Berg am ehesten diese Tendenz verkörpert. Ebenso findet sich eine Tendenz zur Flüssigkeit, zur Beweglichkeit, die man »Wasser« genannt hat; aber sie ist verschieden von der fließenden und beweglichen Tendenz des »Windes«. Der Vorteil dieser Symbole besteht darin, dass sie uns die Unterschiede fühlen lassen, die sonst nicht unmittelbar wahrzunehmen wären oder seitenlanger Erklärungen bedürften. Auf der dritten Stufe, bei den Trigrammen *pa kua,* befinden wir uns erst auf halbem Weg in der Schöpfung. Denn die Hieroglyphe der existierenden Dinge hat sechs Linien, sechs Stufen: *chung kua* 重卦, das verdoppelte *kua,* wird gebildet, indem man jedes einzelne Trigramm mit allen »Acht Trigrammen« kombiniert, was zusammen 8 × 8 = 64 *chung kua,* die Hexagramme des *I Ching* ergibt. Einige westliche Denker, die sich von einer allzu konsequenten Logik fortreißen ließen, hielten es für falsch, auf diesem schönen Weg anzuhalten. In diesem Diagramm kann man immer weiter verdoppeln. Man kann … aber dem entspricht dann gar nichts mehr in der Wirklichkeit. Hüten wir uns vor Kritik, wenn wir nicht alles auf Anhieb verstehen. Vergessen wir nicht, dass das Buch der Schöpfung im Talmud mit »Bereschit« anfängt, was »schaffen in sechs oder aus sechs« bedeuten kann, und dass auch die Genesis von sechs Schöpfungstagen spricht. Eine solche Übereinstimmung kann nicht zufällig sein.
Noch fehlt die Übersetzung der »vier Bilder«, *ssu hsiang* 四象 auf der zweiten Stufe des Diagramms I, der Eber oder laufenden Elefanten. Von links nach rechts sind dies: *t'ai yin, shao yang, shao yin* und *t'ai yang.*

T'ai 太 ist dasselbe Schriftzeichen wie in *t'ai chi* 太極, es bedeutet das Höchste, das Äußerste. *T'ai* kann auch Quelle, Ursprung und folglich auch Reinheit bedeuten. Für *t'ai yang* findet man Übersetzungen wie »höchstes *yang*« oder »vollkommenes *yang*«. Alle Übersetzungen dafür sind gut von dem Moment an, wo man begriffen hat. *Shao* 少, so erklärt der Sinologe L. WIEGER, soll »zerschneiden, was schon klein ist« bedeuten. Dieses Schriftzeichen zeigt in chinesischen Klassifikationssystemen eine Unterklasse an, eine Gattung, die aus einer anderen abgeleitet ist; *shao* steht für den Teilungsprozess, den wir in Diagramm I am Werk sehen. Betrachtet man das Schriftzeichen *shao,* so erkennt man eine senkrechte Schranke, die zwei kurze Striche trennt (zwei-teilen), ferner ein Messer, welches schräg dazwischenfährt (und weiterteilt). Ein anderer Sinologe überträgt *t'ai yang* mit »vollkommenes *yang*« und *shao yang* mit »weniger vollkommenes *yang*«. Das geht auch, aber »weniger« gibt nur schwach den Gedanken der Dualität, der Teilung, wieder. Mein Vorschlag für die vier ist: *t'ai yin* = »reines *yin*« und *shao yang* = »gemischtes *yang*« (eine Art von Mischung, wie wenn man Wein mit Wasser verdünnt), *shao yin* = »gemischtes *yin*« und *t'ai yang* = »reines *yang*«. Auch diese Übersetzung ist unvollkommen und man wird sich dessen sofort bewusst, wenn man beim Studium der Akupunktur feststellt, dass es in der Physiologie sechs und nicht bloß vier Modalitäten des *yin-yang* gibt. Immer wieder die Zahl Sechs! Hier können wir den Grund dafür verstehen: Im Stadium der »vier Bilder« befindet sich das *yin-yang* sozusagen noch im Ei, unausgebrütet. Es hat die Tendenz, sich zu teilen (man vergleiche damit die Teilung des Eis nach der Befruchtung), aber sobald es auf ein wirkliches, existierendes System einzuwirken beginnt wie z. B. in der Physiologie, werden die beiden Attribute der Reinheit und der Gemischtheit um ein weiteres vermehrt: jenes der Position, der Situation, der Umstände, in denen es wirksam wird. Also gibt es in der Akupunktur außer dem *t'ai yang* und dem *shao yang* noch das *yang ming* 陽 明, das »erscheinende *yang*«, und außer dem *t'ai yin* und dem *shao yin* noch das *chüeh yin* 厥 陰, das »versinkende *yin*«. Der Zeichenbestandteil 欮 in Verbindung mit dem Radikal 厂 »Tür« bedeutet die Eingangstüren zu den inneren Gemächern eines Hauses.

Dieser Exkurs in die Akupunktur erlaubt uns, das Spiel des *yin-yang* besser zu verstehen, denn es ist für unsere westlichen Köpfe so subtil, dass wir bisweilen in Verwirrung geraten. *Yang* im Universum ist eine Kraft der Erweiterung, der grenzenlosen Expansion, und wir brauchen uns ja nur an ihr Symbol, die gerade Linie, zu erinnern, die man im Geist unendlich verlängern kann, oder zu lesen, was in Bezug auf das erste Hexagramm des *I Ching* gesagt wird: *ch'ien* 乾, Himmel, sechs *yang*-Linien ䷀, Aktivität, unaufhörliche Aktivität. In der Akupunktur jedoch soll *yang* auch zusammenziehend wirken; wie soll das zu verstehen sein? Hier genügt es aber, ein wenig nachzudenken, um einzusehen, dass das stimmt. Trifft nämlich eine expandierende Kraft im Kosmos auf irgendein System, dann kann diese Kraft das andere System zusammendrücken. Das wird unterschiedlich erlebt, je nachdem ob man sich im Innern oder außerhalb des Systems befindet. Dagegen führt *yin*, welches Trägheit, mangelnde Elastizität (der Gewebe) bedeutet, in der Medizin auch zu Phänomenen der Erschlaffung.

Stellen wir uns wieder auf den kosmischen Standpunkt, um diese beiden Kräfte und ihr Verhalten genauer zu betrachten: Je mehr *yang* sich in einer ersten Phase ausdehnt und das zusammendrückt, auf was es trifft, desto größer wird der Widerstand bei jenem, das unter Druck gesetzt wird: *ni* 逆, die (gegenläufige) Reaktion. Das kann man gut bei Fußballspielen sehen. Je mehr die eine Mannschaft angreift, desto größer die Verteidigungsbemühungen auf der Gegenseite. Zu diesem Zeitpunkt besteht eine Art Gleichgewicht: Dem Anschein nach tut sich nichts, denn mit wachsendem *yang* wächst auch *yin* im selben Maß. Aber all das spielt sich in einem Gesamtsystem ab, das in Ausdehnung begriffen ist: Jede Mannschaft will gewinnen und legt sich dafür ins Zeug. Dann kommt der Moment, in dem sich das Spiel wendet: Bei einer Mannschaft zeigt sich eine gewisse Müdigkeit. Unter der Annahme, dass die gegnerische Mannschaft nicht müde wird (*yang* immer noch in Ausdehnung begriffen), beschleunigt sich das Spieltempo von diesem Augenblick an ungemein. Denn die Ermüdung der einen Seite wird von der Aktivität der anderen Seite für ihre Zwecke ausgenutzt, um erst richtig loszulegen und in allen Situationen die Oberhand zu gewinnen. Wenn *yang* wächst und *yin* abnimmt, dann erscheint das *yang (yang ming):* Die eine Mannschaft zeigt ihre Stärke und es geschieht etwas – ein Tor fällt. Aber nun wird sich die bedrängte Mannschaft zusammenreißen und sich verzweifelt verteidigen. Nur sind wir jetzt nicht mehr im selben Kontext wie zu Beginn. Am Anfang wollte man gewinnen, jetzt will man nicht verlieren: *Yin* kommt außer Atem – *chüeh yin.*

Vor allem unsere kartesianischen, wenig realistischen Köpfe erliegen gerne dem allgemeinen Irrtum zu denken, dass *yin* automatisch abnehmen muss, wenn *yang* zunimmt. Das ist nicht richtig, denn in der ersten Phase geschieht nämlich genau das Gegenteil und in einer dritten Phase kann die Trägheit »sich umkehren«, um die Bewegung noch mehr anzutreiben. Wenn man sein Auto startet, muss man anfangs kräftig den Anlasser betätigen, um die Trägheit des Fahrzeugs zu überwinden: *Yang* muss stärker als *yin* sein, damit sich das ganze System in Bewegung setzen kann. Bald erreicht man einen Gleichgewichtszustand, wo der geringste Druck aufs Gaspedal eine unmittelbare Wirkung zeigt: Der Wagen »antwortet«. Fahren wir noch schneller, kommt der Zeitpunkt, in dem das Fahrzeuggewicht, das uns zu Anfang gebremst hat, uns mitreißt: *Yin* hat sich in *yang* »umgekehrt«. Sollte man jetzt bremsen, weil man eine rote Ampel gesehen hat, dann ereignet sich das, was auch am Anfang geschehen ist: Das Ergebnis der Aktion wird nicht unmittelbar sichtbar. Es hat den Anschein, als ob man für kurze Zeit noch genauso schnell weiterführe, in einer Art von Gleichgewicht (von *shao yin* und *shao yang*), aber diesmal bei abnehmender Geschwindigkeit.

Daraus lassen sich zwei Schlüsse ziehen:

1. Wenn *yang* den Himmel darstellt und *yin* die Erde, dann ist schon vorherzusehen, dass das himmlische Wirken niemals unmittelbar auf der Erde spürbar wird, außer in ganz privilegierten Momenten. Die Auswirkungen sind zeitlich verschoben, entweder nach vorn oder nach hinten, je nach der Art und Weise, wie die Trägheit der Erde ins Spiel kommt, d. h. je nach dem Augenblick. Hier stoßen wir auf den alten chinesischen Gedanken von der Übereinstimmung der Handlungen mit den historischen Epochen. Nichts ist schlecht an sich: Es ist schlecht, wenn man es zur Unzeit tut. Nebenbei bemerkt handelt es sich beim Begriff des Schlechten, wie er in allen klassischen Texten Chinas erscheint, ausschließlich um eine Frage der Wirksamkeit. Etwas ist schlecht, weil es nicht gelingt, und es gelingt nicht, weil man es zur Unzeit tut oder weil es nicht angemessen ist. Hat man sich gerade geweigert, jemandem 100 Mark zu leihen, und sagt dann zu ihm: »Wir bleiben aber gute Freunde!«, dann sind diese Worte schlecht, nicht weil man lügt oder heuchelt, sondern weil es leere Worte sind, die nicht nur unnütz sind, sondern beim anderen einen berechtigten Unwillen hervorrufen. Die Absicht war, sich mit seinem Gesprächspartner gutzustellen, aber man hat ihn im Gegenteil verärgert: verpasste Gelegenheit, schlechte Worte.

2. Aus dem Spiel des *yin-yang* lässt sich schließen, dass *yang* niemals müde wird, während *yin* durch Höhen und Tiefen geht: *Yin* ist diskontinuierlich und *yang* kontinuierlich, wie es übrigens ihre grafischen Symbole klar zeigen. *T'ai yang*, die Sonne, bleibt für die Bewohner der südlichen Halbkugel noch sichtbar, wenn sie hier bei uns hinter dem Horizont verschwindet. Ihr Verschwinden ist nur Schein; auch wenn sie einmal hoch über dem Horizont, einmal tief darunter steht, sie bleibt doch immer dieselbe: Ihre Form ändert sich nicht. Im Gegensatz dazu hat *t'ai yin*, der Mond, seine Phasen: zunehmend und abnehmend; Mondsichel, erstes Viertel, Halbmond, Vollmond – und so eignet er sich gut zum Symbol für das *yin* und seine Wandlungen. Bemerkenswert ist hier auch, dass der Vollmond genau an dem Punkt des Horizonts aufgeht, der dem Punkt des Sonnenuntergangs gegenüberliegt, genauso, wie es die Trigramme für Erde ☷ und Himmel ☰ in der Anordnung von Fu Hsi (in Diagramm II) zeigen. Anscheinend haben die Chinesen für ihren Kalender seit ältester Zeit beide Gestirne nacheinander als Anhaltspunkte benutzt. Im Frühjahr und Herbst bei den Tagundnachtgleichen ist es der Mond. Der erste Vollmond, der sich auf der linken Seite von *chiao* 角

(»Horn«) im Sternbild Drachen befindet (entspricht dem Antares im Skorpion), zeigt den Eintritt in den Frühling an. Dagegen hat man bei der Sommer- und Wintersonnenwende die Sonne zum Fixpunkt gemacht.

Wenn wir in Diagramm I die Symbole der »vier Bilder« durch die Bezeichnung für die entsprechenden Jahreszeiten ersetzen, ergeben sich zweierlei Arten der Verteilung von *yin* und *yang*, je nachdem ob man die (irdische) Natur oder den (himmlischen) Anhaltspunkt dieser Jahreszeiten in Betracht zieht (Diagramm III).

Die Sonnenwenden, *t'ai yin* 太陰 und *t'ai yang* 太陽, perfektes *yin* (Winter) und perfektes *yang* (Sommer), wo die Sonne als Anhaltspunkt dient, sind beide *yang*, was besagen will, dass die Vollkommenheit, sei es nun die des *yin* oder die des *yang*, dem *yang* zugehört. Die beiden Tagundnachtgleichen, *shao yin* 少陰 und *shao yang* 少陽, die gemischten Jahreszeiten, in denen

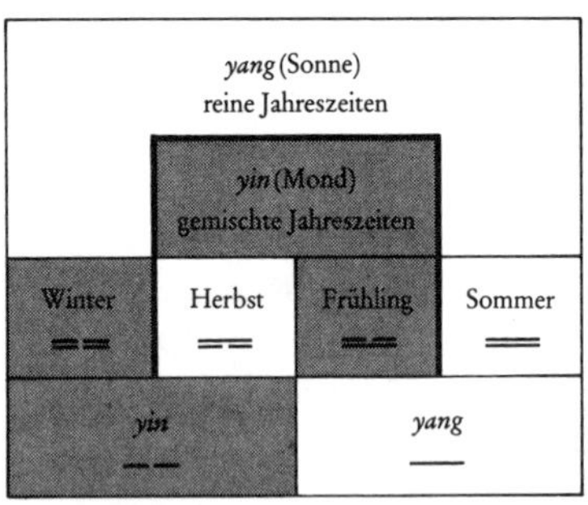

Diagramm III

der Mond als Fixpunkt dient, gehören dem *yin* zu, und das bedeutet, die Mischung, die Dualität, ist in jedem Fall *yin*, was völlig übereinstimmt mit der grafischen Darstellung der *yin*-Linie – –.

Diagramm I sieht auf den ersten Blick so harmlos aus: Eins teilt sich in Zwei, die sich in Vier teilt, und die teilt sich ihrerseits in Acht. Hier sehen wir die Verdopplung im Universum am Werk (Zellteilung, Geburtsvorgang beim Menschen etc.). Wenn man jedoch dieses Diagramm näher betrachtet, dann enthält es mehr Feinheiten, als es scheint. Diagramm I erlaubt drei Lesarten:

1. eine vertikale Lesart, von unten nach oben. Alle Trigramme mit einer *yin*-Basis (Grundlinie) sind dabei *yin*, d. h. Erde, Berg, Wasser, Wind. Alle Trigramme mit einer *yang*-Basis sind *yang*: Himmel, See, Feuer, Donner. Diese Lesart ist sozusagen genealogisch.

2. eine horizontale Lesart, von links nach rechts, nach der Regel: »Ein(mal) *yin*, ein(mal) *yang*, das ist *tao.*« Das Symbol, das dann auf *t'ai yin* folgt (also ⚎) und bei der ersten Lesart dem *yin* zugehörte, wird hierbei *yang,* und wir nennen es *shao yang*. Die Figur ⚍, die bei der ersten Lesart *shao yang* war, wird nun *shao yin*. Man erkennt folglich die Beweglichkeit der *yin*- oder *yang*-Qualitäten, je nach dem gewählten Standpunkt.

3. eine integrierte Lesart nach den Fixpunkten der Jahreszeiten, die wir in Diagramm III entwickelt haben. So gesehen gehören Winter und Sommer, die reinen ungemischten Jahreszeiten der Sonnenwenden, zum *yang*, aber das *shao yang* 少 陽 der zweiten Lesart wird nun wieder zum *yin*! Es heißt also, vorsichtig zu sein im Umgang mit dem *yin-yang*, um das Werkzeug, das in unsere Hände gelegt wurde, nicht zu verformen. Die Chinesen haben darin niemals die starre Zweiteilung (Dichotomie) gesehen, die einige westliche Gelehrte – und nicht die geringsten – darin sehen wollten.

JACQUES LAVIER

Die »Fünf Elemente«

Das aus den Achsen der Zeit und des Raums gebildete taoistische Kreuz (Abb. 19, S. 60) stellt auch *wang* (Abb. 18, S. 59) und zugleich das zyklische Prinzip dar, sei es nun das Prinzip der gesamten Welt der Manifestationen (*ho t'u,* Abb. 11, S. 56) oder einfach das des Menschen (*t'ai chi,* Abb. 12, S. 56). Gerade unter diesem zyklischen Aspekt soll nun dieses Kreuz näher betrachtet werden, dessen senkrechte Achse schon ganz genau bestimmt worden ist: oben der Zustand *yang* (Himmel) und unten der Zustand *yin* (Erde). Bei Anwendung des Terminus »Zustand« auf einen Extremwert der einen oder der anderen Seite, einen eigentlichen Grenzwert, ist es dann nicht erstaunlich, dass diese Zustände von zwei ungreifbaren, ja sogar sublimierten »Elementen« repräsentiert werden: Nichts ist mehr *yang* als Feuer, nichts mehr *yin* als Wasser (s. Abb. 4, S. 71).

Ebenso stehen zwei andere »Elemente« an den äußeren Enden der waagrechten Achse: links Holz, rechts Metall. Wir befinden uns hier aber nicht an den Grenzen der Welt der Manifestationen, ganz im Gegenteil, die waagrechte Achse ist selbst die Manifestation, das »Herz der Aktion« könnte man sagen, denn sie entspricht dem Metabolismus (Stoffwechsel), der den Zyklus bestimmt. Daher sind die Element-Symbole dieser Achse weit entfernt vom sublimierten Zustand des Feuers und des Wassers, sondern im Gegensatz dazu alle beide recht »materiell« und gewichtig. Hinter dieser Gemeinsamkeit wird jedoch ein bedeutsamer Unterschied sichtbar: Holz (genau genommen handelt es sich um das Pflanzenreich im Allgemeinen) ist lebendig und wächst, indem es seine Wurzeln in die Erde senkt, um seine Äste nach oben zum Himmel zu strecken. So weist dieses »Element« auf die anabolische Hälfte des Zyklus (die *yang*-Tendenz auf der linken Seite) hin. Gegenüber steht das Metall – nicht lebendig, kristallin, und daher unbewegt und träge –, das, wenn man es sich selbst überlässt, sich aufgrund seiner Masse nur von oben nach unten bewegen kann. So zeigt es die katabolische Hälfte des Zyklus an (die *yin*-Tendenz auf der rechten Seite).

Aber wie kann man eigentlich ohne festen Bezugspunkt von *yang*- und *yin*-Zuständen oder -Tendenzen reden? Wie soll man von Zunahme oder Abnahme sprechen, wenn ein Stützpunkt von mittlerem Wert fehlt? Und wie ließe sich im Raum eine Hauptrichtung bestimmen ohne festen Bezugspunkt? Diese Fragen dürften ausreichen, um zu zeigen, dass ein fünftes »Element« für das ganze System notwendig ist. Dieses »Element« stellt dann den neutralen Bezugspunkt dar und kann daher die Existenz der vier anderen »Elemente« rechtfertigen, für die es dann als Verantwortlicher, ja sogar als Erzeuger erscheint. Dieses ursprüngliche »Element«, der Fixpunkt im ganzen Zyklus und zugleich das Zentrum des Raums, ist die Erde, deren Platz je nach räumlicher oder zeitlicher Betrachtungsweise verschieden ist (s. Abb. 20 und 21, S. 60).

Das zyklische System der »Fünf Elemente« haben die Urchinesen *wu hsing* genannt. Doch vor einer genaueren Untersuchung dieses

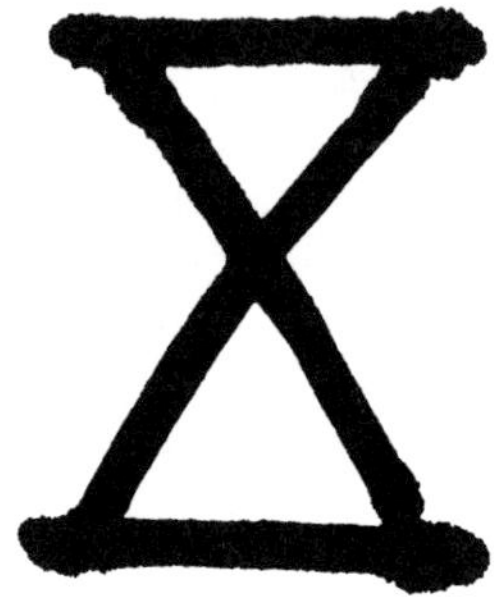

Abb. 1

Systems gilt es festzustellen, dass *wu hsing* keinesfalls fünf »Elemente« bedeutet*, da diese nichts weiter als die Markierungen des Zyklus darstellen. *Wu* (Abb. 1) ist die Zahl Fünf; das Zeichen zeigt die vier Jahreszeiten in Form eines Andreaskreuzes, das Zentrum im Schnittpunkt der Achsen inbegriffen und das Ganze zwischen Himmel und Erde angeordnet, die von den beiden waagrechten Linien oben und unten dargestellt werden. Bei *hsing* (Abb. 2) erkennt man zwei gehende Menschen, die Rücken einander zugewandt. Dieses »Gehen« erinnert an eine Bewegung, die Haltung »Rücken-an-Rücken« an entgegen-

* Anmerkung des Übersetzers: LAVIER spricht hier von den »Fünf Elementen« (élements), obwohl für *wu hsing* meist die Bezeichnung »Wandlungsphasen« gebraucht wird. Da die vielschichtige Bedeutung der *wu hsing* in diesem Aufsatz nur gestreift wird, haben wir es in der Übersetzung bei LAVIERS Terminus »éléments« belassen.

Abb. 2

gesetzte Richtungen. In *hsing* lässt sich das *t'ai chi*-Symbol wiedererkennen und man könnte es übersetzen als »markante Punkte eines vollständigen Zyklus« (mit seiner zunehmenden und seiner abnehmenden Seite). Diese markanten Punkte befinden sich an den Enden des taoistischen Kreuzes und heißen: Holz (Anabolismus), Feuer (Maximum), Metall (Katabolismus) und Wasser (Minimum); die Erde (Abb. 3), das zentrale »Element«, der neutrale Bezugspunkt, stellt den Stützpunkt dar, ohne den die anderen »Elemente« und folglich der ganze Zyklus selbst nicht existieren könnten.

Abb. 3

Eine genauere Untersuchung des Bildgehalts der »Fünf Elemente« lässt uns die Natur des Zyklus (Abb. 4) noch genauer begreifen.

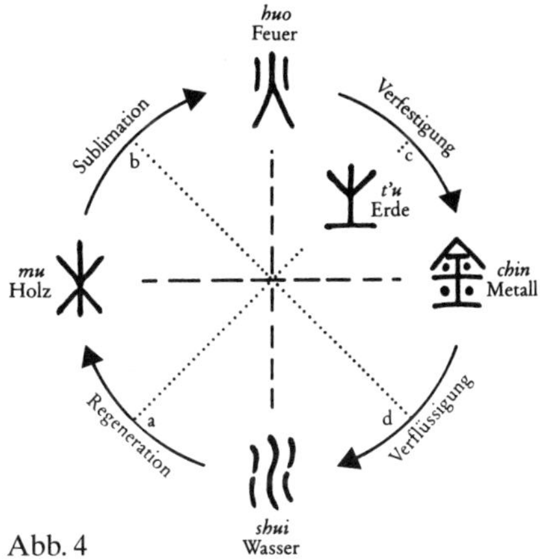

Abb. 4

Die vier »Hauptelemente« Holz *(mu),* Feuer *(huo),* Metall *(chin)* und Wasser *(shui)* stehen an ihrem Ort auf dem Kreuz. Die Erde findet ihren Ort auf der diagonalen Achse a–c, die die *yang*-Zone (Holz und Feuer) von der *yin*-Zone (Metall und Wasser) trennt, und zwar zunächst einmal auf halbem Weg zwischen ihrer räumlichen und ihrer zeitlichen Platzierung (s. Abb. 20 und 21, S. 60). Das Achsenkreuz b–d/a–c vervollständigt das Diagramm und die beiden Diagonalen begrenzen die vier Sektoren der Hauptelemente. So findet sich Holz zwischen a und b, Feuer zwischen b und c, Metall zwischen c und d, Wasser zwischen d und a.

In welchem Zyklus auch immer, das

Abb. 5

Holz (Abb. 5) zeigt einen Anfang an, der sich oben im »erwachsenen« Zustand des Feuers (Abb. 6) fortsetzt. Die Betrachtung der beiden Schriftzeichen zeigt, dass der Übergang von Holz zu Feuer eine Sublimation darstellt, in deren Verlauf das Holz seine Wurzeln und seinen Stamm bewahrt, aber zusehen muss, wie seine Äste in Flammen aufgehen, die zum Himmel steigen.
Danach wandert der Zyklus in einem Prozess der Verfestigung von Feuer zu Metall in die *yin*-Zone. Das Schriftzeichen *chin,* Metall

Abb. 6

Abb. 7

(Abb. 7), kann unter diesem Gesichtspunkt verschieden gedeutet werden:
1. Unter der Erde (oben ein Dach, das alles bedeckt) sieht man den senkrechten Bergwerksschacht sowie drei waagrechte Stollen, zwischen denen das Erz in vier Punkten dargestellt ist.
2. Unter dem Dach erkennt man »vier Elemente« (die vier Punkte) in ganz regelmäßiger Anordnung zwischen zwei senkrecht aufeinander stehenden Achsen (das Kreuz zwischen zwei horizontalen Ebenen: s. Abb. 18, *wang,* S. 59): dies als Bild der Erstarrung in jeder Hinsicht, als Bild der Kristallisation um ein Grundraster der Verfestigung herum.
Die folgende Phase endet unten beim Wasser (Abb. 8) und ist natürlich eine Verflüssigung, bei der sich alles in seine Bestandteile auflöst: Die fünf Striche des Schriftzeichens *mu* (Holz) sind voneinander getrennt und ohne präzise Form – dies ist das Ende des Zyklus.

Abb. 8

Aber auf jeden Zyklus folgt unbedingt ein neuer, und so wird das »Element« Wasser, die letzte Markierung, gleichzeitig der Ausgangspunkt für ein neues Holz, das durch eine Phase der Erneuerung entsteht, in deren Verlauf die fünf getrennten Striche des Zeichens *shui* (Wasser) sich wieder verbinden, um einen neuen Baum zu bilden.

Geht man davon aus, dass jeder Zyklus dieselben Markierungen aufweist, dann ist leicht die Analogie zwischen dem täglichen und dem jährlichen scheinbaren Lauf der Sonne zu sehen oder, in anderen Worten, zwischen den vier Abschnitten eines Tagesablaufs und den vier Jahreszeiten (Abb. 9 und 12). Aus dem zeitbezogenen Diagramm des 24-Stunden-Tages ergibt sich durch Analogie eine Entsprechung in der Anordnung der »Fünf Elemente« und der Hauptrichtungen im Raum.

Die »Fünf Elemente« sind Symbole und in mancherlei Hinsicht mit den Pseudosymbolen der westlichen Mathematik vergleichbar. So wie deren Funktionselemente werden die chinesischen »Fünf Elemente« miteinander in Verbindung gesetzt durch Operatoren, die ihrem Sys-

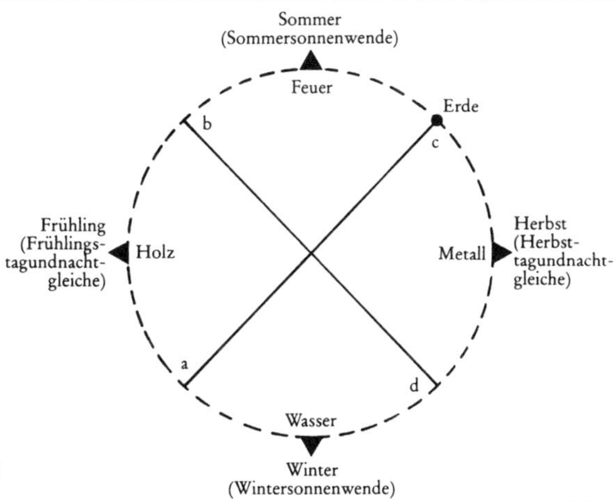

Abb. 9

Abb. 10

Abb. 11

tem zugehören. Dabei muss man aber sofort feststellen, dass die Operatoren im chinesischen System – im Gegensatz zu den Operatoren in der Mathematik – in verschiedener Hinsicht die »Elemente« verändern, die sie in Beziehung setzen: Wenn man also sagt, dass das Holz das Feuer nährt, so führt das an der Grenze dieser Operation in einem Übergangsprozess zu einem Höhepunkt von Feuer und zum Verschwinden von Holz.

Der erste Operator heißt *sheng* (Abb. 10) und zeigt eine Pflanze; sie wächst aus dem Boden und besitzt an ihrer Basis einen Energievorrat, der durch eine Schwellung des Stängels angedeutet wird. Wir übersetzen dieses Schriftzeichen mit »die Entwicklung fördern« (und nennen den entsprechenden Operator »Operator der Erzeugung«).

Indem wir uns von den vorausgegangenen Diagrammen anregen lassen und das »Element« Erde wie in Abb. 20 (S. 60) an seine zeitliche Position setzen, können wir uns die Wirkungsweise des Operators *sheng* wie in Abb. 13 gezeigt vorstellen. Hier wird jedes »Element« zur »Mutter« des folgenden »Elements« und gleichzeitig zum »Sohn« des vorangehenden, unter der Annahme, dass die »Mutter« immer die Entwicklung des »Sohns« fördert.

So lässt das Wasser das Holz wachsen, das Holz nährt das Feuer, das Feuer bereichert die Erde (wobei hier unter Feuer die langsame Verbrennung zu verstehen ist, bei der Humus erzeugt wird). Dass die Erde »Mutter« von Metall ist, zeigt sich in der Tatsache, dass sich Metalle im Erdboden befinden, in Form von Erz oder in gediegenem Zustand.

Der zweite Operator ist *k'e* (Abb. 11). Im Schriftzeichen kann man auf der linken Seite erkennen, wie sich etwas beugt (a) unter einer Last (b), die so schwer wiegt wie ein Dach

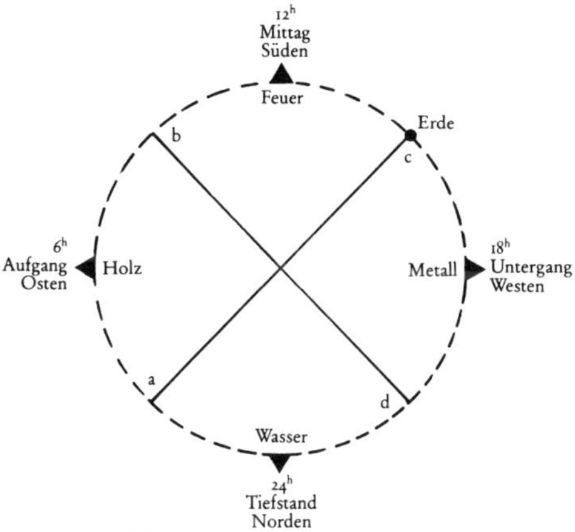

Abb. 12

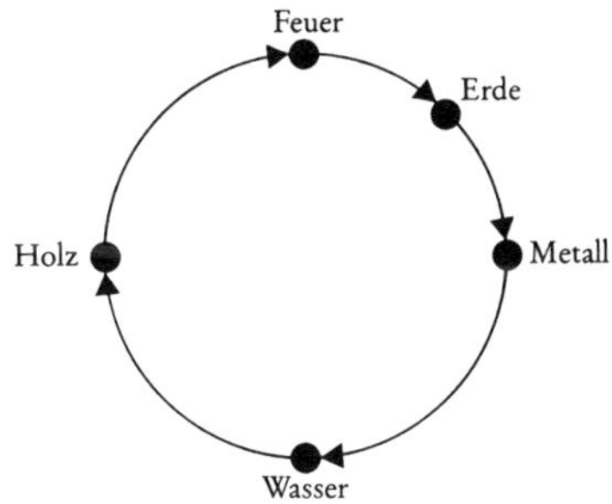

Abb. 13

(c), was zusätzlich Vorstellungen wie »zudecken und verschwinden lassen« weckt. Auf der rechten Seite zeigt ein Schneideinstrument (d) die Zerstörung an. *K'e* bedeutet demnach: »unterdrücken, verbergen und zerstören«, vereinfacht sei die Rede vom »Operator der Beherrschung«.
Abbildung 15 zeigt, wie jedes der »Fünf Elemente« seinen »Enkel« beherrscht, während es selbst gleichzeitig von seiner »Großmutter« beherrscht wird: Das Holz erschöpft die Erde, die Erde absorbiert das Wasser, das Wasser löscht das Feuer, das Feuer schmilzt das Metall, das Metall schneidet das Holz – so steht es wenigstens in den klassischen Texten. Dem anabolischen Operator der Erzeugung steht folglich der katabolische Ope-

Abb. 14

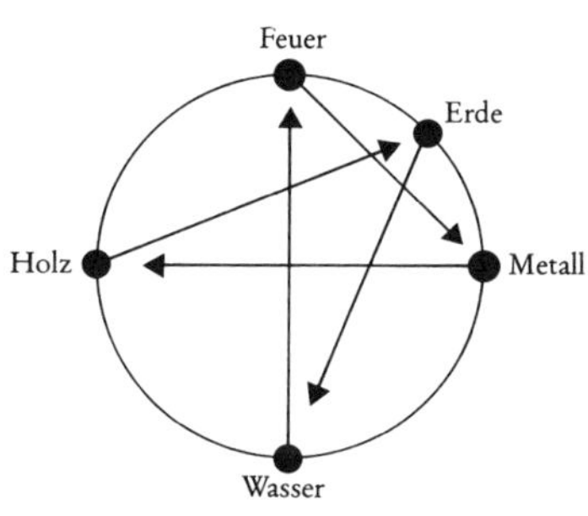

Abb. 15

	HOLZ	FEUER	ERDE	METALL	WASSER
Fünf Wandlungsphasen (»Elemente«) – zyklische Eigenschaften					
Grundeigenschaft	Festigkeit – leicht zu bearbeiten	Verbrennung – Hitze	Fruchtbarkeit	Schmelzbarkeit	Flüssigkeit
zyklische Aktion	Antrieb	Höhepunkt	Ruhe – Unveränderlichkeit	Trägheit	Verschwinden
zyklische Stufen	Anfang/ Geburt	Wachstum	Höhepunkt	Verfall	Stillstand
»Veränderungen«	geboren werden	wachsen	sich wandeln	sich zurückziehen	sich verbergen
Fünf Wandlungsphasen – Kosmos					
yin-yang	kleines *yang*	großes *yang*	Gleichgewicht	kleines *yin*	großes *yin*
Himmelsrichtung	O	S	Mitte	W	N
Jahreszeit	Frühling	Sommer	Spätsommer	Herbst	Winter
Tageszeit	Sonnenaufgang 6 Uhr	Mittag 12 Uhr	Nachmittag 15 Uhr	Abend/ Sonnenuntergang 18 Uhr	Nacht 24 Uhr
Fünf Wandlungsphasen – Natur und Kultur					
Klima	Wind	Hitze	Feuchte	Trockenheit	Kälte
Lebewesen	mit Schuppen/ Fische	mit Federn/ Vögel	nackt/ Mensch	behaart/ Säuger	gepanzert/ Wirbellose
Regierung	milde	belehrend	vorsichtig	energisch	ruhig
Intervall	Terz	Quint	Tonika	Sekunde	Sext
Fünf Wandlungsphasen – Mensch: psychisch					
Gemütslage	Ärger/Zorn	Freude/Lust	Sorge/ Nachdenken	Trauer/ Kummer	Furcht/Angst
Äußerungen	rufen	lachen	singen	weinen	stöhnen
Anlage	Spiritualität	Inspiration	Intellekt	Vitalität	Wille
Fünf Wandlungsphasen – Mensch: physisch					
Lebensalter	10 Jahre – Kindheit	30	40 – Reife	50	70 – Alter
tsang	Leber	Herz	Milz-Pankreas	Lunge	Niere
fu	Gallenblase	Dünndarm (Kreislauf + dreifacher Erwärmer)	Magen	Dickdarm	Blase
Sinnesorgane	Auge	Zunge	Mund	Nase	Ohr
Sinnesfähigkeit	sehen	sprechen	schmecken	riechen	hören
Geschmack	sauer	bitter	süß	scharf	salzig
taichi – 5 Schritte	zurück	rechts	*chung ting*	vor	links

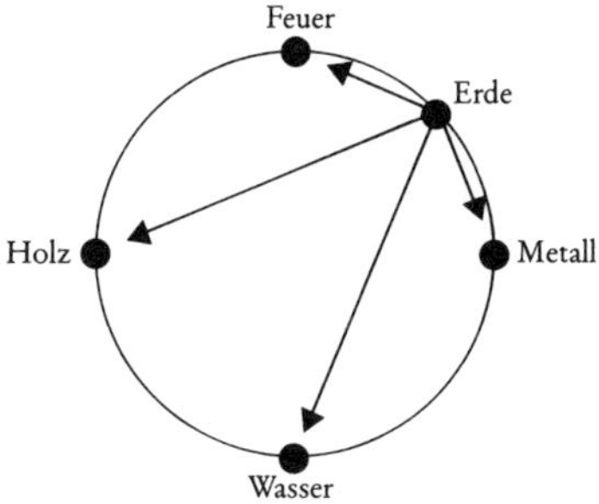

Abb. 16

rator der Beherrschung gegenüber und es ist nicht erstaunlich, hierin einen Ausdruck des allgemeinen Gesetzes von *yang* und *yin* wieder zu finden.

In diesem Zusammenhang muss man noch eine besondere Funktion des »Elements« Erde erwähnen, welches nicht nur den Stützpunkt, sondern auch den Ursprung der anderen »Elemente« bildet: Die Pflanzen (Holz) kommen aus der Erde auf den Feldern, wie das Feuer aus den Vulkanen, das Metall aus den Bergen und das Wasser aus den Quellen. Als »Ursprungselement« hat die Erde die Pflicht, die anderen »Elemente« zu nähren. Diese besondere Funktion der Erde heißt *huan* (Abb. 14, S. 75). Das Schriftzeichen zeigt auf jeder Seite eine Hand, die nach dem Dreschen (oben) die Getreidekörner ausliest, um die besten als Saatgut auf die Seite zu legen (unten das Korn mit seinem Keim). *Huan* enthält also die Vorstellung von »ausgesuchter Nahrung« und Abb. 16 zeigt diese spezielle Beziehung der Erde zu den anderen »Elementen«.

Ferner sichert die Erde auch – dank dieser Funktion *huan* – den Ausgleich von Unregelmäßigkeiten, die dann auftreten können, wenn die Operatoren der Erzeugung und der Beherrschung nicht normal funktionieren. In der Tat kann sich eine »Mutter« über das normale Maß hinaus erschöpfen, wenn sie einen zu schwächlichen »Sohn« zu nähren hat, oder eine »Großmutter«, wenn sie das allzu schnelle Wachstum ihres »Enkels« aufhalten will – in diesen Fällen springt die Erde ein, um ihnen die verloren gegangenen Kräfte nachzuliefern.

JOHN BLOFELD

Die »Drei Schätze«

Drei wunderbare Energien gibt es, vom *tao* geboren und den Kosmos durchdringend – *ching, ch'i* und *shen.* Sie sind die Leben spendenden Kräfte, mittels derer das *tao* das Universum nährt. Sie verursachen die Entstehung des Seins inmitten des grenzenlosen Nichts sowie Aufstieg und Niedergang der Myriaden Wesenheiten, welche das Reich der Erscheinung bilden. In ihrer feinen »kosmischen« oder

Die »Drei Schätze«			
	Grobe Form	**Subtile Form**	**Kosmische oder *yang*-Form**
ching (»Essenz«)	Nicht genau identisch, doch eng verbunden mit und geleitet durch die männlichen und weiblichen Sexual-Flüssigkeiten	Dasjenige im Körper, welches der Materie greifbare Form und Substanz gibt	Jenes im Kosmos, welches der urprünglich ununterschiedenen Leere fassbare Formen verleiht
ch'i (»Lebensenergie, Vitalität«)	Nicht genau identisch, doch eng verbunden mit und geleitet von der Luft, geatmet durch Lunge, Nieren und Poren	Lebenskraft, nicht zu unterscheiden (außer bei zeitweiligem Auftreten an bestimmten Orten) von ihrer kosmischen Entsprechung	Kosmische Vitalität, gesehen als *te* – das Wirken des *tao* –, das alle Dinge durchdringt
shen (»Spirituelle Energie, Geist«)	Geist, noch ungeklärt von Unreinheiten der Sinne und irrigen Gedanken	Unbefleckter Geist, frei der Verunreinigung durch Leidenschaft und sinnliches Verlangen	Kosmischer Geist, leer, rein, undifferenziertes Sein

»ursprünglichen« Form sind sie rein und heilig, die wahre Quelle von Licht und Leben und bringen die schöpferischen Kräfte, die wunderbarsten Verwandlungen hervor. Nur ein Weiser höchster Stufe kann ihre unbefleckte Vollkommenheit ermessen.

Gleich allem anderen ist der Mensch mit einem »Grundvorrat« dieser »Drei Schätze« versehen, doch aufgrund der Auswirkungen von Leidenschaft und zügelloser Begierde sind sie von grober Natur und es bedarf der Verfeinerung, um ihre ursprüngliche Reinheit wiederherzustellen. Daher die Bedeutung geheimer taoistischer Alchemie. Obwohl das Ziel identisch ist mit dem, was die Buddhisten das Erreichen der Erleuchtung nennen, ist der Weg dorthin einmalig taoistisch.

Hier sollen die sehr vieldeutig und verschiedenartig verwendeten Begriffe *ching*, *ch'i* und *shen* etwas genauer umrissen werden.

In taoistischen Lehrtexten werden die Begriffe *ching*, *ch'i* und *shen* zuweilen gleichzeitig in all ihren Bedeutungen verwendet, manchmal auch nur in einer einzigen und oft sogar in wörtlichem statt symbolischem Sinn. So kann z. B. *ching* tatsächlich Sperma, *ch'i* tatsächlich Luft oder Atem bedeuten und *shen* mag in manchen Texten die Bedeutung von Bewusstsein haben.

JACQUES LAVIER

Ch'i – die Energie

Etymologisch betrachtet bedeutet Energie (gr.: en-ergon) »etwas, das potenziell eine Aktion (ergon) enthält (en)«. Für unsere Zwecke ist es jedoch notwendig, diese Aktion, die sowohl anabolisch als auch katabolisch sein kann, genau zu definieren und darin nicht ausschließlich ein »positives« Phänomen zu sehen, wie es die Physiker tun. Unter dieser Perspektive erscheint die Energie dann als Motor der Manifestation und in diesem Sinn wollen wir auch das Schriftzeichen *ch'i* (Abb. 1) erklären.
Links unten (a) sehen die offiziellen Erläuterungen eine Getreideähre, die beim Dreschen aufplatzt und ihre Körner freigibt. Aber eine symbolische Bedeutung überlagert die bildliche, denn man kann darin unschwer das Kreuz und die diagonalen Markierungen des Zyklus erkennen (s. Abb. 4, S. 71).

Abb. 1

Der Dampf (b), den man bei *ch'i* rechts oben sieht, erinnert an etwas Immaterielles, eine Art von sublimem Lebensspender für die Welt der Manifestationen, und kann sich folglich nur auf das *tao* beziehen. Übrigens scheint dieses Schriftzeichen nach denselben Vorstellungen aufgebaut zu sein wie Energon im Griechischen, denn der »Dampf« umhüllt die »Ähre«, die Aktion (der Zyklus) steht unter immateriellem Einfluss. Man könnte auch von den drei Strichen, aus denen sich dieser Dampf zusammensetzt, auf die Dreiheit Himmel – Mensch – Erde Bezug nehmen, umso mehr, als der obere Strich nach oben und der untere Strich nach unten gerichtet sind und der mittlere Strich somit dem Menschen entspricht. Schließlich ist es auch möglich, hier eine Beziehung zu der Zahlenreihe 1 – 2 – 3 zu finden (s. Abb. 7, S. 54).
Um aber auf eine klassische Deutung zurückzukommen, so steht doch zumindest fest, dass die Energie – so wie wir sie hier begreifen – in zwei klar unterschiedenen, gegensätzlichen Formen existiert, nämlich materiell (Getreide) und immateriell (Dampf). Wenn sie den Menschen belebt, bestätigt sie die Definition aus dem *Huang Ti Nei Ching Su Wen* (»Innerer Klassiker

des Gelben Fürsten – Elementare Fragen«, das älteste Buch der chinesischen Medizin aus dem 3. Jh. v. Chr.): »Das physische Leben des Menschen kommt von der Erde, das nicht physische vom Himmel.«

In der Sicht der modernen Naturwissenschaft ist der Mensch wie alle Lebewesen ein Energieumwandler, aber dies gilt nur für die Art der Energie, die Physiker messen können. Um zu leben, nimmt das Lebewesen aus seinem Umkreis Substanzen auf, die es dann in materielle Energie umwandeln kann. Doch so erreicht es als »Maschine« nicht den idealen Wirkungsgrad von 100 Prozent: Ein Teil der absorbierten Energie geht als Wärme verloren. Deshalb muss das Lebewesen physisch sterben, denn seine Gewinne gleichen seine Verluste nicht aus.

Hierbei handelt es sich jedoch nur um die quantitative Seite der Energie; sie hat aber auch einen immateriellen und qualitativen Aspekt und nur er erfährt aufgrund seiner immateriellen Form keine Minderung, wenigstens solange er in den oberen Ebenen des Menschen bleibt. Diese oberen Ebenen sind nur im Menschen genügend weit entwickelt, und das unterscheidet ihn vom Tier und rechtfertigt seine Sonderstellung. Deshalb gibt es etwas im Menschen, das nicht stirbt, und dies steht in Verbindung mit der immateriellen Komponente der Energie.

Abb. 2

Unsere Untersuchung wollen wir mit den beiden traditionellen chinesischen Bezeichnungen für Energie beginnen: *ch'ing ch'i* und *chuo ch'i*, reine Energie und unreine Energie.

In *ch'ing* (Abb. 2) wird die Vorstellung von Tendenz, Strömung und Richtung wiedergegeben durch das Wasser (a) und die Vorstellung der Reinheit durch den Wagenlenker (b), der für die höheren Ebenen der Lebensvorgänge steht, sowie durch den Zinnober, den Stein der Weisen im Alchemistenkessel (c). In moderner Übersetzung wird aus diesen Radikalen Grün (b) und Rot (c), was im Grunde nichts ändert, denn Grün ist die Farbe des Holzes und Rot die des Feuers: Es handelt sich hier also um die *yang*-Zone des Systems, die dem Himmel entspricht.

Auch *chuo* (Abb. 3) zeigt ein Fließen, eine Tendenz (a), die hier allerdings entgegengesetzt ist, und die Unreinheit wird dargestellt durch ein schreckliches Tier mit

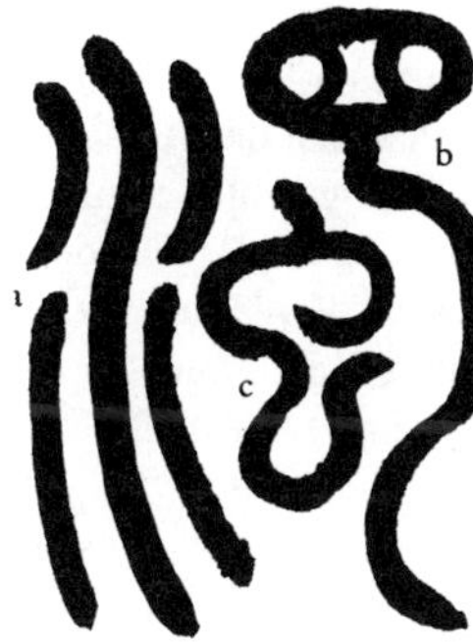

Abb. 3

Riesenaugen auf einem Schlangenleib (b), ein wimmelndes und schmutziges Ungeziefer, wie es der Wurm (c) in der Mitte andeutet, der dem Schriftzeichen erst später hinzugefügt worden sein soll, um die Vorstellung der Abscheu noch zu verstärken.

Man kann diese beiden ersten Aspekte der Energie mit der alten Symbolik des Pferdegespanns in Verbindung bringen, denn so wie der Strom der Schöpfung sich vom Himmel zur Erde hin entfaltet, so müssen die Kräfte, die das Gespann bewegen, vom Wagenlenker zum Pferd und dann vom Pferd zum Wagen gehen. Unter diesen Bedingungen kann man das Wirken der reinen Energie begreifen. Die unreine Energie dagegen kommt von unten und steigt nach oben (Subversion), d. h., der Wagen verändert die Gangart des Pferdes, und das wiederum bestimmt das Vorwärtskommen des Wagenlenkers. Der Ursprung dieser unreinen Energie ist eindeutig in den niederen Kräften unter der Pyramide (s. Abb. 7, S. 54) zu suchen, die sich den oberen Kräften widersetzen.

Es liegt außerhalb der menschlichen Reichweite, das wahre Wesen der Energie zu verstehen (außer unter den Ausnahmebedingungen der Erleuchtung). Der Grund dafür ist die Subtilität des »Dampfes«, sei er nun rein oder unrein. Uns erscheint nur die Energie, wie sie sich im Bereich der Manifestationen nach den »Fünf Elementen« ausdifferenziert, je nach ihrer Tendenz im Zyklus. Denn wir haben gesehen, dass *wu hsing* (s. Abb. 1, S. 70, und Abb. 2, S. 71) nicht »Fünf Elemente« bedeutet, da es lediglich die fünf Markierungen (Phasen) des Zyklus bezeichnet und der wirkliche, weitere Sinn von *hsing* »handeln« ist. Deshalb sollte man *wu hsing* im Deutschen besser mit »Fünf Wandlungsphasen« oder »Wandlungszuständen« wiedergeben.

Die Tabelle auf S. 82, die nach den Angaben des *Huang Ti Nei Ching Su Wen* zusammengestellt wurde, zeigt, dass man beispielsweise von der »Energie des Holzes« sprechen darf, sich dabei aber darüber im Klaren sein muss, dass es sich um die Funktion »Holz« des *ch'i* handelt. Denn jedes »Element« ist bloß Symbol und kann keine Energie besitzen. Nach diesen wichtigen Feststellungen können wir uns nun den beiden anderen Aspekten der Energie zuwenden, die sich auf ihr Verhalten im Hinblick auf ein bestimmtes »Element« beziehen: *cheng ch'i*, die normale Energie, und *hsieh ch'i*, die tückische Energie.

Wandlungsphase (»Element«)	physische Eigenart	zyklische Aktion
Holz	Wachstum	Antrieb
Feuer	Sublimation	Höhepunkt
Erde	Erhaltung	Unveränderlichkeit
Metall	Verhärtung	Trägheit
Wasser	Absterben	Verschwinden

Cheng (Abb. 4) zeigt einen Fuß (man erkennt ein Bein mit Kniescheibe und Fuß), der geradeaus geht (waagrechte Linie oben). Die obere Linie zeigt aber außer der geraden Richtung auch die höhere Ebene des Himmels an, wie wir bereits wissen, und diese beiden Bedeutungen kommen sich recht nahe. Folglich handelt es sich um

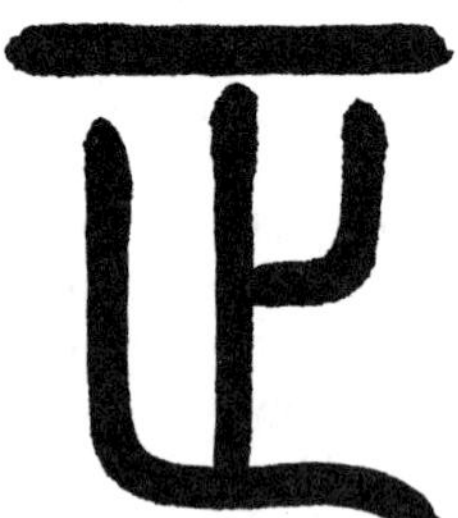

Abb. 4

»einen Fuß unten, unter dem Himmel«, denn es sollte im Allgemeinen so sein, dass sich der runde Kopf in das Himmelsgewölbe einfügt und die flache Fußsohle sich der Erde anpasst. Auf den Händen zu gehen oder einen Kopfstand zu machen und sich gar »aufrecht« auf den Kopf zu stellen, gilt in der altchinesischen Tradition als ein Vergehen gegen das *tao* (und das Gesetz der Pyramide). Kurzum, *cheng* bedeutet die Geradheit, die Ordnung, die Norm.

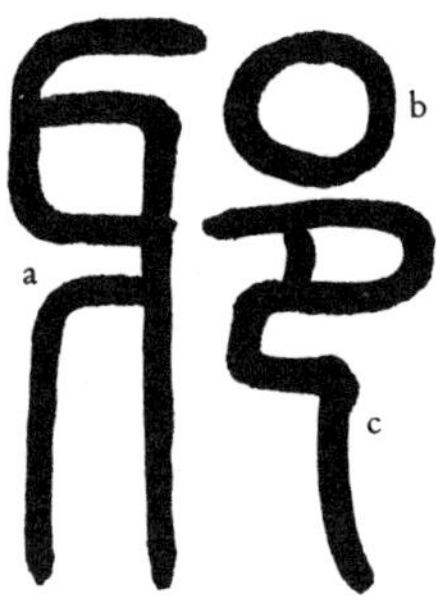

Abb. 5

Hsieh (Abb. 5) zeigt links ein gebräuchliches Piktogramm (a), das die Zähne in ihrem Ineinandergreifen darstellt. In erweitertem Sinn meint dies die Aktion des Beißens, des verbissenen Angriffs. Rechts erkennt man oben die Zeit in Form des himmlischen Kreises (b) und unten das Siegel als Symbol der Autorität (c). *Hsieh* bedeutet also den Kampf gegen die Autorität, den offenen Aufstand gegen alles, was der traditionellen und wahren Ordnung des Himmels entspricht: ein

lasterhaftes, tückisches, pervertiertes, schlechtes Verhalten.
Jetzt empfiehlt es sich, diese Verhaltensweisen der Energie im Rahmen der »Fünf Wandlungsphasen« und in Bezug auf die sie steuernden Operatoren (der Erzeugung und der Beherrschung) klar zu definieren:

Die normale Energie einer Wandlungsphase
- nährt ihren »Sohn« liebevoll,
- beherrscht ihren »Enkel« freundschaftlich,
- empfängt dankbar die Gaben ihrer »Mutter«,
- akzeptiert gern den Einfluss ihres Beherrschers.

Die tückische Energie einer Wandlungsphase
- verweigert ihrem »Sohn« die Nahrung und behält alles für sich,
- beherrscht ihren »Enkel« auf gemeine Weise und zerstört ihn,
- erschöpft ihre »Mutter«, indem sie sich niemals zufrieden gibt,
- verweigert heftig den Einfluss ihres Beherrschers.

Dazu kommen für die Erde und ihre besondere Funktion *huan* (s. Abb. 14, S. 75) eine normale Energie, die in einer Art von Pflichtgefühl einen Teil ihrer selbst an die anderen Wandlungsphasen abgibt, sowie eine tückische Energie, die alles für sich behält und die anderen Wandlungsphasen – völlig egoistisch und gleichgültig – in Gefahr geraten und verkümmern lässt.

Wenn man diese »Verhaltensweisen« der Energie ihrem reinen und unreinen Ursprung gegenüberstellt, dann sieht man ohne weiteres, dass die reine Energie per definitionem niemals tückisch sein kann, während die unreine Energie in ihrem Wesen tückisch ist. Hier ist es nützlich, daran zu erinnern, dass gewisse klassische Schriften andere Bezeichnungen gebrauchen und die normale Energie als gefügig und konform, *ts'ung,* bezeichnen und die tückische Energie als rebellisch und gegenläufig, *ni.*

Abb. 6

Ts'ung (Abb. 6) zeigt zwei Menschen, die sich folgen (a), und drückt so die Vorstellung von gleicher Richtung und Konformität aus, die sich auch anwenden lässt auf die Spuren (b), die das *tao* in der Welt der Manifestationen zurücklässt. So kommt es zur Bedeutung »den Regeln gehorsam«, was derjenigen von *cheng* (Abb. 4) entspricht.
In *ni* (Abb. 7) erkennt man das

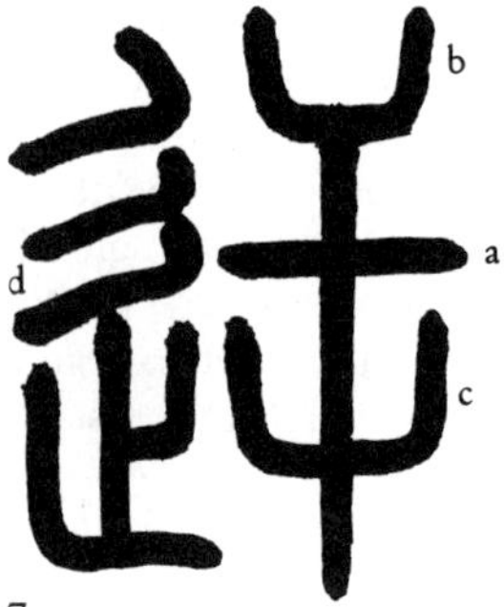

Abb. 7

Kreuz (a) mit der Öffnung des Feuers zum Himmel (b). Aber unten richtet das Wasser die Öffnung seiner Wölbung nach oben, was der Regel widerspricht, denn das Untere hat sich nach unten zu öffnen. Diese Nichtübereinstimmung betrifft die Spuren des *tao* (d) wie in *ts'ung* und kommt so der Bedeutung von *hsieh* nahe. Einige Kommentare sehen im rechten Radikal von *ni* eine noch deutlichere Vorstellung eines subversiven Angriffs: Das Wasser öffnet sich zum Feuer hin, um es auszulöschen und an seine Stelle zu treten, was ganz einfach die reine Zerstörung des Oberen durch das Untere andeutet, und damit kommt man auf diesen unterschiedlichen Wegen wieder zu den unteren Kräften und zur unreinen und tückischen Energie.

ANTON JAYASURIYA

Grundlagen der chinesischen Medizin

Die chinesischen Denker haben zu keiner Zeit an eine das ganze Universum lenkende einzige Gottheit geglaubt, sondern stellten sich stattdessen eher eine unpersönliche Macht *t'ien* vor. *T'ien* bedeutet »Himmel«; noch besser ist die Übersetzung »kosmische Ordnung«. Eine ähnliche Bedeutung hat der Begriff *tao* (oder *t'ien tao*), die »Ordnung der Natur«. So gilt im traditionellen Weltbild der Chinesen der Mensch nicht als der Herr eines Universums, welches ihm zu Nutzen und Freude vom Schöpfergott geschaffen wurde. Schon in früher Zeit erkannte man eine Stufenordnung der Natur (scalae naturae), in welcher der Mensch als die höchste Form des Lebens betrachtet wurde, was ihn aber keineswegs dazu berechtigte, mit dem Rest des Kosmos nach Belieben zu verfahren. Das Universum existierte nicht ausschließlich zu dem Zweck, die Wünsche des Menschen zu befriedigen. Seine Aufgabe im Rahmen der Schöpfung bestand vielmehr darin, zu den Aufbau- und Wandlungsvorgängen des Himmels und der Erde beizutragen. Darum stellte man den Menschen in eine Dreiheit zwischen Himmel und Erde: *t'ien* – *jen* – *ti* (Himmel – Mensch – Erde). Es stand dem Menschen nicht zu, den »Weg« des Himmels *(t'ien tao)* zu hinterfragen oder sich mit ihm zu messen, sondern vielmehr sollte er sich bei der Befriedigung seiner Bedürfnisse in Einklang mit ihm bringen. In einem klassischen Text werden die drei Stufen mit der ihnen eigenen Ordnung so beschrieben: »Der Himmel hat seine Zeiten, der Mensch hat seine Regierung, die Erde hat ihren natürlichen Reichtum.«

Harmonie war stets ein Grundgedanke der chinesischen Philosophie. Die alten Chinesen suchten nach Ordnung und Harmonie in den Naturerscheinungen und machten dies auch zum Ideal in allen menschlichen Beziehungen. Die frühen Denker in China waren zutiefst beeindruckt von den wiederkehrenden, zyklischen Bewegungen, die sie in der Natur beobachten konnten – die Jahreszeiten und Mondphasen, die Planetenbahnen, die Wiederkehr der Kometen, der Zyklus von Geburt, Reife, Verfall und Tod bei allen Lebewesen. Auch alle toten Substanzen verbleiben in dem Kreislauf, um neue Lebewesen zu bilden.

Im Westen galt die Lehre des ARISTOTELES von der Seelenleiter, die den Pflanzen eine vegetative Seele, den Tieren eine vegetative und sensitive (animalische) Seele und den Menschen eine vegetative, animalische und rationale Seele zuerkannte. Eine ähnliche Lehre vertrat der große konfuzianische Philosoph HSÜN TZU (298–238 v. Chr.) in China. Sie entstand offensichtlich aus der Betrachtung der natürlichen Stufenordnung und spiegelt die mehr oder minder intuitive Erkenntnis wider, dass einige lebende Organismen komplexer sind als andere; dabei enthält sie im Keim den (modernen) Evolutionsbegriff.

In dieser taoistischen Lehre unterscheidet man ebenfalls drei Stufen des Lebens, die je nach Energiekomponenten so klassifiziert werden:

Mensch: lebendiges *ch'i* + fühlendes *ch'i* + denkendes *ch'i*
Tier: lebendiges *ch'i* + fühlendes *ch'i*
Pflanze: lebendiges *ch'i*
Nicht lebendige Substanzen besitzen nur materielles *ch'i.*

T'ien, der Himmel, wird als unpersönliche Macht betrachtet, die alle Formen in der »natürlichen Welt« hervorbringt; die Naturerscheinungen galten als Elemente in einer Hierarchie von Einheiten, die ein kosmisches Raster bilden, in dem jedes einzelne auf jedes andere wirkt, jedoch nicht durch mechanische Anstöße, sondern durch Zusammenwirken in Einklang mit den spontanen Impulsen aus dem eigenen Innern. Daher war die »natürliche Welt« für die alten Chinesen nichts Feindliches oder Schlechtes, was man ständig mit der Kraft des Willens oder mit roher Gewalt unterdrücken musste, sondern so etwas wie der größte aller lebendigen Organismen, dessen Steuerungsprinzipien vom Menschen verstanden werden mussten, damit er in Harmonie leben konnte. Die Grundeinstellung der chinesischen Kultur durch alle Zeiten hindurch könnte man als organischen Naturalismus bezeichnen. Der Mensch besitzt zentrale Bedeutung, ist aber nicht Mitte des Universums. Vielmehr hat er darin eine bestimmte Rolle, bestimmte Aufgaben zu erfüllen und der Natur zu »helfen«, d. h. im Einklang mit ihr und nicht unter der Missachtung der spontanen, miteinander verbundenen Vorgänge in der »natürlichen Welt« zu handeln.

In der ganzen chinesischen Geschichte hat man anerkannt, dass der Mensch einen Teil eines weitaus größeren Organismus bildet. Folglich entwickelte man eine große Sensibilität für die mögliche Erschöpfung und Verunreinigung der natürlichen Reichtümer. Für die konfuzianischen und taoistischen Denker entsprang Sittlichkeit daher aus den höchsten Instinkten des menschlichen Wesens und wurde dem Menschen nicht durch den Befehl irgendeiner unwägbaren, unfasslichen, übernatürlichen Gottheit aufgezwungen.

Für die Chinesen bestand die höchste Vollkommenheit in einem weitgehend angenäherten Gleichgewicht von *yin* und *yang*, der »weiblichen« und der »männlichen« Kraft im Universum. Diese Gegenpole wurden stets in ihrer Beziehung und Ergänzung gesehen und nicht in Widerspruch und Widerstreit. Diese Auffassung unterschied sich deutlich von der persischen Lehre des Zarathustra vom Dualismus zweier widerstreitender Kräfte, mit der die *yin-yang*-Theorie oft verwechselt wird.

Im Rahmen des modernen naturwissenschaftlichen Denkens fällt es schwer, diese alten Theorien mit der Logik des kontrollierten Experiments, der mathematischen Hypothese und ihrer statistischen Überprüfung zu vergleichen, welche die Grundvoraussetzungen der heutigen naturwissenschaftlichen Methodik bilden.

Bei dieser Art von Denken laufen die Ereignisse in linearer Folge ab: D. h., A verursacht B, welches zusammen mit C dann D verursacht. Das altchinesische Denken geht völlig anders vor, indem die verschiedenen Phänomene als Teile eines Musters miteinander in Verbindung gesetzt werden. So erzählt uns der mythologische Bericht von der Geburt der chinesischen Schrift, dass der legendäre weise Herrscher Fu Hsi (dem man auch die »Entdeckung« der Trigramme des *I Ching* zuschreibt) die Muster in Himmel und Erde erkannte und daraus die chinesischen Schriftzeichen gestaltete. Die Vorstellung, dass die Phänomene miteinander verflochtene Muster bilden, führt zu wichtigen Folgerungen: Der Kontext gewinnt eine überragende Bedeutung; Ereignisse oder Gegenstände haben für sich allein keinen Sinn. Sinn ergibt sich erst aus der Teilnahme an Mustern, und daraus wächst die Überzeugung, dass alle Dinge und Geschehen eng miteinander verbunden sind.

In der medizinischen Praxis findet sich die Anwendung dieses Denkens in vielerlei Weise. Während das analytische Denken in der westlichen Medizin vorherrscht, gilt genau das Gegenteil für die chinesische Medizin. Anzeichen und Symptome werden sorgsam untersucht, in Verbindung gebracht und zusammengefasst, bis das Bild der ganzen Person erscheint.

Das naturwissenschaftliche Denken neigt dazu, die Dinge in säuberlich getrennte, nicht austauschbare Kästchen zu stecken, so z. B. die Zweiteilung des Menschen in Körper und Geist. Für diese Art des Denkens existieren Körper und Geist als getrennte Einheiten, die bisweilen aufeinander Einfluss nehmen. Dagegen hat das traditionelle chinesische Denken die Tendenz, alle Phänomene auf einer Übergangsachse zwischen zwei Polen anzusiedeln. Das führt wohl zu Unterschieden in der Schattierung, aber nicht im Wesen. Nach diesem Denkmodell würden die Chinesen von einem Kontinuum zwischen den beiden Polen »Körper« und »Geist« ausgehen, um dann die verschiedenen Aspekte des menschlichen Lebens auf dieser Verbindungslinie anzubringen. In der traditionellen chinesischen Medizin stehen geistige, emotionale und körperliche Krankheiten in enger Beziehung und gelten nicht als wesensverschieden. Dabei geht es immer um die ganze Person, sowohl bei der Diagnose als auch bei der Behandlung. Die traditionelle chinesische Diagnose führt nicht zu spezifischen Definitionen in einer Art wasserdichter Verpackung, sondern will vielmehr die Farbabstufungen in einem ewig wechselnden, dynamischen Lebensspektrum erkennen.

Unter diesem Blickwinkel gelten die Lebenssubstanzen im Körper als Verbindungen von »Materie« und »Energie«. Gewisse Vorstellungen wie *ch'i*, Blut, Geist, Essenz, Körpersäfte usw. haben Attribute von beiden. Wenn man erkennt, dass manche davon mehr zur Energieseite, andere aber mehr zur Materieseite hin tendieren, dann lässt sich ihr Wesen leichter begreifen. Die moderne Naturwissenschaft betont die Bedeutung von Wettstreit und Konfrontation. Diese Betrachtungsweise des Universums dominierte vor allem in der Entstehungszeit der modernen Medizin und hat diese stark beeinflusst. So ist Krankheit vor allem auf Ursachen zurückzuführen, die eingedämmt, vertilgt oder ausgerottet werden müssen. Gelingt das nicht, bleibt der Behandlung gewöhnlich der Erfolg versagt. Diese Ansicht ist in der naturwissenschaftlichen Medizin im Westen immer noch vorherrschend.

Harmonie in den gesellschaftlichen oder persönlichen Beziehungen wird in der chinesischen Tradition aufs Höchste gepriesen. Ein positives, harmonisches Gefühl des »Wohlseins« gilt als das chinesische Gesundheitsideal. Krankheit wird als Unordnung im Körper angesehen und die Behandlung ist darauf ausgerichtet, den Organismus wieder zu harmonisieren. Krankheit und Therapie werden in ihrem Verhältnis zum ganzen Körper begriffen. Die westliche Medizin legt großen Wert auf ein genaues Verständnis der Anatomie und ihrer Veränderungen im Verlauf von Krankheiten. Physiologie und Pathologie werden mit dem Körperbau verknüpft und die Körperfunktionen werden sozusagen zum Nebenprodukt der Struktur; Krankheiten werden nach Möglichkeit als pathologische oder biochemische Veränderungen beschrieben. Die chinesische Medizin befasst sich dagegen fast ausschließlich mit den Körperfunktionen. Was sich im Körper abspielt, ist viel wichtiger als das Erscheinungsbild bestimmter Strukturen. So wurden die genauen körperlichen Substrate der Organe in der chinesischen Medizin nur selten gründlich erforscht. Für die chinesische Medizin *sind* die Organe ihre Funktionen. Irgendwelche Mechanismen, die sich auf struktureller oder morphologischer Grundlage erklären lassen, sind nicht nötig, um eine Diagnose zu bestätigen.

Das traditionelle chinesische Denken benutzte mit Vorliebe die lange Reihe der Entsprechungen, um Ordnung in den Kosmos zu bringen. Diese philosophische Methode spielte ebenfalls eine große Rolle im Europa des Mittelalters und der Renaissance, ist aber nicht länger Bestandteil des modernen naturwissenschaftlichen Denkens. Die Entsprechungsreihen, die in der Medizin den Mikrokosmos des Menschen mit dem Makrokosmos des Universums in Beziehung setzten, sind ein Ausdruck des chinesischen Gefühls für Muster und Wechselbeziehungen. In einigen Fällen basierten diese Entsprechungen jedoch auf dem oberflächlichen Schein und wurden so zu Hindernissen auf der Suche nach Wahrheit. In anderen Fällen handelte es sich um empirisch gewonnene Listen, deren zugrunde liegender Zusammenhang aufgrund metaphysischer Übereinstimmungen abgeleitet wurde. In der modernen Naturwissenschaft gilt das Ideal präziser Messungen und statistischer Analysen. Die Philosophie im alten China stand dagegen dem abstrakten und metaphysischen Denken nahe dank der Einsicht, dass die Dinge in der Natur selten deutlich umrissen dastehen, sondern eher im Grau verschwimmen. Dies gilt auch für die traditionelle Medizin. Die Definitionen, diagnostischen Einheiten und therapeutischen Leitlinien in den alten Schriften erscheinen dem westlichen Wissenschaftler oft als ungenau.

Nach dem großen Aufschwung der modernen Physik und Chemie entstand die allgemeine Überzeugung, dass alle Phänomene des Lebens und des Geistes aus den Eigenschaften der Moleküle, der Atome und schließlich der atomaren Teilchen restlos erklärt werden könnten. Naturwissenschaft ist jedoch nicht die einzig gültige Form menschlicher Erfahrung und wissenschaftliche Objektivität ist nicht die einzige authentische Quelle der Wahrheit. Wahrheit ist eine Erfahrung mit vielen Dimensionen.

Der Konflikt zwischen diesen beiden Anschauungen hat heute zur Entstehung einer so genannten »antiwissenschaftlichen Bewegung« geführt.

Nach Meinung des bekannten Sinologen und Naturwissenschaftlers JOSEPH NEEDHAM ist die Bewegung deshalb entstanden, weil sie zwei charakteristische Übel der westlichen Zivilisation bekämpft: einerseits die Überzeugung, dass die naturwissenschaftliche Methode die allein gültige Methode darstellt, um das Universum zu begreifen und zu erfahren; andererseits der Glaube, dass es sich für die Ergebnisse dieser Wissenschaft gehört, von einer raffgierigen Technologie – oft nur um des privaten Profits willen – ausgenutzt zu werden.

Auch der Atomphysiker FRITJOF CAPRA vertritt in seinem bekannten Buch »Der kosmische Reigen« (»Das Tao der Physik«) ähnliche Gedanken, wobei er jedoch mit folgenden Argumenten eine Synthese dieser beiden gegensätzlichen Denkrichtungen anstrebt:

Die moderne Teilchenphysik hat uns klargemacht, dass die Realität mit der normalen Sprache überhaupt nicht zu fassen ist, und das hatten die buddhistischen und taoistischen Denker im alten Indien und China intuitiv erkannt. In der Welt der Elementarteilchen haben die Begriffe von Raum und Zeit, die Vorstellung fester Objekte und das übliche Verständnis von Ursache und Wirkung allesamt ihre Bedeutung verloren. Masse und Energie sind austauschbar; Strahlen sind weder Wellen noch Partikel; Zeit fließt nicht gleichförmig; Veränderungen schließen stets auch den Beobachter wesentlich mit ein; das Messen verdirbt das Messergebnis und genaue Voraussagen sind nicht möglich.

Polare Gegensätze sind eher komplementär als antagonistisch, Teilchen sind sowohl zerstörbar als

auch unzerstörbar, Materie sowohl kontinuierlich als auch diskontinuierlich und Objekte sind eher Prozesse als Substanzen, so etwas wie spontane, dynamische Muster in einem ständigen Tanz. Realität ist jenseits von Existenz und Nichtexistenz. Es ist deshalb nicht überraschend, dass viele Geister, besonders aus der jüngeren Generation, von den Gedanken des LAO TZU und CHUANG TZU, dem eigenartigen System des *I Ching* (Buch der Wandlungen) und den Einsichten des Zen und des Tantrismus angezogen werden (nach F. CAPRA, The Tao of Physics, Berkeley, 1975).
Hier stellt sich für uns nun die Frage, wie die alten Denker des Ostens zu diesen Erkenntnissen gelangten, die den heutigen Erkenntnissen so nahe sind und die wir nur unter größten Anstrengungen erreichen konnten, indem wir Riesenzyklotrone, Blasenkammern, Linearbeschleuniger und Ähnliches bauten und mit großer Mühe den Spuren von Hadronen, Elektronen, Mesonen, Photonen usw. folgten. Ebenso rätselhaft erscheint uns, wie die alten Ärzte besondere Körperpunkte entdecken konnten, an denen sich das Energiegleichgewicht im Körper wiederherstellen lässt. Und das größte Rätsel ist für uns heute, zu verstehen, wie man eine so wirksame Behandlungsmethode wie die Akupunktur entdecken konnte, ohne viel von Anatomie und Physiologie zu verstehen.

STEFAN KAPPSTEIN

Energiepunkte und Meridiane

Die Energiepunkte als »Löcher«

Die meisten Akupunkteure und Masseure, die nach chinesischen Methoden in Ost und West arbeiten, sind sich nicht darüber im Klaren, was sie sich unter einem Akupunktur- oder Energiepunkt vorzustellen haben. Anstatt sich zu einfachen und klaren Vorstellungen über diesen Sachverhalt durchzuringen, sind sie eher geneigt, sich mit der Entschuldigung herauszureden, dass der Kenntnisstand der Wissenschaft in dieser Hinsicht lückenhaft ist.
Zugegebenermaßen konnte mit den Methoden der Naturwissenschaft bis heute nicht viel Nennenswertes an den Akupunkturpunkten festgestellt werden. Hinsichtlich der Gewebestruktur und der Gewebssubstanz weisen diese so gut wie keine Verschiedenheiten zu dem sie umgebenden Gewebe auf.
Dagegen ist seit gut 70 Jahren bekannt, dass der elektrische Hautwiderstand an den Akupunktur-

punkten vermindert ist. Diese Entdeckung wurde in den 1920er-Jahren von Dr. Voll gemacht, dem Erfinder der Elektroakupunktur.
Es wurden die verschiedenartigsten Punktdetektoren entwickelt, mit denen jeder Laie Akupunkte am menschlichen Körper aufspüren kann. Heute gibt es zudem kombinierte Detektor-Stimulationsgeräte, mit denen man, wenn der Punkt aufgefunden worden ist, einen elektrischen Impuls oder gar einen Laserstrahl in das Energiesystem des Menschen senden kann.
Seit gut 70 Jahren ist es somit kein Geheimnis mehr, dass die elektrische Hautspannung an den Akupunkturpunkten vermindert ist. Man könnte es auch so ausdrücken: Die Akupunkte sind Löcher im elektrischen Hautspannungsfeld.
Wenn wir uns dieses Bild in aller Klarheit vor Augen führen, dann sind wir eigenartigerweise dem Bewusstsein der Urväter des Akupunktur-Meridian-Systems schon einen kleinen Schritt näher gekommen, denn sie haben die Punkte mit dem Zeichen *hsüeh* benannt, was so viel bedeutet wie »Loch« oder »Höhle«. Sie scheinen schon vor tausenden von Jahren diese Entdeckung gemacht zu haben, die Dr. Voll in den 1920er-Jahren mit dem modernen wissenschaftlich-technischen Apparat sozusagen aufs Neue nachvollzogen und mit dem naturwissenschaftlichen Begriffsapparat neu formuliert hat. Die Urväter der chinesischen Medizin konnten ihre Entdeckung nicht mit der Prägnanz der modernen wissenschaftlichen Begriffe formulieren. Dazu war ihr Bewusstsein noch nicht fähig. Sie haben ihre Erkenntnisse in Bildern zusammengefasst, die, was den Kern der Aussagen betrifft, den gleichen Wahrheitsanspruch erheben können wie die zeitgenössischen Formulierungen. (Der Autor wundert sich, dass er der Erste ist, der diese Beziehung zwischen dem chinesischen Zeichen *hsüeh* und dem »elektrischen Loch« am Energiepunkt zu Papier bringt.)
Wir dürfen diese Beziehung nicht als rein literarisch auffassen; sie ist im Gegenteil eine innerliche. Wenn wir die wenigen Mosaiksteine des Wissens über die *hsüeh* richtig zusammensetzen, können wir ihrem Geheimnis ein wenig auf die Spur kommen.
Dazu muss erst einmal genauer untersucht werden, was für eine Funktion und Aufgabe das elektrische Hautspannungsfeld aus der Sicht der modernen Medizin zu erfüllen hat. Wir können im Zusammenhang dieses Buches allerdings nicht mehr tun, als die Frage an einigen Kernbeispielen zu diskutieren.
Die moderne Medizin beschreibt das elektrische Hautspannungsfeld als Isolator gegen die verschiedensten natürlichen und künstlichen Außeneinwirkungen energetischer Art. Der Hautwiderstand lässt sich

nur in äußerst variablen Messwerten feststellen, was nichts anderes heißt, als dass die in ihm vorhandene elektrische Spannung beständigen Schwankungen unterworfen ist. Ein Schulbeispiel für diese Schwankungen lässt sich am menschlichen Auge aufzeigen. Unbelichtet weist es ein Bestandspotenzial von einigen Millivolt auf. Belichtet man es, so erhält man eine mehrphasige Spannungsschwankung von einigen hundert Mikrovolt. Ähnliches wurde an den verschiedensten Oberflächenteilen des menschlichen Körpers bei äußeren energetischen Einwirkungen gemessen, seien es nun die Einwirkungen von Kälte, Wärme, elektrischen Strömen oder dem Druck starker Lichteinstrahlung.

Selbstverständlich hat die Naturwissenschaft, wenn sie das elektrische Hautspannungsfeld als Isolator gegen Energieeinwirkungen äußerer Art beschreibt, nur die messbaren materiellen Energieformen im Auge. Da aber keine Kraft messbar ist, die an den Punkten ein- oder austritt, kann sie nichts weiter tun, als auf das Phänomen des »elektrischen Lochs« hinzuweisen. Klare Vorstellungen, entwickelt auf den Theorien der chinesischen Medizinphilosophie, können uns näher an das Geheimnis des »elektrischen Lochs« heranführen.

Stellen wir uns einmal vor, dass der ganze menschliche Körper von einem in die räumliche Dimension ausgedehnten Netzwerk von übersinnlichen Kräften (d. h. nicht messbaren Energieformen) durchdrungen ist – so definiert es zusammengefasst die chinesische Medizintheorie. Stellen wir uns nun weiter vor, dass diese Kräfte auch außerhalb des menschlichen Körpers als reale Kraftzusammenhänge vorhanden sind, dann wird uns die Aufgabe des Oberflächenspannungsfeldes schon etwas klarer: Es schirmt den menschlichen (ebenso wie den pflanzlichen oder tierischen) Organismus gegen eine allzu starke Durchdringung von den Kräften ab, die wir als *yang*-Kräfte bzw. kosmische Umkreiskräfte kennen. Zudem wissen wir, dass die chinesische Medizinphilosophie einen zyklischen Kraftaustausch zwischen den irdischen Kräften und den kosmischen Umkreiskräften für die Grundlage der irdischen Lebensäußerungen im Allgemeinen und des Lebens des menschlichen Organismus im Besonderen hält.

Die kosmischen Umkreis- oder *yang*-Kräfte brauchen gewissermaßen Tore, durch die sie in den menschlichen Körper eindringen können. Sie brauchen diese Tore, wie man eine Haustür braucht, wenn man ein Haus betreten will. Diese Tore sind die *hsüeh,* die »elektrischen Löcher«. Sie sind so angelegt, dass Maß und Ordnung im Ein- und Ausströmen der Kräfte gewährleistet ist – zumindest beim gesunden Menschen. Die einströmenden Kräfte können durch diese

»Tore« über die Meridiane zu den Organkraftfeldern weitergeleitet werden. Letztere können sich durch die »Tore« der für sie unbrauchbar gewordenen Kräfte entledigen.
Krankheiten sind nach Auffassung der chinesischen Medizinphilosophie auf das gestörte Verhältnis von irdischen *yin*-Kräften und kosmischen Umkreis- oder *yang*-Kräften zurückzuführen. Der Krankheitsprozess muss also auch dort Wirkung hinterlassen, wo diese beiden großen Kraftzusammenhänge am menschlichen Körper zusammentreffen: an den »Löchern« im elektrischen Hautspannungsfeld. Dort gibt es zwei messbare Grundphänomene:
1. Der elektrische Hautwiderstand verringert sich. Dies wurde bei fieberhaften Erkrankungen an verschiedenen Punkten gemessen. Fieberkrankheiten werden dem *yang* zugerechnet. Sie beruhen auf einem zu starken Eingreifen bestimmter kosmischer Umkreiskräfte.
2. Der Hautwiderstand verstärkt sich am Punkt. Dies wurde vom Autor in einem Fall von Fingergelenkarthritis gemessen, die auf einem Überhandnehmen der irdischen *yin*-Kräfte beruht.
Wir haben nun die Energiepunkte aus zwei verschiedenen Blickwinkeln betrachtet und sie als Löcher oder Tore kennen gelernt, durch die ein Energieaustausch zwischen Außen und Innen ermöglicht wird. Wir haben gewissermaßen Erkenntnisse der modernen Naturwissenschaften mit dem uralten, aus dem Erfahrungsschatz des ursprünglich-intuitiven Hellsehens geschöpften und in großartigen Bildern eingebetteten Wissen über die Energiepunkte unter einen Hut bringen können, ohne dass sie kollidierten oder sonst wie aneinander Schaden nahmen. Damit haben wir grob umrissen, was ein Energiepunkt eigentlich ist, und haben den Schleier des Geheimnisvollen, der ihn bisher umhüllte, ein wenig lüften können. Wir können nun zum Detailwissen über die Punkte übergehen.

Größe und Sensibilitätsumfang der Energiepunkte

Entsprechend ihrer Lage im Gewebe der Körperoberfläche haben die Energiepunkte einen verschieden großen Sensibilitätsumfang. Punkte, die an den Skelettmuskeln und am Rücken liegen, haben im Allgemeinen einen Sensibilitätsumfang von 5 bis 15 Millimetern. Die Punkte, die an der Schädeldecke, an den Finger- und Fußspitzen und in der Augenumgebung liegen, haben einen geringen Sensibilitätsumfang von ein bis höchstens zwei Millimetern. Der Sensibilitätsumfang der übrigen Punkte liegt zwischen beiden Maßangaben.
Doch eins soll mit aller Deutlichkeit gesagt sein: Auch der größtflächige Punkt hat sein Zentrum! Dort, wo im hellsichtigen Anschauen ein klarer, unmissverständlicher

Lichtpunkt erscheint, da kann auch der Punktdetektor das Zentrum des »elektrischen Lochs« ausmachen. Dies ist eine mit beiden Mitteln vom Autor nachgeprüfte Tatsache. Noch etwas kann hinzugesetzt werden: Das Zentrum des kleinsten Energiepunkts ist nicht größer oder kleiner als das des größten. Auch hier kommen die beiden grundverschiedenen Erkenntnismittel zu identischen Ergebnissen.

Man sollte sich immer bemühen, den Punkt in seinem Zentrum zu treffen. Dazu benötigt man keinen Punktdetektor und auch keine hellsichtigen Fähigkeiten. Sie können sehr nützlich sein, man benötigt sie aber nicht unbedingt.

Wenn man etwas Erfahrung im Umgang mit den Punkten gemacht hat, wird man folgende Feststellung machen: Die Punkte ziehen den Finger des Behandelnden sozusagen zu ihrem Zentrum hin. Dies gilt insbesondere für Energiepunkte, die von pathologischen Energien besetzt sind. Wenn man dies vorher weiß, dann braucht man sich eigentlich nur noch für diese Anziehungskraft der Punkte zu sensibilisieren und ihr Folge zu leisten.

Verteilung und Anzahl der Energiepunkte

Energiepunkte sind über die gesamte Körperoberfläche verteilt. Es gibt kaum eine Oberflächenregion, auf der nicht ein oder mehrere Punkte auszumachen sind. Es sind davon nur die Teile ausgenommen, die sich aus dem Körperinneren sozusagen herausstülpen, aber eigentlich zum Körperinneren gehören: der Augapfel, die Lippen, der After sowie der Penis und die Schamlippen. An diesen Teilen gibt es keine Energiepunkte. Dagegen gibt es einige wenige Punkte im Mundraum wie z.B. den Endpunkt des *tu mai*-Meridians, der etwa zwei Millimeter über der Mitte der oberen Schneidezähne im Zahnfleisch liegt. Dort ist gewissermaßen ein Teil der Körperoberfläche hereingewandert ins Körperinnere. Ein anderes Beispiel ist ein Massagepunkt, der ziemlich genau unterhalb der Mitte des Schulterblatts liegt. Auch in diesem Fall kann man von einem ins Körperinnere gewanderten Teil der Körperoberfläche sprechen.

Die Energiepunkte sind keineswegs gleichmäßig über die Körperoberfläche verteilt. Als Extrembeispiel für eine Punktkonzentration auf engstem Raum ist die Ohrmuschel zu nennen. Dort liegen etwa 200 Punkte auf engstem Raum nebeneinander. Weitere Regionen mit einer hohen Konzentration von Punkten sind die Nasenregion, die Augenumgebung, die Hände und die Oberseite der Füße.

Einen besonderen Fall stellt die Fußsohle dar. Punktdetektor-Untersuchungen und die hellsichtige Erfahrung stimmen darin überein,

dass es außer dem Anfangspunkt des Nierenmeridians und den beiden in seiner Nachbarschaft gelegenen Extrapunkten noch eine Menge weiterer »elektrischer Löcher« gibt. Diese werden von der chinesischen Literatur nicht aufgeführt. Sie sind scheinbar unbekannt geblieben. Warum dies so ist, ist nur schwer aufzuklären.
Es wird manchem Leser bekannt sein, dass es die Fußreflexzonenmassage gibt, die sich ebendieser Fußsohlenpunkte zur Diagnose und Heilung von Krankheiten mit großem Erfolg bedient. Sie ist in Indien, einem ganz anders gearteten Kulturkreis, entwickelt worden. Es würde den Rahmen dieses Buches sprengen, näher auf sie einzugehen.
Der übrige Körper ist relativ gleichmäßig mit Energiepunkten versehen. Eine Ausnahme machen nur die Sitzmuskulaturregion, die Bizepsregion und die Vorderseite des Oberschenkels. Dort findet man nur relativ wenig Punkte.
Insgesamt gibt es, neuere Forschungen einbezogen, etwa 1800 Energiepunkte am menschlichen Körper. Diese Zahl soll den Lernenden aber nicht erschrecken. Man ist nicht unbedingt ein guter Akupunkteur oder Masseur, wenn man 800 oder 1000 Punkte kennt. Man wird im asiatischen Raum im Gegenteil dann ein Meister genannt, wenn man eine geringe Anzahl von Punkten optimal zur Heilung von Krankheiten einsetzen kann. Hier ist also die Quantität des Wissens nicht so wichtig wie die Qualität der Behandlung.

Die Meridiane

Eine weitere wichtige Säule der chinesischen Medizintheorie stellt die Meridianlehre *(ching-lo hsüeh)* dar. Auch hier erweist es sich wieder als nützlich, von der Zeichenbedeutung auszugehen, um den tieferen Inhalt des Begriffs »Meridian« zu erfassen.
Von alters her werden die Meridiane *ching-lo* genannt. Das Zeichen *ching* bedeutet in seiner Urform »Kettenfaden eines Gewebes«. In späterer Zeit (etwa um 500 v. Chr.) erfuhr dann dieses Zeichen eine Begriffserweiterung. Es wurde seitdem für »Weg«, »hindurchgehen«, »sich ereignen« und für die »kanonischen Bücher« benutzt. Das Zeichen *lo* bedeutet »Netzwerk« oder »Gewebe« und kann verbal die Bedeutung »vereinigen« und »verbinden« haben.
In der zeitgenössischen chinesischen Medizintheorie werden mit dem Begriff *ching* die Hauptmeridiane bezeichnet, mit dem Begriff *lo* dagegen die Nebengefäße und Seitenarme, durch welche die Hauptmeridiane und ihre Energiepunkte miteinander verbunden sind. Wir wollen uns hier auf die Beschreibung der Hauptmeridiane beschränken.
Jedem der zwölf Organe ist ein

Hauptmeridian zugeordnet, auf dem sich seine Energien bewegen. Interessant ist es, die Verlaufsrichtungen der Meridiane in Augenschein zu nehmen.
Die Meridiane der *yin*-Organe Lunge, Herzbeutel und Herz entspringen im oberen Rumpfbereich und laufen zur Innenhand. Die Meridiane der *yang*-Organe Magen, Galle und Blase entspringen im Kopfbereich und enden an der Oberseite der Fußzehen. In beiden Fällen ist eine Verlaufsrichtung von Zentralbereichen des Organismus zur Peripherie erkenntlich.
Dagegen verlaufen die Meridiane der *yin*-Organe Leber, Milz und Niere von den Fußzehen bzw. der Fußsohle zur Rumpfmitte. Die Meridiane der *yang*-Organe Dickdarm, Dreifacher Erwärmer und Dünndarm verlaufen von den Händen zum Kopfbereich. In beiden Fällen ist eine Verlaufsrichtung von der Peripherie des Organismus zu Zentralbereichen hin erkenntlich.
Dies zeigt uns, dass das Meridiansystem polar aufgebaut ist. Dabei stellen die Innen- oder Zentralbereiche des Körpers den einen Pol, die Peripherie- oder Außenbereiche des Körpers den anderen Pol dar.
Dieser polare Aufbau des Meridiansystems kann zur Bestätigung des Begriffs »Meridian« herangezogen werden, der sich in der westlichen Literatur zur Bezeichnung der *ching-lo* eingebürgert hat, denn ein Meridian ist ein Längengrad: Die Erdkugel wird von den Geografen in Meridiane oder Längengrade eingeteilt, die sich von Pol zu Pol erstrecken.
Zusätzlich zu den zwölf Hauptmeridianen werden noch zwei Nebenmeridiane aufgeführt, sodass sich insgesamt die Zahl von 14 Meridianen ergibt. Es sind dies der *tu mai*-Meridian und der *jen mai*-Meridian. Der *tu mai*-Meridian ist die hintere Mittellinie des Körpers: Er verläuft vom Afterbereich über die Mitte der Wirbelsäule und den Kopf bis zum Zahnfleisch der oberen Schneidezähne. Der *jen mai*-Meridian ist die vordere Mittellinie des Körpers: Er verläuft vom Dammbogen über die Bauch- und Brustmitte bis zum Kinn. Der *tu mai*-Meridian ist der Sammelmeridian der *yang*-Energien, der *jen mai*-Meridian der der *yin*-Energien. Die zwölf Meridiane der Organe kreuzen die beiden an manchen Punkten. Das Meridiansystem erhält durch sie ein symmetrisches Gesicht.
Zu bemerken ist noch, dass die Meridiane bisher nicht objektiviert werden konnten. Damit soll gesagt sein, dass die moderne Naturwissenschaft bisher keine objektivierbaren Phänomene an den Meridianen festmachen konnte. Die von ihnen durchzogenen Körperzonen unterscheiden sich bezüglich ihrer Gewebestruktur und ihres Zellaufbaus nicht von den benachbarten Zonen.

ERNST JOHANN EITEL*

Das Ch'i der Natur oder vom Wesen der Geomantie

Die Chinesen betrachten die Natur als einen lebenden Organismus. Daher ist es nicht verwunderlich, wenn sie mit allem Ernst über das Ein- und Ausatmen der Natur diskutieren. In der Tat erklären sie nahezu alle Erscheinungen in der Natur durch die Unterscheidung dieser beiden Atmungsvorgänge, dem sich ausdehnenden und dem zurückkehrenden Atem, wie sie sagen. Nichts zwischen Himmel und Erde ist so entscheidend, so allmächtig, so allgegenwärtig wie das *ch'i* (der Atem) der Natur. Es strömt durch jeden Stamm, durch jede Faser und durch es entstehen, leben und bewegen sich Himmel und Erde und alle Kreaturen. *Ch'i* ist nichts anderes als die geistige Energie des *yin-yang*-Prinzips.

Beginnt das *ch'i* in seiner Ausdehnung zu erstarren, so ist dies der Wandel des *yang* vom ungestalteten Etwas zum Daseienden; ist das *ch'i* in seiner Einkehr erschöpft, so ist dies die Wandlung des *yin* von der Existenz zur Nichtexistenz. Brachte also zu Anbeginn das »Große Absolute« diese beiden Prinzipien hervor, so geschah es zunächst, dass das *ch'i* sich ausdehnte – noch konfus und chaotisch, sodass Himmel und Erde noch eine Zeit ungetrennt blieben; doch als das *ch'i* sich wieder zusammenzog und Ein- und Ausatmen fortan regelmäßig aufeinander folgten, entstanden Himmel und Erde. *Yin* und *yang* und alles in der Natur wurde in der ihm eigenen Ordnung hervorgebracht.

Wann immer das *ch'i* vorrückt oder expandiert, wird so etwas wie ein ungestalteter Fötus hervorgebracht, der den keimenden Beginn zukünftiger Entwicklungen begründet. Diese formlose Urgestalt ist leicht und rein, besitzt aber noch keine bestimmte Form. Sie gehört zum *yang* und kann das »übergeordnete Prinzip der Natur« genannt werden. Hat es dann die festgelegte Form angenommen, so offenbart es sich dem Blick als etwas Manifestes und bildet die exakte Form der Dinge, besitzt Körper, Farbe, Gestalt und Eigenart. Dies, das den menschlichen Sinnen schwer, grob und erkennbar ist, gehört zum *yin* und kann das »untergeordnete Prinzip der Natur« genannt werden. In anderen Worten, ein vordrin-

* Der Verfasser, deutscher Missionar in englischen Diensten, gehörte zu den ersten Europäern, die die chinesische Lehre der Geomantie (*feng shui* = Wind und Wasser) erforschten. Seinem 1873 in englischer Sprache erschienenen Buch entstammt dieser Text.

gender und ein zurückkehrender Atem, regelmäßig aufeinander folgend, sind die Bedingung für eine stete Aufeinanderfolge von Wachstum und Verfall, von Leben und Tod in der physikalischen Welt.

Gleichwohl sind beide im Grunde nur ein einziger Atem. *Yin* und *yang* schaffen, einander vereinend, den Beginn aller Dinge; gehen sie auseinander, so zeugt dies Verfall, Zerstörung und Tod. Doch sie gehen letztlich auseinander, um sich wieder zu vereinen, und daraus entsteht das Prinzip der Wiedererzeugung, das sich überall in der Natur ohne Unterbrechung fortsetzt. Das *ch'i,* das den Menschen durchdringt, erschöpft sich zuweilen und letztlich kann niemand dem Tod entgehen. Im Tod sinken die groben Bestandteile des menschlichen Körpers in die Erde zurück, die feinen Stoffe seiner geistigen Natur aber lösen sich und verstreuen sich durch die ganze Welt, werden eine Wolke oder ein Licht, das ab und zu auftaucht, ein Irrlicht oder dergleichen, oder ein duftender Dunst, der manchmal, niemand weiß wie, die Sinne der Menschen ergreift und sie veranlasst, sich matt, traurig oder niedergeschlagen zu fühlen.

Dieser Atem der Natur nun, mit seinem steten Pulsieren, mit seinem unaufhörlichen Wechsel von Ausdehnung und Zusammenziehung, zeigt sich in den vielfältigen Zuständen der Atmosphäre in sechsfacher Ausformung: als Schöpfer von Kälte, Hitze, Trockenheit, Feuchtigkeit, Wind und Feuer. Diese sechs schaffen dann, unter dem Einfluss der Wandlungsphasen, die vier Jahreszeiten, die im Allgemeinen die 24 Atemarten der Natur genannt werden.

Der Atem, verbunden mit der Wandlungsphase Holz und geführt von Jupiter, erzeugt Regen; vereint mit der Phase Metall und gelenkt von Venus, gibt er schönes Wetter; mit der Phase Feuer verbunden und beeinflusst von Mars, erzeugt er Hitze; unterstützt von der Phase Wasser und gelenkt von Merkur, produziert er Kälte, und mithilfe der Phase Erde, beeinflusst von Saturn, Wind. Dies ist das komplette System der chinesischen Meteorologie. Doch nun erhebt sich die Frage, wie wir, unabhängig vom generellen Wirken des Natur-Atems, in Beziehung auf eine bestimmte Landschaft bestimmen, ob dort günstiges oder ungünstiges oder ob dort überhaupt *ch'i* vorhanden ist.

Hier benutzt das *feng shui*-System die Allegorie vom azurblauen Drachen und vom weißen Tiger. Die Chinesen gehen davon aus, dass die Oberfläche der Erde gleich einem matten Spiegel für die Gestalten, Kräfte und Einflüsse des Himmels ist, dass also jede Konstellation des Himmels ihre Entsprechung auf der Erde findet. Der Quadrant des Sternenhimmels, der im Osten oder zur Linken des Betrachters liegt, wird von einem Geist beherrscht, der azurblauer Drache genannt wird und die Einflüsse von sieben Sternbildern verkörpert. Der rechte, westliche Quadrant, ebenfalls sieben Sternbilder umfassend, wird vom Geist namens weißer Tiger repräsentiert. Azurblauer Drache und weißer Tiger sind also lediglich Sinnbilder, die auf die feinen Einflüsse hinweisen, auf den vitalen Atem des östlichen (männlichen) und westlichen (weiblichen) Abschnitts des Firmaments. Wo immer das *ch'i* pulsiert, wird auf der Erde eine Erhebung des Bodens sichtbar sein. Wo das *ch'i* durch die Erdkruste fließt, sind die so genannten Venen und Arterien nachweisbar. Doch das *ch'i* beinhaltet darüber hinaus ein positives und ein negatives, ein männliches und ein weibliches Element, zwei Magnetströmen gleichend, oder, wie der Chinese sagt: azurblauer Drache und weißer Tiger. Wo ein Drache ist, wird auch ein Tiger sein und beider Ausläufer sind in den Umrissen von Bergen und Hügeln als gewundene und krumme Bahnen sichtbar. Mehr noch, Rumpf und Glieder des Drachen werden unterscheidbar sein, selbst die Venen und Arterien seines Körpers, die in Form von Hügelketten und Gebirgskämmen aus seinem Herzen entspringen. Es gilt als Regel, dass sich nahe der »Taille« des Drachens eine *ch'i*-Ansammlung findet, während an den Enden seines Körpers das *ch'i* nahezu erschöpft ist. Doch auch nahe dem Drachenherzen zerstreut sich das *ch'i*, wenn es nicht von umgebenden Hügeln und Gebirgen zusammengehalten wird. Wo die Front eines beliebigen Fleckens Erde, mag er sich auch eines Überflusses an Energie erfreuen, breit und nach allen Seiten offen verläuft, den Wind aus allen vier Himmelsrichtungen hereinlassend, da wird das *ch'i* von keinem Vorteil sein, denn der Wind zerstreut es, bevor es irgendetwas Gutes tun kann. Oder ist da ein *ch'i*-reicher Flecken Erde, flankiert von Hügeln, die seine Energie zurückhalten, aber die Wasserläufe in seiner Nähe strömen in geraden und schnellen Bahnen hinab, so wird auch hier das *ch'i* zerstreut und verschwendet, bevor es mit irgendeiner wohltätigen Wirkung dienen kann. Nur an Plätzen, wo das *ch'i* zusammengehalten wird, links und rechts eingeschlossen und die Wasser abfließend in gewundenem Verlauf, sind die besten Anzeichen für einen steten Vorrat von Energie. An solch einem Platz ein Grab oder ein Haus zu bauen, sichert Gedeihen, Wohlstand und Achtung.

Bisher habe ich nur vom natürlichen und nützlichen *ch'i* gesprochen. Aber da ist auch ein giftiges, tödliches *ch'i* und es wird als ein Vorteil des *feng shui*-Systems angesehen, dass es dies deutlich macht und die Menschen vor Plätzen warnt, wo die Errichtung eines Grabmals oder eines Hauses Unheil für kommende Generationen nach sich ziehen würde. Es wird gesagt, dass es viele Plätze gibt, die äußerlich alle Anzeichen eines guten Drachen-Grundes aufweisen und keinerlei Hinweise auf die Existenz schädlicher Einflüsse verraten und dennoch unsagbares Elend und völlige Verwüstung über eine Familie bringen, die es wagt, den Platz für ein Grabmal oder eine Wohnstätte zu wählen. In solchen Fällen kann nur der Geomanten-Kompass das Dasein eines schädlichen Atems anzeigen, indem er die Disharmonie der Planeteneinflüsse und den Missklang der Wandlungsphasen markiert.

Jedoch wird sich bösartiges *ch'i* meist durch äußerliche Anzeichen verraten. Wo immer ein Berg oder Hügel abrupt aus dem Boden hervorbricht, in steilen, geraden Linien emporsteigt oder eine übermäßig raue, zerklüftete Erscheinung hat, ohne sanfte oder stufenweise Neigungen, dort findet sich gefährliches *ch'i.* Allgemein gesagt ist jede gerade Linie ein schlechtes Anzeichen, besonders dann, wenn sie auf den gewählten Ort zielt. Selbst ein Platz von dem aus sich beide, der Tiger zur Rechten und der Drache zur Linken, wie in einem Bogen krümmen, ist ein äußerst gefährliches Domizil, wenn von den Seiten in geraden Linien Grate herunterlaufen, die einem in diesen Bogen gespannten Pfeil gleichen. Auch ein Platz, reich an guten Vorzeichen, dessen entferntes Gegenüber ein geradliniger Grat, eine Wasserscheide oder auch ein Eisenbahndamm ist – wenn auch nicht in die Richtung des Platzes zielend, doch an seiner Vorderfront gerade entlanglaufend – wird einen Unheil bringenden Atem erzeugen.

Gerade Linien von Gebirgskämmen oder Hügelketten erzeugen also schädliches *ch'i*, ebenso ist es mit Bächen, Kanälen oder Flüssen, die in geraden Linien verlaufen. Wasser wird im *feng shui* immer als Anzeichen des Überflusses und Reichtums angesehen. Strömt das Wasser in geradem Verlauf ab, so bewirkt es, dass der Besitz der dort wohnenden Menschen ebenso wegfließen und sich zerstreuen wird. Gewundene, krumme Verläufe sind Anzeichen eines wohltätigen *ch'i*, sie halten und bewahren den vitalen Atem dort, wo er ist.

Ein weiteres Anzeichen für die Existenz eines schädlichen Atems sind abgelöste, abgesonderte Felsen und Geröllbrocken, es sei denn, diese sind beschirmt und überwuchert von Bäumen und Büschen. In *feng shui*-Büchern sind viele Beispiele von Grabmälern aufgeführt, die in der Nähe von mit dichter Vegetation überwachsenen und von hohen Bäumen beschatteten Felsen oder Findlingen platziert sind und einen überaus guten Einfluss auf Rang, Achtung, Reichtum, Langlebigkeit und Nachkommenschaft jener haben, deren Ahnen dort begraben sind. Doch irgendwann, sei es durch Gier, durch Unglauben gegenüber dem *feng shui,* sei es durch den Hass eines Feindes, wird veranlasst, dass die Bäume gefällt und die Sträucher, welche das Gestein überwucherten, abgeschlagen werden, worauf Schande und Unglück über diese Familie kommen; ihre Mitglieder werden ihres Ranges enthoben, ihre Einkünfte schrumpfen, ihr Reichtum zerstreut sich und ihre Nachkommen müssen hinaus auf die Landstraße, um zu betteln. Demzufolge findet sich in Hongkong, mit seiner Fülle über die Hügel verteilter Felsen und Gesteinsbrocken, ein Überfluss von bösartigem *ch'i.* Der übelste Einfluss wird dabei von einem merkwürdigen Felsen am Rand des Hügels in der Nähe von Wanchai verursacht. Von der »Queens Road East« kann er deutlich gesehen werden und Fremde erkennen in ihm oft Kain, wie er seinen Bruder Abel erschlägt. Für die Chinesen stellt er eine weibliche Figur dar, welche sie »die schlechte Frau« nennen. Ernst und unerschütterlich glauben sie, dass die ganze Unmoral von Hongkong und die Rücksichtslosigkeit und Laster von Taip'ingshan durch diesen verruchten Felsen verursacht werden. In den unteren Klassen Hongkongs ist dieser Glaube so fest, dass jene, die von den unmoralischen Praktiken profitieren, tatsächlich hingehen und diesen Felsen verehren, an seinem Fuß Weihrauch verbrennen und Opfergaben ausbreiten. Niemand wagt, ihn zu beschädigen, und ansonsten vernünftige Leute haben mir erzählt, dass einige Steinmetzen, die versuchten, an diesem Felsen Stein zu brechen, kurz darauf eines plötzlichen Todes starben. Gleichgültig ob diese schlechten Einflüsse von geradlinigen Hügeln oder Wasserläufen, durch Felsen und Geröll hervorgerufen werden, man kann ihnen entgegenwirken und sie abwehren. Um solch schädliche Einflüsse fern zu halten oder aufzuhalten, ist es am besten, hinter seinem Wohnsitz Bäume zu pflanzen und davor eine Zisterne oder einen Teich mit stetem Vorrat frischen Wassers zu halten; dies ist der Grund, warum in Südchina jede Stadt, jedes Dörfchen, jedes einzeln stehende Haus einen kleinen Hain hinter und eine Wasserstelle vor sich hat. Eine Pagode oder ein bewaldeter Hügel verfolgen den gleichen Zweck: Deshalb wirkt die Anhöhe von Kanton mit ihrer fünfstöckigen Pagode als Abwehr gegen schädliches *ch'i* und schützt die ganze Stadt. Ein anderer Kunstgriff gegen schlechte Einflüsse besteht darin, gegenüber der Haustür ein Schild oder ein achteckiges Brett mit den darauf gemalten Symbolen von *yin* und *yang* oder den »Acht Trigrammen« aufzustellen und dem Pfad zur Haustür einen gewundenen Verlauf zu geben. In Stein gehauene Löwen oder Drachen aus gebranntem Ton haben den gleichen Sinn und können entweder vor einem Gebäude oder auf dessen Dachspitze platziert sein. Bei weitem das beste und effektivste Mittel ist es jedoch, einen *feng shui*-Gelehrten zu engagieren, seinem Rat zu folgen und ihn dafür gut zu bezahlen.

SHIH T'AO*

Die »Eine Linie«

Yin und Yün

Die Vereinigung von Pinsel und Tusche ist jene von *yin* und *yün.* Die ununterschiedene Verschmelzung von *yin* und *yün* bildet das ursprüngliche Chaos. Und wie vermöchte man das ursprüngliche Chaos aufzuschließen, wenn nicht durch die »Eine Linie«? Beim Malen der Berge wirkt sie beseelend; sie erfüllt das Wasser mit Bewegung; sie verleiht den Wäldern Leben und den Personen Ungezwungenheit. Verwirklicht man die Vereinigung von Pinsel und Tusche, so beginnen sich *yin* und *yün* zu scheiden, und man schickt sich an, das Chaos aufzuschließen …

Inmitten des Tuschemeers soll die Lebensenergie kraftvoll hervortreten; an der Pinselspitze möge das Leben sich festigen und hervorquellen; auf der Bildfläche bewirke man die vollständige Wandlung; möge das Licht im Herzen des Chaos hervorbrechen …

Von »Einem« ausgehend, teilt sich die Vielheit; von der Vielheit ausgehend, gewinnt man das »Eine«. Die Metamorphose der »Einen Linie« erzeugt *yin* und *yün* – und auf einmal sind alle Möglichkeiten der Schöpfung vollendet.

(Über *yin-yün* heißt es im *I Ching:* »Das *yin-yün* des Himmels und der Erde ist die Uressenz, von der die Wandlungen aller Lebewesen ihren Ausgang nehmen.« Dieser taoistische Doppelbegriff bezeichnet die ursprüngliche Vereinigung von Himmel und Erde, die Vermählung der sich ergänzenden Gegenkräfte, aus der alle Erscheinungen hervorgehen.)

Die »Eine Linie«

Die »Eine (Erste) Linie« ist der Ursprung aller Dinge, die Wurzel aller Erscheinungen; ihr Wirken ist dem Geiste offenbar und liegt im Menschen verborgen, aber der gewöhn-

---

* Im Folgenden wird dem Wirken des *tao* in der chinesischen Malerei und Kalligrafie nachgegangen. Aus den »Gesprächen über die Malerei« *(Hua Yü Lu)* des SHIH T'AO, der von 1641 bis 1720 lebte, bringen wir zunächst Auszüge.

liche Mensch weiß nichts davon ... Die Malerei fließt aus dem Geist: Ganz gleich, ob es sich um die Schönheit von Bergen, Flüssen, Personen und Gegenständen handelt oder ob es sich um das Wesen und die Eigenart von Vögeln, Tieren, Pflanzen und Bäumen handelt oder ob es sich um die Maße und Proportionen von Teichen, Pavillons, Bauten und Terrassen handelt, man wird weder zu ihrem Wesen vordringen noch ihre vielfältigen Aspekte ausschöpfen können, wenn man letztlich nicht über das ungeheure Maß der »Einen Linie« verfügt. So weit man auch gehen, so hoch man auch steigen will, man muss mit einem einfachen ersten Schritt anfangen. So umfasst die »Eine Linie« alles bis zur unzugänglichen Ferne und auf Myriaden Pinselzüge kommt kein einziger, dessen Beginn und Vollendung nicht beschlossen liegen in der »Einen Linie«, deren Kontrolle ganz in der Hand des Menschen liegt. Mit dem Werkzeug der »Einen Linie« kann der Mensch im Kleinen eine größere Einheit wieder herstellen, ohne etwas davon zu verlieren: Von dem Augenblick an, in dem sich der Geist eine klare Vorstellung bildet, geht der Pinsel bis zur Wurzel der Dinge.

Zieht man den Pinselstrich nicht mit »leerem« Handgelenk, so führt das zu Fehlern in der Malerei; durch diese Fehler verliert das Handgelenk seine Leichtigkeit. Die Pinselschwünge müssen aus *einer* Bewegung hingeworfen werden und ihr öliger Charakter muss aus Kreisbewegungen entstehen, indem man zugleich Raum frei lässt. Die Schlussstriche sollten wie Schwerthiebe fallen und die Ansätze einschneidend sein. Bei allen Formen muss man gleichermaßen geschickt sein: bei runden und bei eckigen, bei geraden und gebogenen, bei steigenden und fallenden; der Pinsel geht nach links und nach rechts, plötzlich hält er inne, dehnt sich in der Schräge, bald fließt er hinab zu den Tiefen wie Wasser, bald steigt er empor wie die Flamme – und das alles mit größter Natürlichkeit und Leichtigkeit.

Und der Geist sei überall gegenwärtig ... So können die vielfältigen Aspekte der Wirklichkeit zum Ausdruck gebracht werden. Sich völlig dem Schwung der Hand überlassend, wird man mit einer einzigen Bewegung alles erfassen – sowohl die sichtbare Form als auch den inneren Rhythmus der Berge und Ströme, der Menschen und Dinge, der Vögel und Tiere, der Gräser und Bäume, der Teiche und Pavillons, der Gebäude und Terrassen. Man kann sie naturgetreu wiedergeben oder ihren Sinn ausloten; man kann ihre Eigenart ausdrücken oder ihre Stimmung einfangen; man kann ihre Ganzheit offenbaren oder sich mit Andeutungen begnügen.

Selbst wenn der Mensch seine Vollkommenheit nicht erkennen könnte, würde ein solches Gemälde doch den Forderungen des Geistes entsprechen. Denn die höchste Einfachheit schließt sich auf, sobald das Richtmaß der »Einen Linie« aufgestellt ist. Gilt dieses Richtmaß erst einmal, dann manifestiert sich die unendliche Vielfalt der Lebewesen … Deshalb heißt es in den »Gesprächen« des KONFUZIUS: »Mein Weg ist jener der Einheit, die das Allgemeine umfasst.«

Die Landschaft

Im Erlangen des universalen Prinzips verwirklicht sich das Wesen der Landschaft(smalerei). In der Beherrschung von Pinsel- und Tuschetechnik verwirklicht sich die schöne Form der Landschaft … Das Prinzip der Malerei und die Pinseltechnik sind nichts anderes als die Wesenssubstanz des Kosmos einerseits und seine äußere Schönheit andererseits. Die Landschaft(smalerei) drückt die Formen und Kräfte von Himmel und Erde aus … Das Hohe und Helle sind das Maß des Himmels, das Ausgedehnte und Tiefe das Maß der Erde. Mit Wind und Wolken bindet der Himmel die Landschaft; mit Flüssen und Felsen belebt sie die Erde. Bezieht man sich aber nicht auf dieses Grundmaß von Himmel und Erde, dann kann man nicht auf alle unvorhergesehenen Wandlungen von Himmel und Erde eingehen. Denn Wind und Wolken binden die verschiedenen Landschaften nicht auf dieselbe Weise; Flüsse und Felsen beleben nicht alle Landschaften, indem sie nur einer einzigen Pinseltechnik folgen.

Die ungeheure Weite der Landschaft: mit ihrem Gelände, das sich über tausende von Meilen erstreckt, mit ihren Wolken, die über zehntausende von Meilen dahinziehen, mit ihren Gipfeln und Klippen, die sich endlos aneinander reihen – selbst ein taoistischer Unsterblicher in seinem Flug käme nicht ans Ende, auch wenn er alles nur oberflächlich überblicken wollte. Nimmt man aber die »Eine Linie« zum Richtmaß, wird es möglich, an den Wandlungsvorgängen des Universums teilzuhaben, die Formen der Gebirge und Ströme zu ergründen, die ungeheure Weite der Erde auszumessen, die Anordnung der Bergspitzen festzustellen und die dunklen Geheimnisse der Wolken und Nebel zu entziffern. Sei es, dass man sich gerade hinstellt, einer weiten Ebene von tausend Meilen Ausdehnung gegenüber, sei es, dass man aus schräger Perspektive in die Flucht der tausend Gipfel blickt, immer wieder muss man auf dieses fundamentale Richtmaß des Himmels und der Erde zurückgreifen. Die »Eine Linie«, als Richtmaß des Himmels verwendet, bewirkt, dass die Seele der Landschaft sich wandeln kann; als Richtmaß der Erde bewirkt sie, dass sich der lebendige Atem der Landschaft ausdrücken kann.

Ich verfüge über die »Eine Linie«

Landschaftsbild mit Gedicht von Shih T'ao (1641–1720)

und deshalb kann ich die Form und den Geist der Landschaft erfassen. Vor 50 Jahren hatte ich noch keine Bekanntschaft mit den Bergen und Flüssen gemacht; nicht dass man sie hätte vernachlässigen können, aber ich ließ sie nur für sich selbst existieren. Jetzt aber geben mir die Berge und Ströme den Auftrag, für sie zu sprechen; sie werden in mir geboren und ich in ihnen. Ohne Unterlass habe ich bizarre Bergspitzen gesucht und sie skizziert; Berge und Flüsse sind meinem Geist begegnet und ihr Eindruck hat sich in meinem Geist verwandelt, sodass sie sich schließlich auf mich zurückführen lassen.

CHANG CHUNG-YUAN

Die große Stille in Malerei und Kalligrafie

Der Gedanke der reinen Reflexion, wie er von den frühen taoistischen Philosophen formuliert wurde, wurde später zum richtungsweisenden Prinzip in der Malerei, und durch Jahrhunderte hindurch haben ihn alle großen Künstler vertreten. Dies wird zum Beispiel durch die Schriften von CHANG YEN-YUAN, einem Kunsthistoriker aus dem 9. Jahrhundert, belegt. Einst wurde CHANG YEN-YUAN gefragt, wie der Meister WU TAO-TSU (680–760) Kurven, Kreisbögen und gerade Linien malen konnte, ohne jedes technische Hilfsmittel zu benutzen. Er antwortete, WU TAO-TSU sei mit dem Universum und allen Dingen eins gewesen, und deshalb sei sein Pinselstrich nicht mehr sein eigener gewesen, sondern sei zum schöpferischen Ausdrucksmittel aller Formen geworden.

Auf dieses grundlegende Prinzip der chinesischen Malerei geht auch (der Maler und Taoist) SHIH T'AO (1641–1720) in seinem *Hua Yü Lu,* dem Dialog über die Malerei, ein:

»Man kann Zirkel und Lineal gebrauchen, um Kreise und Rechtecke zu machen. Doch gibt es im Universum einen ständigen Prozess, durch den Kreise und Rechtecke geschaffen werden. Begreift man das Prinzip des Universums, dann ist man frei von der Notwendigkeit, künstliche Gebilde wie Zirkel und Lineal zu benutzen. Die Menschen sind an künstliche Regeln gefesselt, die ihnen zu Hindernissen und Begrenzungen werden. Wahre Methode wird im Akt der Schöpfung geboren und ist frei von Hindernissen und Begrenzungen. Begreift der Künstler das Universum, dann wird sich das *tao*-Gemälde entfalten.«

Was also ist das *tao*-Gemälde? Nach dem, was wir bereits gesagt haben, könnten wir es definieren als spontane Reflexion aus der eigenen inneren Wirklichkeit, ungebunden durch willkürliche äußere Regeln und unverzerrt durch innere Verwirrungen und Begrenzungen. In dieser spontanen Reflexion werden die eigenen Kraftreserven freigesetzt und die große schöpferische Kraft äußert sich ohne künstliche Bemühungen. Diese Methode der Nichtmethode in der Malerei ist die Anwendung der taoistischen Philosophie. Wie wir wissen, ist *tao* die ontologische Erfahrung, in der subjektive und objektive Wirklichkeit in eins verschmelzen. Diese Einswerdung findet nicht im bewussten Bereich und durch einen logischen Prozess statt, sondern es ist die innere Erfahrung, von der CHUANG TZU spricht, wenn er sagt: »Himmel und Erde werden mit mir geboren und alle Dinge und ich sind eins.« Diese Einheit in der Vielfalt ist unsichtbar und unergründlich und spontan.

Die Bedeutung der Einheit besteht darin, dass in jeder Besonderheit unendliche Potenzialität manifest ist. Wenn der Maler, der eins ist mit der Natur, seinen Pinsel ergreift, um das Besondere zu schaffen, dann wird sein Tun von der gesamten Lebenskraft der Universalität getragen …

Wenn sich deshalb die schöpferische Kraft manifestiert, dann gehen die Potenzialitäten der Universalität weit über die Fähigkeit eines jeden Individuums hinaus. In der Geschichte der chinesischen Malerei gibt es viele Beispiele von Künstlern, die behaupten, dass sie sich selbst im Akt des Malens vollkommen verlieren. WU CHEN (1280–1354), der als der »Taoist von den Pflaumenblüten« bekannt war, sagte einmal: »Wenn ich zu malen beginne, dann weiß ich nicht, dass ich male; ich vergesse völlig, dass ich es bin, der den Pinsel hält.« So befand er sich tatsächlich in jenem Zustand der Einheit, von dem LAO TZU sagt: »Das Eine erlangend, lebten und wuchsen alle Dinge.« So wurden, wie im Falle von WU CHEN, die größten Werke der chinesischen Malerei geschaffen, wenn alle Potenzialitäten des Universums den Pinselstrich des Künstlers trugen. Dies mag uns an den Zen-Spruch erinnern: »Ich hebe meinen Finger und das ganze Universum bewegt sich mit ihm.«

Wie schon erwähnt, muss die schöpferische Kraft aber auch in Bezug auf ein anderes Prinzip verstanden werden: das Unveränderliche im ewigen Wandel. Einheit ist sowohl statisch als auch dynamisch. Ihr statischer Aspekt ist das Unveränderliche; ihr dynamischer Aspekt ist der ewige Wandel. Bleibt das Unveränderliche in sich selbst, dann ist es Einheit, das Nichts, der Grund und das Reservoir der schöpferischen Kraft. Wandlungen sind Manifestationen des Wandellosen, das unendlicher Raum und endlose Zeit ist, die ursprüngliche Quelle aller Potenzialitäten in allen Dingen. Aus dieser unerschöpflichen Quelle schöpft der chinesische Künstler seine Kraft und aus ihr lebt seine Malerei. Wenn SU TUNG-P'O (1036–1101) den Pinsel aufnimmt, dann spürt er, wie die Potenzialitäten hervorsprudeln wie Quellwasser aus dem Boden, welches mit Leichtigkeit dahinfließt und tausend Meilen am Tag zurücklegen kann. Er gesteht, dass er diesen stillen, murmelnden Strom nicht definieren kann. Alles, was er weiß, ist, dass dieser innere Strom »fließt, wenn er fließen muss, und versiegt, wenn er versiegen muss«. Dieser innere Strom, der fließt und versiegt, entspringt dem Urgrund, dem Wandellosen im ewigen Wandel, dem Bewegungslosen in der ständigen Bewegung. Das Wandellose im Wandel und die Einheit in der Vielfalt sind ein und dasselbe.

Andere Namen dafür sind das Nichts, die Wirklichkeit. Es ist dieses Nichts, diese Wirklichkeit, nach denen der chinesische Maler mit Formen und Farben sucht und die er durch Formen und Farben offenbaren will. Wenn es dem Künstler gelingt, diese Wirklichkeit zu enthüllen, dann wird sein inneres Sein dadurch genauso gefördert, wie es durch die Meditation gefördert würde …

Das Kunstwerk ist tatsächlich ein Nebenprodukt des Zustands höchster Wirksamkeit. Dieser Zustand *geistiger* Verzückung ist die Grundlage schöpferischen Tuns; Kunstfertigkeit und Maßstäbe kommen erst an zweiter Stelle. Er ist eine Manifestation ontologischer Erfahrung. Der große Maler Ku K'ai-Chih (ca. 344–406) weist darauf hin, dass das Ziel der Malerei *ch'uan shen*, die Offenbarung des Geistes, sei. Er sagt:

»Formen werden gebraucht, um den Geist zu offenbaren; wenn er verloren geht, dann weicht man von dem Prinzip des Abtuns von ›Fischnetz und Schlinge‹ ab und verfehlt die Absicht der Malerei … Wenn es auch Licht und Schatten im Gemälde geben mag, so ist doch nichts besser, als ihren Geist auf sich wirken zu lassen, wenn man das Bild betrachtet« (vgl. Chuang Tzu Kap. XXXI).

Wang Wei (der Kritiker des 5. Jahrhunderts) betont die gleiche Vorstellung: »Wenn der Geist nicht durch die Form offenbar wird, dann ist das von der Form Dargestellte leblos.« Was in Bewegung ist, wird durch die Form offenbart, ist jedoch selbst nicht die Form. Ist der Geist nicht in Bewegung, so ist er die nicht offenbare Wirklichkeit in der Form; ist er in Bewegung, dann pulsiert er in der Schau des Betrachters. Die frühen Kritiker bezeichnen beide Aspekte der Kunst, den sichtbaren und den unsichtbaren, mit dem Wort *shen*. Wurde dieses Wort zur Beschreibung der Funktion der Bewegung in einem Bild gebraucht, so reichte es offenbar nicht aus, um die Vorstellung einer ununterbrochenen Bewegung zu vermitteln. Deshalb gebrauchten spätere Kritiker den erweiterten Ausdruck *shen yün*, geistiger Rhythmus, wenn sie von *shen* in Bewegung sprachen …

Im Jahre 478 pries der Kaiser Shun von Liu Sung den feinsinnigen und einfachen geistigen Rhythmus des großen Gelehrten und Staatsmannes Wang Chin-Hung. Er sagte: »Obwohl er als Beamter bei Hofe hohes Ansehen genoss, hatte er doch das im Sinn, was jenseits der Weltgeschäfte liegt. Sein klares Licht und wahres Verhalten inspirierten das Volk und reinigten seinen Geist.« Dieses klare Licht und das wahre Verhalten waren Manifestationen seiner inneren Kraft, die aus dem Kern seines Seins ausstrahlte. Ihre Schönheit rührte den Kaiser an und inspirierte das Volk.

In einem Gemälde oder einem Gedicht meint *shen yün* das, was in der Form ist und gleichzeitig über die Form hinaus auf den Betrachter übergeht …

Su Tung-P'o teilt in seinen Schriften diese Auffassung der Jenseitigkeit. Er sagt: »Wer seine Bewertung eines Gemäldes auf die Ähnlichkeit der Formen stützt, lässt ein kindlich unreifes Urteilsvermögen erkennen. Genauso ist jemand, der beim Schreiben eines Gedichtes vor allem auf seine Form achtet, weit davon entfernt, ein Dichter zu sein.« Der wahre Maler ist, genauso wie der wahre Dichter, nicht auf Gefälligkeit der Form bedacht, sondern ist bestrebt, den Rhythmus, der in der Form pulsiert und auf den Betrachter übergeht, zu vermitteln.

Chang Seng-Yu aus dem 6. Jahrhundert, der für seine Gemälde von Drachen berühmt war, ist ein gutes Beispiel hierfür. Man erzählt, dass er die Augen des Drachen immer erst ganz zuletzt ausführte. Zur Erklärung für dieses seltsame Vorgehen behauptet ein späterer Kommentator, dass die Drachen des Chang Seng-Yu sich aufschwangen und davonflogen, sobald ihre Augen gemalt waren. Diese hübsche Erklärung weist auf die große Lebendigkeit seiner Drachenbilder hin. Wenn er malte, war er in Kontakt mit den machtvollen kosmischen Kräften, die im Universum wirken. Wie Chang Seng-Yu, so waren sich auch andere Maler zunehmend des alldurchdringenden kosmischen Rhythmus bewusst, und man begann statt *shen yün* den treffenderen Begriff des *ch'i yün,* des Atemrhythmus, zu verwenden. Es ist interessant, dass das erste und grundlegendste Prinzip der sechs Regeln des Hsieh Ho (479–501) *ch'i yün sheng tung* lautete, was sich mit »der Atemrhythmus ist Lebendigkeit« übersetzen lässt. Je weiter sich die Malkunst entwickelte, desto häufiger wurde der Begriff *ch'i yün* dem des *shen yün* vorgezogen.

In dem frühesten taoistischen Klassiker, dem *Tao Te Ching,* erscheint das Wort *ch'i* zum ersten Mal. Lao Tzu sagt dort im 42. Spruch: »Die Zehntausend Dinge tragen *yin* und empfangen *yang,* in der Vereinung durch *ch'i* erlangen sie Harmonie.« Hsiung Shih-Li erklärt dazu: »Das *yin* steht für Form, das *yang* für Geist. Die Zehntausend Dinge, die alle Form haben und Geist enthalten, sind mit der Vielzahl in Bewegung. Wenn *yin* und *yang* harmonisieren, dann werden die Zehntausend Dinge verwandelt. Man nennt dies die Vereinung durch *ch'i.*« Wir sehen also, dass es die Funktion von *ch'i* ist, die Erscheinung *(yin)* mit der Wirklichkeit *(yang)* der »Zehntausend Dinge« zu vereinen. In der Malerei ist *ch'i* das, was die obiektive Wirklichkeit der Form offenbart. *Ch'i* lässt das Gemälde für sich bestehen und trägt es über sich selbst hinaus …

Über das Wirken der Lebenskraft

ch'i im Kosmos und in der Malerei schreibt der Maler und Kalligraf SHEN TSUNG-CH'IEN in der zweiten Hälfte des 18. Jahrhunderts:

»Das Universum besteht aus *ch'i* und die Malerei wird mit dem Pinsel und Tusche geschaffen. Die Malerei kann nur dann Ausgezeichnetes leisten, wenn *ch'i* so harmonisch aus Pinsel und Tusche fließt, dass es völlig mit dem kosmischen *ch'i* verschmelzen kann. Dann offenbart sich ein einheitliches Prinzip in der scheinbaren Unordnung der Erscheinungen. Daher ist es wichtig, dass die Vorstellung aller Gegenstände schon im Herzen des Malers vollendet ist, damit sich bei der Ausführung das Wässrige und das Dichte, das Helle und das Dunkle, das Schwache und das Starke, das Unsichtbare und das Sichtbare spontan verwirklichen und das Ganze von derselben Lebenskraft bewegt wird, die auch das All durchdringt. Nur so kann Malerei von höchstem Rang entstehen ...«

Die Diskussion des Pinselstrichs führt uns unvermeidlich zur Auseinandersetzung mit der chinesischen Kalligrafie. Es ist offensichtlich, dass Malerei und Kalligrafie von der technischen Seite her den gleichen Bedingungen unterliegen. Beide benutzen Pinsel und Tusche, Seide und Papier; beide folgen gewissen Regeln der Pinselführung. Und die oft verblüffende Ähnlichkeit zwischen den Symbolen der Kalligrafen und den Formen der Maler weist auf die gleiche Herkunft beider Kunstformen hin. Zusätzlich zu dieser äußeren Beziehung besteht ein enger innerer Zusammenhang der beiden Kunstformen, der das Ergebnis ihres gemeinsamen philosophischen Hintergrunds ist. Die folgende Aussage aus dem *Shu Tuan* (Beurteilung der Kalligrafie) von CHANG HUAI-KUAN (8. Jh. n. Chr.) bestätigt dies:

»Wer Kalligrafie wirklich versteht, der achtet nur auf den geistigen Rhythmus und nicht auf die Form der Schrift. Wenn wir unseren Geist läutern und die Quelle schauen, bleibt unserer Erkenntnis nichts verborgen ... Wenn die Pinselführung nicht aus der eigenen inneren Wirklichkeit entspringt, dann fehlt es ihr an geistigem Rhythmus.« Ein späterer Abschnitt dieses Buchs, in dem der Autor auf die Gras-Schrift eingeht, liest sich wie eine Abhandlung über die Philosophie der Malerei:

»Es besteht ein Unterschied zwischen der *k'ai shu* und der *ts'ao shu,* der »formellen Schrift« und der »Gras-Schrift«. Wenn der Kalligraf eine Vorstellung in der formellen Schrift ausdrückt, dann endet diese Vorstellung mit dem Abschluss der Schrift. Wenn er einen Gedanken jedoch in der Gras-Schrift niederschreibt, dann scheint die Bewegung immer weiter zu gehen. Manchmal sehen wir in dieser Schrift, wie sich Wolken sammeln und wieder verwehen, sie erscheint uns wie ein Blitzstrahl oder wie der fließende Strom der Milchstraße. Ihre Substanz ist das spirituelle Knochengerüst, sie ist in einem ständigen Prozess der Umwandlung … Welch großer Geist ein Kritiker auch sein mag, er kann sie nie hoch genug einschätzen, wie wohl geschult in Mathematik er auch sein mag, er kann ihre Stärke niemals messen. Üben wir das Handeln des Nichthandelns, dann wird unser Pinselstrich dem Wirken der Natur gleichen. Vereinen wir unsere Schrift mit dem wahren Wesen der Dinge, dann folgen wir dem fundamentalen Prinzip der schöpferischen Kraft. Niemand weiß, wie dies geschieht. Wir müssen es mit unserem Herzen begreifen; es lässt sich nicht in Worte fassen.«

Chinesische Kalligrafie und Malerei gründen auf der gleichen philosophischen Basis …

Die Belebung des Pinselstrichs, auf die die chinesischen Maler abzielten, war ursprünglich ein wesentliches Element der chinesischen Kalligrafie. Die Kalligrafen lehrten, der Pinselstrich könne in seiner Bewegung schnell sein wie ein Blitzstrahl oder stetig dahinkriechen wie eine Gartenkröte; er könne einen feinen Strich ausziehen, als zöge man einen Seidenfaden aus einem Kokon, er könne einen Punkt setzen, als lege man einen schweren Felsblock nieder, oder er könne eine geschwungene Linie beschreiben wie ein gespannter Stahlbogen. Alle diese Aktivitäten des Pinsels vermitteln etwas, das jenseits einer Linie oder einer Gruppe von Linien liegt. Die unbeschreibliche Feinfühligkeit des Pinselstrichs eines Künstlers offenbart das Wunder des geistigen Rhythmus. Viele der großen Meister der Malerei … waren auch hervorragende Kalligrafen. Der große Meister des Pinselstrichs in der chinesischen Malerei, Wu Tao-Tzu (680–760) erhielt seine Ausbildung bei Chang Hsü (1. Hälfte des 8. Jahrhunderts), dem bedeutenden Gras-Schrift-Kalligrafen. Seine Gemälde verdankten ihre vitale Kraft den dynamischen Bewegungen seines Pinsels. Die Feinfühligkeit und Kraft, die in seinen Pinselstrichen zum Ausdruck kamen, waren zweifellos eine Frucht seiner kalligrafischen Schulung. Dies zeigt ganz deutlich, dass die in der Kalligrafie gewonnene Übung in die Malerei mit hinübergenommen wird.

Die Beziehung zwischen chinesischer Kalligrafie und Malerei ist jedoch nicht nur auf die Ähnlichkeit der Form beschränkt, wie sie sich zum Beispiel in der Anweisung für den Anfänger zum Malen von Bambus zeigt. Die erste Lektion der Anweisungen zum Bambusmalen weist darauf hin, dass drei Stile der Kalligrafie als Vorbild für die Pinselführung beim Malen von Bambus gebraucht werden können: Für den Stamm soll man sich nach *li shu,* dem »offiziellen Stil« der Kalligrafie richten, für die Zweige nach *ts'ao shu,* dem Gras-Stil, und für die Blätter nach *k'ai shu,* dem formellen Stil. Die Anwendung dieser verschiedenen Stile der Kalligrafie betont die Ähnlichkeit der äußeren Form der Pinselstriche. Wenn wir jedoch etwas tiefer in die Materie eindringen, so erkennen wir, dass solche Gleichsetzung der Formen nur an der Oberfläche bleibt und durchaus beschränkt ist. Die verblüffende Ähnlichkeit der äußeren Formen sagt nichts über den inneren Zusammenhang, der zwischen den beiden chinesischen Kunstformen besteht. Nur ein tiefer gehendes Studium enthüllt uns diesen Zusammenhang.

Sehen wir uns die alten chinesischen Schriften an, so finden wir, dass viele der ideografischen Symbole die poetische Intuition des Autors erkennen lassen, die später eine so wichtige Rolle in der chinesischen Kunst spielen sollte. So ist zum Beispiel das Symbol für *ming* oder Licht nicht allein aus der äußeren Beobachtung des Mondes vor einem Fenster entwickelt, sondern das gewählte Motiv deutet auch auf eine innere Erfahrung hin. Um die Vorstellung des Lichts auszudrücken, hätte man eine Reihe anderer Symbole wählen können – z. B. die aufgehende Sonne oder das Feuer –, doch offensichtlich entsprachen diese nicht der beim Schöpfer dieses Zeichens vorherrschenden Stimmung. Die in den

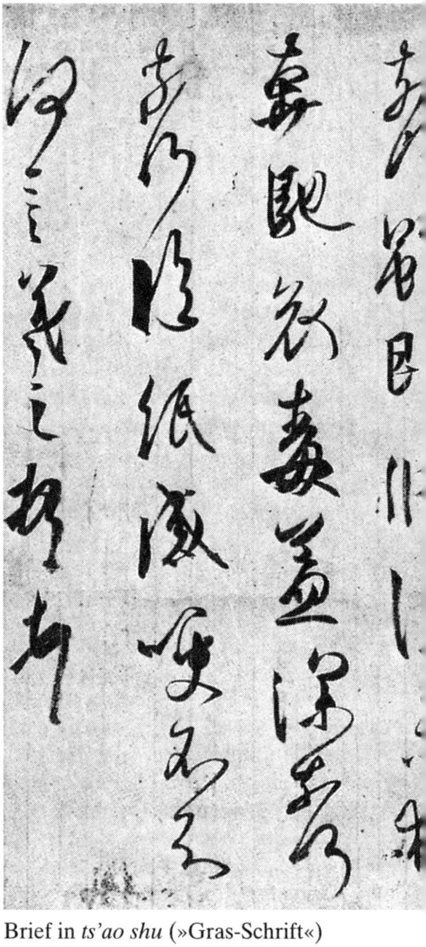

Brief in *ts'ao shu* (»Gras-Schrift«) von Wang Hsi-Chih (307–365)

Zeichen ausgedrückten Vorstellungen verraten die poetischen Gefühle des Erfinders dieser uralten Symbole in jenem Moment, als er anhob, sie in einen Knochen oder auf ein Muschelstück zu ritzen. Die

Bambus und Orchis mit Kalligrafie in *hsing shu* von Cheng Hsieh (1693–1765)

Zeichnung eines Mondes vor dem Fenster übermittelt die schöpferische Intuition ihres Erfinders, der vielleicht gerade am Fenster saß und zum Mond aufblickte, der hell in der dunklen Nacht leuchtete.

Ein weiteres Beispiel mag unsere Behauptung stützen, dass schöpferische Intuition in den Erfindern der alten chinesischen Schrift am Werke war. Das Schriftzeichen *hsien,* das so viel wie Muße, Stille, sich ausruhen meint, besteht aus zwei Teilen: einer geschlossenen Tür und dem Mond. Diese Zeichnung weist darauf hin, welches Gefühl den Erfinder des Zeichens erfüllte, wenn er das Mondlicht durch die geschlossene Tür strömen sah. Beim schöpferischen Impuls in einem solchen Fall lässt sich wohl kaum zwischen Kalligraf und Maler unterscheiden. Das Erwachen der schöpferischen Intuition ist in beiden Fällen das gleiche. Selbst viel später noch, als sich die Kalligrafie in verschiedenste verfeinerte Stilrichtungen entwickelt hatte, ließ sich das grundlegende Prinzip der Kalligrafie in der Darstellung eines ihrer großen Meister genauso gut auf die Malerei anwenden. Li Ssu aus dem 3. vorchristlichen Jahrhundert, der Urheber der Kleinen Siegelschrift, vertritt folgende Philosophie der Kalligrafie:

»Die Kunst der Kalligrafie ist äußerst subtil. Durch *tao* erreicht sie Harmonie mit der Natur … Man muss den Pinselstrich der Spontaneität überlassen und kann ihn im Nachhinein nicht korrigieren. Wenn sich der Pinsel langsam dem Ende des Striches nähert, wirst du dich fühlen wie ein Fisch, der vergnügt im Strom schwimmt. Wenn der

Strich nach außen schwingt, wird es sein, als erhöben sich Wolken hinter den Bergen. Manchmal ist der Strich gekringelt, manchmal gerade; manchmal ist er leicht, manchmal schwer. All diese Striche entspringen der eigenen Imagination, welche zur Wahrheit führt.«

Hier wird die Vorstellung des *tao* zum ersten Mal als das Grundprinzip der Kalligrafie erwähnt, als die Harmonie des Pinselführenden mit der Natur. Leider ist uns nur dieser Bruchteil der Schriften von LI SSU überliefert; wie unvollständig die Aussage auch sein mag, sie ist doch von großer Bedeutung. Später, im 2. Jahrhundert, hat der große Gelehrte und Kalligraf TS'AI YUNG (132–198 n. Chr.) die Prinzipien der Kunst des Schreibens auf dem Grundgedanken der inneren Stille als Quelle des schöpferischen Impulses basierend beschrieben. Das Motiv des Schreibens, so sagt er, steigt aus dem Inneren auf. In seinem »Essay über das Arbeiten mit dem Pinsel« bezeichnet er die Kalligrafie als eine Freisetzung des eigenen Selbst. Wenn jemand den Pinsel ergreife, solle er sich befreien in Natürlichkeit und Spontaneität. Diese Befreiung wird durch Meditation und Versenkung erreicht. Aus der Stille steigt einem dann die Stimmung auf und der Pinsel folgt ihr. TS'AI YUNGS Empfehlung der höchsten Vollendung in der Kunst gehört zu den frühesten bekannten Schriften dieser Art in der chinesischen Geschichte. Es ist offensichtlich, dass seine Vorstellungen von der taoistischen Lehre beeinflusst waren.

TS'AI YUNG war der größte Kalligraf, den China hervorgebracht hat. In seiner Geschichte der Kalligrafie (845 n. Chr.) sagt CHANG YEN-YUAN, Kalligrafie als eine Kunst habe praktisch mit TS'AI begonnen, der bei einem religiösen Meister in die Schule gegangen sei. TS'AI lehrte seine Tochter WEN CHI die Kunst, die sie wiederum an CHUNG YUAN, einen anderen bekannten Kalligrafen, weitergab. CHUNG YUAN lehrte die Dame WEI (272–349), und deren Schüler war der bekannte WANG HSI-CHIH (307–365). Viele Lehrer-Schüler-Generationen nach WANG HSI-CHIH kam ein weiterer großer taoistischer Kalligraf, YÜ SHIH-NAN (558–638), der die taoistische Philosophie der Kalligrafie weiter ausdeutete. Da es sich bei seiner Schrift um ein wichtiges Dokument handelt, möchte ich sie recht ausführlich zitieren:

»Wenn man den Pinsel in die Hand nimmt, dann muss man sein Sehen zurücknehmen, das Hören umkehren, alle Gedanken abtun und sich auf die spirituelle Wirklichkeit konzentrieren. Wenn der Geist still und der Atem harmonisch ist, dann wird das Werk ins Allerfeinste eindringen. Wenn der Geist nicht still ist, dann wird die Schrift nicht gerade sein, wenn der Atem nicht harmonisch ist, dann wird es ihr an Charakter mangeln …

Kalligrafie enthält die Essenz der Kunst. Die Pinselführung folgt dem Prinzip des *wu wei* (des Nichteingreifens). Basierend auf der Vorstellung von *yin* und *yang* (Nichtaktion und Aktion) bewegt sich der Pinsel und hält ein. Die Schriftzeichen werden geformt aus der Erkenntnis der Essenz der Zehntausend Dinge. Die Natur und ihre Wandlungen zu verstehen, heißt, das Beständige im ewigen Wandel zu kennen. Die Kunst der Kalligrafie ist subtil und geheimnisvoll. Sie gründet in der spirituellen Durchdringung, nicht auf künstlicher Bemühung. Ihre Voraussetzung ist Erleuchtung des Geistes und nicht die Sinneswahrnehmung. Die Form des Schriftzeichens ist das, was man mit den Augen aufnehmen kann, aber unser Gesichtssinn hat seine Begrenzungen und Hemmnisse. Wenn man sich nur an die äußere Struktur der Schriftzeichen hält, dann wird einem ihre materielle Substanz im Wege stehen.

Ein Blick auf das Wasser lässt uns den Unterschied zwischen dem Begrenzten und dem Unbegrenzten erkennen. Wasser lässt sich zum Beispiel in eine runde oder in eine eckige Vase füllen, aber die Eigenschaften der Rundheit oder Eckigkeit sind keinesfalls die Eigenschaften des Wassers. Die Subtilität des Pinselstrichs des Kalligrafen entspricht, so könnte man sagen, dem Wasser und die Rundheit oder Eckigkeit des Wassers in der Vase entspricht der Form des Schriftzeichens. Wenn man sich nur an die Form des Schriftzeichens hält, dann sind – obwohl das, was wir sehen, ein und dasselbe zu sein scheint – das Begrenzte und das Unbegrenzte durchaus voneinander verschieden.

Erkennen wir eine Stimmung in einer Kalligrafie, dann heißt das, dass der Geist freudig war. Wenn der Geist Freude erfährt, dann ist er der Nichtgeist, durchdrungen von und einsgeworden mit allen Wundern ... Zur Umwandlung seines Bewusstseins nimmt sich der Kalligraf den Pinsel, aber es ist nicht der Pinsel, der das Wunder wirkt. Die Umwandlung kann nur stattfinden, wenn das Bewusstsein still ist und in das Allersubtilste vordringt. Dann antwortet der Geist und das Bewusstsein ist durchsichtig. Dies ähnelt dem Zupfen der Harfe; seidige Töne und feine Melodien werden mit Leichtigkeit erzeugt. In der Kalligrafie wird die innere Stille freigesetzt, wenn sich der Pinsel bewegt. Begreift der Lernende den Sinn des *tao,* dann wird sein Werk dem Prinzip des *wu wei* folgen. Sollte er jedoch nach der Schönheit bloßer Erscheinungsformen sehen, bleibt er unwissend.«

II. Wege

Den Bahnen der Gestirne und der Menschen
Trau ich nicht,
Den Weg der Götter und der tao-*Priester,*
Die acht ich nicht gering.
Doch fragt ihr mich, wie man
Das tao *zu kultivieren habe,*
So sage ich: »Bestell des Geistes Feld
Und pflege diesen Körper recht!«

Aus einem taoistischen Lehrgedicht von Lü Yen

SHEN SHOU

Der älteste Ch'ikung-Text

Für *ch'ikung* gibt es in den alten chinesischen Texten verschiedene Bezeichnungen, wie *ch'i* (den Atem) bewegen, *t'u na* (das Alte ausstoßen und das Neue einziehen), ein- und ausatmen, blasen, *ch'i* konzentrieren, *ch'i* schlucken oder verschlingen, *ch'i* nähren, üben und regulieren usw. Bei diesen Techniken gibt es zwar kleine Unterschiede, aber alle gehören zweifellos zum *ch'ikung.* Die Bezeichnung *ch'ikung* ist nicht besonders alt und bedeutet in Wirklichkeit »die Tätigkeit (Leistung) des *ch'i*-Bewegens« *(hsing ch'i chih kung).* Das gesamte heutige *ch'ikung* in Therapie und Kampfkunst hat sich aus den Übungsmethoden des Altertums entwickelt.

Bei Ausgrabungen in China entdeckte man in jüngster Zeit das älteste Dokument zum *ch'ikung,* das für das Studium des *ch'ikung* von größtem Wert ist: Es handelt sich um einen Jadestab mit zwölf Seitenflächen, auf denen eine Inschrift eingeritzt ist. Nach Meinung der Archäologen stammt der Stab aus der ersten Hälfte der Epoche der Kämpfenden Staaten (475–221 v. Chr.) und kann etwa auf das Jahr 380 datiert werden; mit anderen Worten, der Jadestab ist über 2300 Jahre alt. Der Text könnte allerdings noch älter sein, und deshalb kann man nicht ausschließen, dass er über 2400 Jahre alt ist und in die Frühling- und Herbst-Periode (770–476 v. Chr.) zurückreicht. Selbstverständlich ist dies die älteste Inschrift zur physikalischen Therapie, nicht nur in China, sondern in der ganzen Welt.

Die Inschrift, die auf die zwölf Seitenflächen des Stabs eingeritzt ist, hat auf jeder Seite drei Schriftzeichen (in Siegelschrift); da aber neun Zeichen doppelt zählen (d. h. im Text zweimal, auf der Inschrift aber nur einmal vorkommen), kommt man auf insgesamt 45 Schriftzeichen. Das Original befindet sich im Museum der Stadt T'ienchin (Tientsin).

Der Dichter, Gelehrte und Staatsmann Kuo Mo-Jo (1892–1978) hat in seinem Aufsatz »Die dialektische Entwicklung der alten Schriftzeichen« eine Textfassung und Erläuterung dieser Inschrift unternommen. Nach dieser Fassung lautet die wortgetreue Übersetzung des Sinologen Hellmut Wilhelm:

»Beim Atmen *(ch'ikung)* verfahre man (also):
Man hält (den Atem) an und er sei gesammelt.
Ist er gesammelt, so dehne er sich aus.
Dehnt er sich aus, so gehe er hinab.
Geht er hinab, so sei er ruhig.
Ist er ruhig, so sei er gefestigt.
Ist er gefestigt, so keime er.
Keimt er, so wachse er.
Wächst er, so werde er (nach oben) zurückgezogen.
Wird er zurückgezogen, so erreiche er den Scheitel.
Im Scheitelpunkt stoße er oben an.
(Die Himmelskraft pocht nach oben.)
Im Tiefpunkt stoße er unten an.
(Die Erdkraft pocht nach unten.)
Wer diesem folgt, wird leben.
Wer diesem entgegenhandelt, wird sterben.«

Dieser Text gehört offensichtlich zur Gattung der Dreiwortgedichte der frühen *Ch'in*-Zeit (221–206); sein Inhalt kann so zusammengefasst werden: Beim *ch'ikung* im Stehen durchläuft *ch'i* im Körper einen vollständigen Kreislauf. Gleichzeitig kommt der Text auch kurz auf die Übungsmethode beim *ch'ikung* und ihre Wirkung zu sprechen. Bei der Übung des *ch'ikung* atmet man durch die Nase reines *ch'i* (*ch'ing*

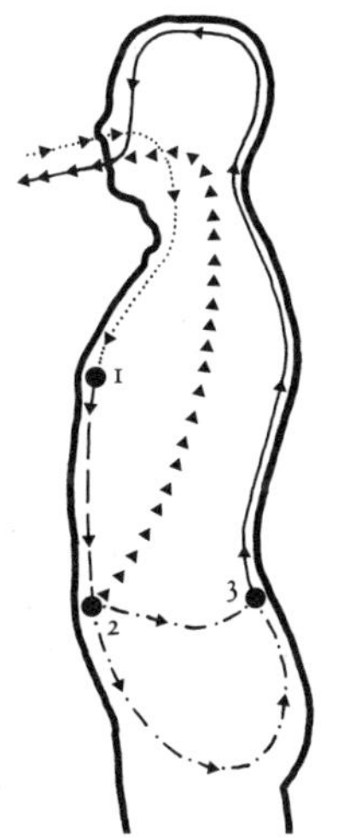

Der Kreislauf des *ch'i*

- ·········· *ch'ing ch'i* (reines *ch'i*)
- – – – – – *tsung ch'i* (wesentliche Energie)
- ▸▸▸▸▸▸▸▸ *chuo ch'i* (unreines *ch'i*)
- – · – · – · *ching ch'i* (Lebensessenz – *ch'i* und *ching*)
- ———— *shen ch'i* (spirituelle Energie)

ch'i, reine Energie) tief ein; so kann sich in der Brustmitte (am Punkt *shan chung* [1]) wesentliches *ch'i* (*ts'ung ch'i,* wesentliche Energie) sammeln. Wenn sich dort genügend *ts'ung ch'i* gesammelt hat, dann kann es sich im Körper nach unten ausdehnen und zum Zentrum (unteres *tan t'ien* [2]) sinken. Dort angekommen, hält man den Atem und *ch'i* ganz leicht fest; auf diese Weise bewahrt man etwas *ch'i* im *tan t'ien.* Dadurch kann sich von selbst Lebensessenz ansammeln (*ch'ing ch'i* = Essenz + *ch'i*) und konzentrieren. Bei diesem Umwandlungsprozess entsteht auch unreines *ch'i (chou ch'i),* welches dann zur Lunge zurückgeschickt wird und sodann allmählich den Körper verlässt. Zugleich fließt die zurückgebliebene Lebensessenz zur »Pforte des Lebens«, dem Punkt *ming men* (auf der Wirbelsäule gegenüber dem unteren *tan t'ien* [3]) damit sich dort ein Energievorrat für alle Teile des Körpers ansammeln kann. Sobald das unreine *ch'i* ausgeatmet ist, zeigt sich bei der Lebensessenz eine entsprechende Blüte und Aktivität. Weil die spirituelle Energie *(shen ch'i)* des Menschen entscheidend von einem ausreichenden Vorrat an Lebensessenz abhängt, kann sie nun von allein nach oben zum Scheitelpunkt steigen, während unreines *ch'i* ausgestoßen wird und die Lebensessenz sich anreichert.

Diese Erläuterung der ersten neun Sätze der obigen Inschrift beschreibt, wie in einem vollständigen Kreislauf der Energie »das Alte ausgestoßen und das Neue eingezogen« *(t'u ku na hsin)* wird, und basiert auf der medizinischen Theorie des *Huang Ti Nei Ching,* der ältesten klassischen Schrift der chinesischen Medizin. Was die Übungsmethoden angeht, so gibt es ganz deutliche Beziehungen zwischen diesem alten Text und den zahlreichen Schulen und Theorien des *ch'ikung,* die auf eine über 2000-jährige lebendige Tradition zurückblicken können. So heißt es in einem medizinischen Traktat aus dem 17. Jahrhundert: »Nachdem man reines *ch'i* durch die Nase eingeatmet hat, lenkt man es mithilfe der Sehkraft und des Speichels zum unteren *tan t'ien* und hält es dort etwas fest. Das bedeutet ›einmal einatmen‹. Indem man den Aftermuskel leicht anzieht, lässt man *ch'i* mithilfe der Vorstellung und der Sehkraft durch den Lenker-Meridian hochsteigen, vom Steißbein (›unteres Tor‹) über das ›mittlere Tor‹ und durch das ›Jadekissen‹ (›oberes Tor‹/Hinterkopf) zum *nao kung* (›Gehirnpalast‹). Das bedeutet ›einmal ausatmen‹. Wenn man dies unablässig übt, dann wird die Lebenskraft *(ching shen)* stark und blühend, und die hundert Krankheiten können nicht entstehen.« Hier handelt es sich um nichts anderes als den »Kosmischen Kreislauf«, wie er auch heute noch geübt wird. Im Großen und Ganzen stehen die fünf Schriftzeichen (der alten Inschrift)

»anhalten«, »sammeln«, »ausdehnen«, »hinabgehen« und »ruhig sein« zusammen für »einmal einatmen«. Vor allem die entsprechenden Sätze der Jadeinschrift – »wenn er nach unten gesunken ist, wird er ruhig« – und des späteren Textes aus dem 17. Jahrhundert – »... lenkt man *ch'i* ... zum unteren *tan t'ien* und hält es dort etwas fest« – entsprechen sich; beide Texte beschreiben gleichermaßen, wie das innere *ch'i (nei ch'i)* durch den Diener- und Lenker-Meridian zirkuliert. In dem späteren Text wird noch eine besondere Methode des »Kosmischen Kreislaufs« erwähnt, zu der als Besonderheit das Atemanhalten gehört und bei der man in vier Schritten vorgeht, was in den folgenden vier Schriftzeichen zusammengefasst wurde:

1. *tso* – »zusammendrücken«: den Aftermuskel zusammendrücken und etwas nach oben ziehen,
2. *ti* – »anlegen«: die Zungenspitze an den Vordergaumen anlegen,
3. *pi* – »schließen«: die Augen schließen und nach oben drehen,
4. *hsi* – »einatmen«: durch die Nase einatmen und nicht ausatmen.

Konkret übt man wie folgt: »Nach dem Einatmen durchläuft *ch'i* den Diener-Meridian und fließt dann durch den angezogenen After zum Steißbein (›unteres Tor‹); von der Vorstellungskraft angetrieben, steigt es langsam zum ›mittleren Tor‹ und beschleunigt sich allmählich. Indem man die Augen schließt und nach oben dreht, durch die Nase ein-

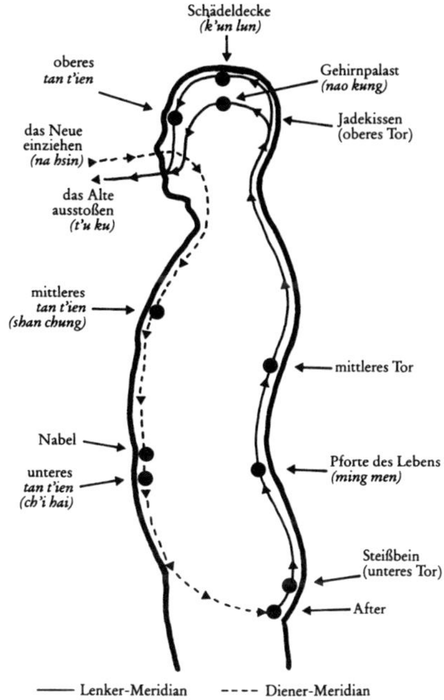

Kosmischer Kreislauf

atmet und nicht ausatmet, durchstößt *ch'i* das ›Jadekissen‹ (›oberes Tor‹). Dann dreht man die Augen wieder nach vorne; nun kreist *ch'i* durch den *k'un lun* (Schädeldecke) und fließt über die ›Elsterbrücke‹ (Zunge) hinab. Danach schluckt man mehrmals den Speichel in kleinen Portionen, damit *ch'i* den ›Purpurpalast‹ (Herz) betreten und zum ›Meer des *ch'i*‹ (dem Punkt *ch'i hai*), zum Zentrum im unteren *tan t'ien,* zurückkehren kann. Dort hält man es kurz fest und wiederholt den Kreislauf noch zweimal.«

Auch wenn diese Beschreibung etwas kompliziert ist und außerdem

noch das Atemanhalten hinzufügt, entspricht die Erklärung des »Kosmischen Kreislaufs« doch den anderen Quellen und man kann unschwer erkennen, dass die obigen Texte aus ein und derselben Quelle stammen müssen. Weil der Originaltext ziemlich viele medizinische und taoistische Fachausdrücke enthält, soll dieser Kreislauf durch ein Diagramm veranschaulicht werden.
Im Text der Jadeinschrift ist im zehnten und elften Satz von *t'ien ch'i* und *ti ch'i* die Rede. Das beiden Ausdrücken gemeinsame *ch'i* könnte man hier als »Kraft« (treibende Kraft des Universums) deuten.
Die Alten vertraten die Auffassung, dass sich im menschlichen Körper der Sitz der Himmelskraft *(t'ien ch'i)* im Kopf, der Sitz der Erdenkraft *(ti ch'i)* in den Füßen befindet. Bei der Übung des *ch'ikung* im Stehen sollte der Mensch wie eine Himmelssäule aussehen: Die Haltung ist aufrecht-gestreckt, *ch'i* ist zum Zentrum gesunken, der Kopf darf nicht nach unten hängen, beide Beine sollen so fest stehen wie Säulen aus Jade zwischen Himmel und Erde: Nur auf diese Weise folgt der Übende dem Gesetz von Himmel und Erde. Diese Haltung fördert auch die Zirkulation des inneren *ch'i*, damit auch die kleinste Stelle des Körpers mit *ch'i* versorgt werden kann. Und warum ist diese Inschrift ausgerechnet auf die Seiten eines Jadestabs eingeritzt, der so wie eine eckige Säule aussieht? Sollte damit ursprünglich *ch'ikung* im Stehen symbolisch dargestellt werden als »Jadesäule, die den Himmel stützt«, dann handelt es sich hier um einen ungewöhnlich originellen künstlerischen Einfall!
In den beiden obigen Sätzen der Jadeinschrift kommt auch das Schriftzeichen *ch'ung* 舂, »dreschen«, vor. Dies könnte auch eine alte Schreibart für *chuang* 桩, »Pfahl« oder »Stange«, sein – und der Stand bei dieser Art von *ch'ikung* heißt auf Chinesisch ja *chan chuang* 站 桩, »stehender Pfahl«. Jedoch könnte hier eher das Bild des »Dreschens« in alter Zeit in Analogie zum Auf- und Abwärtskreisen des inneren *ch'i* beim *ch'ikung* im Stehen gebraucht sein.
Was die beiden letzten Sätze auf der Inschrift angeht – »Wer diesem folgt, wird leben. Wer diesem entgegenhandelt, wird sterben« –, so finden sie sich häufig in medizinischen Werken aus allen Epochen. Wir lesen z. B. in einem alten Werk in einer »Abhandlung über Himmel und Erde«: »Der Himmel steht in Harmonie mit dem Menschen; der Mensch richtet sich nach dem Himmel. Wenn man die mit- und gegenläufigen Bewegungen von Himmel und Erde betrachtet, dann erkennt man Verfall und Blüte des Menschen. Der Mensch hat hundert Krankheiten, die Krankheiten haben hundert Symptome; dies alles entsteht aus der *yin-yang*-Bewegung von Himmel und Erde.« Im

selben Buch steht in der »Abhandlung über das Wachstum des Lebens«: »Die fünf Speicherorgane und die fünf Wandlungsphasen (›Elemente‹) entstehen und wachsen gemeinsam und Tag und Nacht kreist *ch'i* ohne Anfang und Ende. Folgt man dieser Bewegung, so ist es günstig; wenn man sich dieser Bewegung widersetzt, so führt das ins Unglück. Das *yin-yang* von Himmel und Erde und der Zyklus der fünf Wandlungsphasen nähren den Menschen. Wenn man entsprechend lebt, kann man über das Gesetz von *yin* und *yang* hinausgehen, nach den geheimen Kräften von Himmel und Erde streben und froh in den Zyklus der fünf Wandlungsphasen einwilligen.«

In der »Abhandlung über Kälte und Hitze« heißt es: »Die Regel von ›Widerstreben und Folgen‹ *(ni shun)* richtet sich nach der Bewegung von Himmel und Erde und hat ihren Ursprung im *yin-yang*-Prinzip. Wer dem folgt, wird lange leben; wer dem widerstrebt, muss sterben.«

Dies steht in völliger Übereinstimmung mit den beiden Schlusssätzen der Jadeinschrift. Die Beziehung zwischen den beiden Texten zeigt sich auch in dem, was zu den Kräften von Himmel und Erde gesagt wird. Ferner wird im Text der Inschrift wiederholt auf die beiden Bewegungsrichtungen des *ch'i* hingewiesen: Wenn *ch'i* richtig fließt *(shun)*, dann gedeiht *ching*, die Essenz, und *shen*, die spirituelle Energie, blüht. Dies besagt, dass die Lebenskraft des Menschen in voller Blüte steht. Wenn *ch'i* jedoch gegenläufig fließt *(ni)*, dann erschöpft sich die Essenz und es mangelt an spiritueller Energie; dies sind Anzeichen für Verfall und Tod. Folglich wird hier erklärt, wie förderlich die Übung des *ch'ikung* für die »drei (taoistischen) Schätze« *ch'i*, *ching*, *shen* sein kann, und dabei gleichzeitig deutlich betont, dass man bei diesen Übungen der Natur folgen sollte. Das bedeutet, sich den Erfordernissen anzupassen, wie sie der ständige Wechsel im *yin-yang* von Himmel und Erde in den Jahreszeiten der »Großen Natur« und in der äußeren Umgebung mit sich bringt.

Zusammenfassend kann man feststellen, dass dieser knappe Text auf dem alten Jadestab von höchstem Wert ist, wenn man die Quellen, die Geschichte und die nachfolgende Entwicklung des *ch'ikung* erforschen will – dieser für China so eigentümlichen Methode der Therapie und des Kampfkunst-Trainings. Dieser Text zeigt außerdem noch die für das alte *ch'ikung* vor der *Ch'in*-Zeit charakteristischen Merkmale wie Schlichtheit, Offenheit und Verzicht auf alles Beiwerk. Auch die verschiedenen Schulen des *ch'ikung* in unserer Zeit können sich gewiss von diesem Text leiten lassen und mit Nutzen daraus lernen. Deshalb möchte ich allen empfehlen, sich noch weiter mit dem Studium dieser Inschrift zu beschäftigen.

JOSEPHINE ZÖLLER

Ch'ikung, eine chinesische Ganzheitsmedizin

Den Arm eines *ch'ikung*-Meisters gegen seinen Willen zu umfassen, wird uns nicht gelingen. Zwischen seinem Arm und der umgreifenden Hand ist etwas, das man nicht sieht, das aber die Berührung des Armes unmöglich macht.

Ein Mann lässt sich von einem Lastwagen überfahren, steht auf, klopft sich den Staub von seinen Kleidern und geht davon. Ein Mensch springt hoch und kommt mit der Gewalt von einer Tonne Gewicht wieder auf den Boden.
Das ist *ch'ikung,* hartes *ch'ikung*!
Es gibt auch anderes *ch'ikung,* das wesentlich weniger spektakulär ist: ein Mensch in Meditationshaltung, der sein *ch'i* mit Atem und Vorstellung durch seinen Körper lenkt; die vielen Menschen, die in China frühmorgens im Park und auf Plätzen *taichi chuan* üben und damit ihre Gesundheit pflegen. Spektakulärer sind da schon die Röntgenaufnahmen eines an Lungenkrebs Erkrankten vor und nach der Behandlung mit *ch'ikung*!
In Krankenhausgärten und in den Parks der großen Städte sieht man immer öfter Gruppen von Kranken – zumeist mit chronischen Leiden –, die unter Anleitung eines Therapeuten *ch'ikung* üben und damit ihre Krankheit lindern, zum Stillstand bringen und nicht selten vollkommen heilen. Eine der Hauptinitiatorinnen für den Einsatz des *ch'ikung* als Therapie, Frau Kuo Lin, erkrankte in den 1950er-Jahren an einem Uteruskarzinom und wurde sechsmal operiert, dennoch entstanden immer neue Metastasen. In ihrem hoffnungslosen Zustand erinnerte sie sich einer Reihe von meditativen Atem- und Bewegungsübungen, die sie in ihrer Kindheit von ihrem Großvater, einem Taoisten, erlernt, aber seither nicht mehr praktiziert hatte. Nach intensiver regelmäßiger Übung konnte sie sich vollkommen heilen. Sie sammelte daraufhin andere Krebskranke um sich und übte täglich mit ihnen. Im Lauf von 20 Jahren erzielte sie damit derartige Erfolge, dass das Gesundheitsministerium in Peking sie nun in jeder Weise unterstützt. Zahlreiche Therapeuten wurden inzwischen ausgebildet und arbeiten in den großen Kliniken nach der Methode von Frau Kuo Lin.
»Krankheit«, so erfährt man aus der jahrtausendealten Philosophie und Heilkunst der Chinesen, »ist der Verlust des bipolaren Gleichgewichts, ist der Ausdruck der Disharmonie von *yin* und *yang*.« Gesundung, Heilung besteht im Wiederherstellen dieses Gleichge-

wichts, und das erreicht man mittels einer bewussten, den Naturgesetzen folgenden Leitung der vitalen Energie *ch'i* auf den Meridianen durch den eigenen Körper.

»Was aber ist *ch'i?*«, fragt der westliche Mensch und erwartet mit der Antwort zugleich den Beweis der Existenz des *ch'i* kausal-analytisch erbracht.

In China hat man eine derartige Frage nie gestellt. Als Beweis des Vorhandenseins des *ch'i* diente die Erfahrung mit dem *ch'i*. Die Frage war: In welcher Beziehung steht das *ch'i* zum Leben? Wie ist die Beziehung zwischen Kosmos und Lebewesen? Darauf fand man umfassende Antworten: *Ch'i* ist überall in der Atmosphäre; unsere Haut nimmt es auf. Es ist in der Luft, die wir atmen, in der Nahrung, die wir zu uns nehmen. Es ist in jedem Lebewesen, in jeder Zelle. Es ist eine der drei Substanzen (der »Drei Schätze«), ohne die das Leben nicht sein kann, ohne die Aufbau, Abbau, Wachstum und Reproduktion nicht möglich sind:

ching – die Feinstmaterie (»Essenz«),
ch'i – das energetische Prinzip (»Lebensenergie«, »Vitalität«),
»shen« – Geist (»spirituelle Energie«).

Diese drei sind in jedem Lebewesen enthalten. Ohne *ching* kein Auf- und Abbau an der materiellen Substanz des Lebewesens, kein Lebensbauplan. Ohne *ch'i* keine Energie für diese Umwandlungen, und ohne *shen* fehlt »geistige Leitung«, die Steuerung all dieser Lebensprozesse. Von der ersten Zelle an, die zum Lebewesen wachsen soll, besteht schon das »Ursprungs-*ch'i*« *(yüan ch'i),* das die Energie liefert für die Ausführung des im Zellkern kodierten Lebensbauplans. Die Ausführung vollzieht sich nur unter Leitung des »Geistes« der Zelle. Das Ursprungs-*ch'i* wird ständig ergänzt, erneuert durch das *ch'i* in der Atemluft, durch die Haut und mittels unserer Nahrung. Es gibt keinen Ort, wo kein *ch'i* ist. Ohne *ch'i* keine Zerlegung von Bausteinen und Synthese zu körpereigenen Bestandteilen, kein Abtransport von nicht brauchbaren Endprodukten des Stoffwechsels.

Ch'i wird also ständig ausgeschieden und erneuert, löst sich aber auch von seinen Vehikeln und zirkuliert als »reines *ch'i*« *(zheng ch'i)* oder »inneres *ch'i*« *(nei ch'i)* im Organismus.

Doch wie und wo zirkuliert es? Es benutzt dazu die Leitbahnen, die Meridiane, die aus der Akupunktur bekannt sind. Obwohl deren Existenz anatomisch weder sicht- noch nachweisbar ist, werden sie, aufgrund der Erfahrungen mit der Akupunktur, heute auch von westlichen Medizinern nicht mehr als Fiktion angesehen. Die Meridiane dienen sozusagen als (Schnell-)Verbindungswege, um *ch'i* von Orten höherer »Spannung« an solche minderer »Spannung« zu leiten oder an Orte, an denen es zurzeit mit vermehrter Intensität gebraucht wird. So ist der *ch'i*-Status nie stabil; er pulsiert stets um ein labiles Gleichgewicht, das im gesunden Organismus immer wieder hergestellt wird. Ist ein Leitweg verlegt, so kommt es vor ihm und in dem dazugehörigen Organ zu *ch'i*-Stauungen, an anderen Orten zu Unterversorgung. Die Harmonie im *ch'i*-Ausgleich, in dessen Gleichgewicht, ist gestört, und so kommt es zu Erkrankungen an den gestauten und unterversorgten Organen, die je nach Zusammentreffen mit anderen Faktoren, die für sich alleine keine Krankheitserreger sind, zu ganz bestimmten Krankheitsformen führen.

Inwiefern ist nun das *ch'ikung* befähigt, Meridiane wieder leitfähig, für *ch'i* durchlässig zu machen? *Ch'ikung* heißt, das *ch'i* in intensive Aktivität zu bringen. Damit bezeichnet man auch die Methode, mit der dies geschieht. Die Formen der *ch'ikung*-Übungen sind mannigfaltig, ihr Ziel ist bei allen gleich, nämlich *ch'i* vermehrt im Körper kreisen zu lassen. Viele Übungsformen sind seit Jahrtausenden überliefert und werden bis auf den heutigen Tag praktiziert. Auch Ärzte haben Übungsformen entwickelt, z. B. der berühmte Hua T'o (110–207 n. Chr.) aus der *Han*-Dynastie, dessen »Fünf-Vogelbewegungen« noch heute fast jedem Chinesen ein Begriff sind.

Vor dem Beginn der Übung müssen allzu starke Gemütsbewegungen durch Atemübungen ausgeschaltet werden. Die Hirnrinde gelangt so zu einem entspannten, hellwachen, nicht schlaffen oder dämmrigen Zustand. Ebenso sollen Muskulatur, Gelenkbänder und -kapseln entspannt, aber nicht schlaff sein. Zum Üben begibt man sich tunlichst an einen ruhigen Ort mit frischer Luft, in einen Garten, einen Park, an ein stilles Gewässer. Bei Wind oder gar Sturm kann nicht draußen geübt werden, man geht dann in einen Raum mit offenem Fenster, aber ohne Zug.

Wichtig ist auch lockere, nicht einengende Kleidung. Vor dem Training nimmt man allenfalls eine leichte Mahlzeit ein und geht frühestens eine Stunde nach der Hauptmahlzeit zum Übungsort. Alkohol und Tabak sind streng zu meiden. Der Tagesablauf, alle bisherigen Gewohnheiten müssen sich auf *ch'ikung* umstellen.

Das Wichtigste bleiben Lockerheit und Ruhe. Nur wo Lockerheit ist, kann Ruhe eintreten; nur wo Ruhe ist, kann Entspannung entstehen. Entspannung herzustellen, wird dem Anfänger ebenso schwer fallen wie das Richten der Gedanken, der Hinführung des Bewusstsein auf nur eins, auf das *tan t'ien* (ein Punkt circa fünf Zentimeter unter dem Nabel direkt unter der Bauchdecke). Hat man dies gelernt, so wird die Wirkung fühlbar werden und den Übenden bestärken, in ruhiger Nachgiebigkeit und entspannter Aufmerksamkeit fleißig weiterzutrainieren. Die körperlichen Bewegungen, die in dieser entspannten Geistes- und Gemütslage nun beginnen können, sind alle langsam, weich und rund. Die Atmung dient dabei als Motor für den *ch'i*-Fluss. Bei jedem Einatmen fließt das *ch'i* auf den *yin*-Bein-Meridianen (Leber, Milz, Niere) bis zum Thorax, zur Achsel, und auf den *yang*-Arm-Meridianen (Dickdarm, Dreifacher Erwärmer, Dünndarm) aufwärts zum Gesicht. Beim Ausatmen fließt es auf den drei *yang*-Bein-Meridianen (Galle, Blase, Magen) vom Gesicht zu den Zehen und auf den *yin*-Arm-Meridianen (Lunge, Herzbeutel, Herz) von der Achsel in die Fingerspitzen. Wir haben also von einem *ch'i*-Kreislauf zu sprechen, den die Taoisten als »Großen Kosmischen Kreislauf« bezeichnen. Tiefe, entspannte Atmung (bei bestimmten Übungen auch ein besonderer Atemmodus) zur Kontrolle des *ch'i* ist neben entspannter Muskulatur eine ausschlaggebende Grundbedingung für den Erfolg.

Warum das Befasstsein der Gedanken mit nur einer Vorstellung? Der Geist soll dadurch lernen, keine anderen Gedanken aufkommen zu lassen, seine Gedanken nicht abschweifen zu lassen. Nach einer gewissen Zeit der Übung ist man so weit im mentalen Training, dass man sein »Augenmerk« nur noch auf den Fluss des »reinen *ch'i*« richten kann, sodass man dem *ch'i*-Fluss mit seinen Gedanken Anstöße und Intensität verleihen kann. Man kann ihn mit seinen Gedanken besonders intensiv auf bestimmte Leitbahnen lenken oder im *tan t'ien* ansammeln. Im *tan t'ien* »aufgeladen« kann man *ch'i* mit erhöhter Wirksamkeit wieder in die äußeren Bahnen leiten. Auch das *tan t'ien* ist anatomisch nicht nachweisbar; durch Erfahrung lernt man es als wohlige Wärmeansammlung zu spüren. Durch die Praxis aus Jahrtausenden wissen die *ch'ikung*-Übenden (z. B. die Mönche taoistischer oder buddhistischer Klöster, aber auch profane *ch'ikung*-Meister), wie man mit diesem angereicherten, aktivierten *ch'i* wunderbare Leistungen vollbringen kann, die mit uns bisher bekannten physikalischen Kräften nicht zu erklären sind.

Zu solchen Leistungen soll es die *ch'ikung*-Therapie nicht bringen. Es genügt, die Widerstandskräfte, die Aufbaukräfte wieder herzustellen und mittels des aktivierten *ch'i* blockierte Leitbahnen wieder durchlässig zu machen. Zusammengefasst: Mit *ch'ikung* lernt man, *ch'i* zu vermehren, zu aktivieren, seine Zirkulation zu intensivieren, seine Leitwege durchlässig zu machen und zu erhalten, seine Widerstandskräfte gegen schädliche Einflüsse neu aufzubauen.

CHANG CHUNG-YUAN

Der Prozess der Selbstverwirklichung

Nach taoistischer Auffassung führen zwei Wege zur Erleuchtung, *ming* oder ontologische Erkenntnis, und *ching* oder Stille.
Stille manifestiert sich manchmal als Dunkelheit. Das Licht, so kann man sagen, entspringt der Dunkelheit. Im Werk des CHUANG TZU finden sich zahlreiche Hinweise auf diesen Gedanken. Da befragt zum Beispiel im 22. Kapitel NIEH CHÜEH den PEI I über das Wesen des *tao.* PEI I antwortet ihm: »Bringst du deinen Körper in die richtige Haltung und konzentrierst du dich auf das Eine, dann wird die Himmlische Harmonie über dich kommen. Halte fest an deiner inneren Bewusstheit und vereinige dich mit dem Absoluten. Gott wird so in dir wohnen und du wirst im *tao* verweilen. Das zu erlangen, wird dich mit Freude erfüllen. Du wirst sein wie ein neugeborenes Kalb, das mit großen Augen in die Welt schaut, ohne seinen Blick an irgendetwas zu heften.«
Während er noch sprach, bemerkte PEI I, wie NIEH CHÜEH in die Tiefe der Stille versank. Hocherfreut darüber, dass seine Worte solch augenblickliche und durchschlagende Wirkung gehabt hatten, ging PEI I von dannen und sang dabei:
»Seine Gestalt ist wie ein trockenes Skelett,
Und sein Bewusstsein ist wie funkenlose Asche.
Echt sein Erkennen, fest und wahr,
Nicht mehr von diskursivem Denken abhängig,
Dunkel und trübe hat er kein Bewusstsein,
Ist keiner Diskussion mehr zugänglich.
Seht her, was ist das für ein Mensch?«
Diese Geschichte gibt uns eine gute Illustration der Stille, die durch Ruhigstellung erreicht wird. Es ist genau der gleiche Zustand, den die Buddhisten als *samādhi* bezeichnen. Intellekt und diskursives Denken, ja sogar jegliches Bewusstsein sind verschwunden und nur eine Empfindung heiterer Stille bleibt zurück. Die Verstandestätigkeit aus dem Bewusstsein zu verbannen ist ein Prozess der Negation. Die Stille ist jedoch etwas, das umfassender und tiefer ist, etwas, das an sich positiv ist und zur Erleuchtung führt. So sagt CHUANG TZU in seinem 23. Kapitel:
»Wenn ein Mensch äußerste Stille bewahrt, dann tritt das Himmlische Licht hervor. Wer dieses Himmlische Licht ausstrahlt, der sieht sein wahres Selbst. Pflegt man sein wahres Selbst, erreicht man das Absolute. Erreicht jemand das Absolute, dann fallen alle menschlichen Attri-

bute von ihm ab; die Himmlischen Eigenschaften aber werden ihm beistehen.«
Diese Himmlischen Eigenschaften beschreibt CHUANG TZU, wenn er von LAO TZU berichtet, er habe still gesessen wie ein bewegungsloser Leichnam und sich doch als ein Drache offenbart. Aus tiefster Stille habe sich ein Donnergetöse erhoben, wie von Himmel und Erde zusammen ausgestoßen. Den eigenen Geist als Drachen zu offenbaren, besagt symbolisch, die Erleuchtung verwirklicht zu haben. Das Licht, das von einem so vergeistigten Wesen ausstrahlt, nennt CHUANG TZU den Drachen. Eigentlich ist die Stille negativ; Intellekt und diskursives Denken sind abgeschüttelt. Wenn sich jedoch ihr positiver Aspekt zeigt, wird sie zur Bewusstheit des Unbewussten, zum Strahlen reinen Lichtes.
Die Verwirklichung der Erleuchtung durch Meditation nennen die Taoisten *te.* Hat man *te* erreicht, so heißt das, dass man zu seinem ursprünglichen Wesen zurückgekehrt ist. Sitzt ein Mensch des *te* still, so hat er keine Gedanken; geht er, so hat er keine Ängste. In der Tiefe seines Bewusstseins ist nichts mehr enthalten. Mit anderen Worten heißt das: Der Mensch des *te* hat durch Versenkung eine höhere Stufe der psychischen Integration erreicht. Der Versuch, die etymologische und assoziative Bedeutung desWortes *te* zu untersuchen, stößt auf beträchtliche Schwierigkeiten. Dieser Begriff *te,* der mit dem Begriff *tao* so eng zusammenhängt, ist so vielschichtig in seiner Bedeutung und in seinen assoziativen Anklängen, dass er eingehender Erklärung bedarf. Oft sagt man uns, *te* bedeute einfach Tugend oder moralisches Verhalten. In den konfuzianischen »Gesprächen« hören wir jedoch, wie der Meister ein edles Pferd nicht wegen seiner Kraft oder seiner Schönheit preist, wie das zu erwarten wäre, sondern wegen seines *te.* Hier kann das Wort natürlich nicht für den Moralbegriff der Tugend oder für moralisches Verhalten stehen. Es meint vielmehr eine Art eingeborener Charaktereigenschaft. So findet sich im Buch von der rechten Mitte die Aussage: »Solange man *te* nicht erreicht hat, kann man das vollkommene *tao* nicht verwirklichen.« In seiner Übersetzung nennt ARTHUR WALEY das *Tao Te Ching* das Buch vom ›Weg und seiner Kraft‹ (The Way and Its Power). *Te,* so sagt WALEY, entspricht am ehesten dem Wort Kraft (»power«). Nach dem *Shuo Wen,* dem klassischen chinesischen Wörterbuch, welches im 1. nachchristlichen Jahrhundert zusammengestellt wurde, bedeutet *te* so viel wie »den Geist beobachten«. Die Assoziationen hierzu können uns zur Konzeption der Versenkung und der daraus erwachsenden Kraft hinführen. Die Übung der Versenkung selbst kann in noch frühere Zeit als die des LAO TZU zurückver-

folgt werden. In Kapitel 16 des *Tao Te Ching* findet sich zum Beispiel folgende Beschreibung:

Gib dich hin der äußersten Leere;
Versenke dich inbrünstig in Stille.
Alle Dinge sind zusammen in Aktion,
Doch ich schaue ihre Nichtaktion.
Denn die Dinge sind stets in Bewegung, ruhelos,
Und doch kehrt ein jedes zurück in seinen Ursprung.
Zum Ursprung zurückkehren, das ist Stille.
In Stille sein heißt das »Für-sich-Sein« schauen.
»Für sich sein« ist das allverwandelnde Wandellose.
Das allverwandelnde Wandellose zu begreifen, heißt erleuchtet sein.
Das nicht zu kennen und blind zu handeln, führt ins Verderben.
Das allverwandelnde Wandellose umfängt alle Dinge.
Alle Dinge zu umfangen, das heißt selbstlos sein.
Selbstlos sein heißt alldurchdringend sein.
Alldurchdringend sein, das heißt transzendental sein.

Diese Passage aus dem *Tao Te Ching* enthält eine deutliche Beschreibung eines Menschen des *te.* Zeigt sie doch den fortschreitenden Prozess der Versenkung vom Handeln zum Nichthandeln, eine Umkehrung des gewöhnlichen Verlaufs der psychischen Funktionen. Durch Nichthandeln wird die absolute Stille erreicht. Man erkennt sein eigenes ursprüngliches Wesen; wenn dies eintritt, so verschmilzt man mit den »Zehntausend Dingen« und wird zu einem von ihnen. Diese Verschmelzung des eigenen Selbst mit den »Zehntausend Dingen« ist alldurchdringend und allumfangend. In einem solchen Zustand ist man ichlos. Damit ist man, so sagen wir, in der Welt des Nichts oder der Leere …

In China wurden auch meditative Atemübungen zur Verwirklichung des *tao* geübt. So finden wir schon in einem frühen Gedicht des CH'U YÜAN (starb etwa 288 v. Chr.) mit dem Titel »In der Ferne wandern« die Andeutung einer Technik zur Erlangung des *tao* durch kontrolliertes Atmen. Das Gedicht lautet in freier Übersetzung:

»Iss die sechs Arten von Luft und trink klaren Tau, um die Reinheit der Seele zu bewahren. Atme die Essenz der Luft ein und atme die faule Luft aus. Das *tao* ist winzig und ohne Inhalt, und doch ist es riesig und grenzenlos. Verwirre deine Seele nicht – es wird spontan sich zeigen. Sammle dich im Atem und *tao* wird auch in der tiefen Nacht bei dir verweilen.«

Kehren wir zu den taoistischen Werken zurück; dort finden wir weitere Hinweise auf das meditative Atmen als Hilfe zur Erlangung transzendentaler Weisheit. In Kapitel 10 des *Tao Te Ching* spricht LAO TZU von Atemübungen im Zusammenhang mit der Meditation:

»Kannst du dich auf deinen Atem konzentrieren, um Harmonie zu erreichen,
Und werden wie ein unschuldiger Säugling?
Kannst du den dunklen Spiegel in dir säubern
Und ihn vollkommen rein erhalten? …«

Um die innere Harmonie zu erreichen, empfiehlt LAO TZU selbst Atemübungen zur Sammlung und Reinigung. Der Gedanke der Aufnahme von Atemübungen zur Erlangung transzendentaler Weisheit wird bei CHUANG TZU als das *hsin chai* oder das Fasten des Geistes beschrieben. In Kapitel 4 seines Werks heißt es:

»Sammle dich auf das Ziel der Meditation.
Höre nicht mit deinen Ohren, sondern höre mit deinem Geist;
Nicht mit deinem Geist, sondern mit deinem Atem.
Lass das Hören nicht weiter gehen als bis zu den Ohren;
Lass den Geist nicht weiter gehen als bis zu seinen Bildern.
Atmen heißt, sich leer zu machen und das *tao* zu erwarten.
Tao verweilt nur in der Leere. Diese Leere ist das Fasten des Geistes …
Schau doch die Leere! In ihrer Kammer entsteht das Licht!
Siehe! Freude ist hier, um zu verweilen.«

Die Passagen, die ich gerade zitiert habe, sprechen sehr deutlich dafür, dass Atemübungen schon in den frühesten taoistischen Lehren empfohlen und angewendet wurden. Die alten chinesischen Philosophen haben erkannt, dass Atemtechniken den Prozess der Meditation unterstützen können. So findet sich im Werk des CHUANG TZU die Feststellung, der vollkommene Mensch atme »durch die Fersen«, während der gewöhnliche Mensch durch die Gurgel atme: ein weiterer konkreter Hinweis darauf, dass die Chinesen sehr wahrscheinlich ihr eigenes System von Atemübungen entwickelt hatten. In seinem 15. Kapitel warnt CHUANG TZU allerdings davor, sich auf rein physische Übungen zu verlassen, seien das Atemübungen oder andere, ohne gleichzeitig die taoistische Philosophie zu studieren und anzuwenden. Ohne ein wirkliches Verständnis dieser Philosophie würden solche Disziplinen nicht die Erlangung transzendentaler Weisheit bewirken:

»Wenn jemand einatmet und ausatmet, den Atem einzieht und ausstößt, um alte Luft hinauszulassen und neue hereinzunehmen, wenn er wie ein Bär überwintert und den Hals reckt wie ein Vogel, dann verlangt es ihn nur nach Langlebigkeit. So jemand schwelgt in Atemübungen, um seine Körperkräfte zu verbessern, damit er lange leben könne wie PENG TZU … Erreicht ein Mensch Langlebigkeit, nicht durch Atemübungen, sondern durch die Leere des Geistes – indem er alles vergisst und nichts besitzt –, so hat er Reinheit und Unendlichkeit erlangt. Alle guten Eigenschaften gehen damit einher. Dies ist das *tao* von Himmel und Erde.«

Nach Meinung der Taoisten können Atemübungen die Erlangung spiritueller Weisheit erleichtern, aber ihre tatsächliche Verwirklichung besteht in dem spontanen Erwachen des reinen Bewusstseins aus dem Zentrum des eigenen innersten Seins. Dieses reine innere Bewusstsein ist nicht esoterisch und nur für einige wenige zugänglich, sondern es ist universal, einem jeden zu Eigen. Allerdings ist sich nicht jeder von uns der Tatsache bewusst, dass er es besitzt. Sein allgemeiner Charakter ist nicht schlussfolgernd oder rationalistisch, sondern unmittelbar und ursprünglich. Es hinterlässt keine Spur, sondern erweist die Bedeutung des absoluten Augenblicks, unabhängig von allen raumzeitlichen Beziehungen. Seine Erfahrung entspringt einzig aus dem höchsten Zustand unseres eigenen Wesens. Ihn zu erreichen, heißt, sich aus den Verstrickungen und Beschränkungen unseres begrenzten Verstandes zu befreien und Einsicht in unser innerstes Sein zu erlangen …

Die Theorie der taoistischen Meditation baut offensichtlich auf der Auffassung vom Menschen als einem mikrokosmischen Universum auf, das den umgebenden Makrokosmos widerspiegelt. Die Bewegungen der inneren und der äußeren Welten stehen in enger Beziehung. Äußerlich folgt der Mensch den unendlichen Kräften des Universums; innerlich folgt die Funktion seiner eigenen Organe universalen Gesetzmäßigkeiten. So gibt es kosmische Analogien für seine physischen Funktionen und die Struktur seiner inneren Organe. Im Hinblick auf diese kosmischen Analogien ist das taoistische System meditativen Atmens konstruiert.

Das früheste taoistische klassische Werk, das auf dieses System von Analogien aufbaut, ist das *Huai-Nan-Tzu,* welches aus dem 2. Jahrhundert v. Chr. stammt. Als Hintergrund für ein System meditativen Atmens diskutiert dieses Werk die Stellung des Menschen im Universum. Wir lesen dort:

»Was geistig ist, ist vom Himmel empfangen, während der Körper und seine materielle Form von der Erde stammen. Es ist die Harmonie des Geistes von *yin* und *yang*, von der alle Harmonie abhängt …

Der Himmel hat vier Jahreszeiten, fünf Elemente, neun Abteilungen und 360 Tage. Entsprechend hat der Mensch vier Gliedmaßen, fünf innere Organe, neun Körperöffnungen und 360 Gelenke. Der Himmel hat Wind, Regen, Kälte und Hitze; ähnlich hat der Mensch Freude und Ärger, Nehmen und Geben … Der Mensch stellt eine Dreiheit dar, zusammen mit Himmel und Erde, und sein Geist ist der Herr … In der

Sonne gibt es einen Vogel, der auf drei Beinen steht, und im Mond eine dreibeinige Kröte ...«

Der Mensch ist also ein mikrokosmisches Universum. Dieser Gedanke taucht häufig, ja eigentlich ständig im Taoismus auf und die Schule des meditativen Atmens macht keine Ausnahme darin, diese Konzeption für ihre eigenen Zwecke zu benutzen. Durch meditatives Atmen erreicht der Mensch die natürliche Integration seines Selbst mit dem Universum. Diese Integration ist des Menschen Bestimmung, so sagen die frühen taoistischen Schriften, die sich ihm in den verschiedensten Vorahnungen zeigt.

Auf der Grundlage dieser Vorstellung der universalen Einheit erreicht der Übende im Taoismus eine Harmonie des inneren mikrokosmischen Universums und Harmonie in den Beziehungen zu dem makrokosmischen Universum um ihn herum. Der Makrokosmos ist aus den »Fünf Elementen« (s. Fußnote S. 70) zusammengesetzt: Holz, Feuer, Erde, Metall und Wasser. Im Mikrokosmos gibt es die fünf inneren Hauptorgane: Leber, Herz, Milz, Lunge und Nieren. Jedes innere Organ wird mit einem der äußeren Elemente gleichgesetzt. In ihrer Beziehung zueinander folgen die inneren Organe demgemäß auch den Gesetzmäßigkeiten der »Fünf Elemente«. Da jedes Element das Produkt eines anderen ist, ist die Beziehung der Elemente letztlich zirkulär. Dieser Kreislauf trifft genauso auf die inneren Organe zu. Im frühen 2. Jahrhundert sagte der Konfuzianer TUNG CHUNG-SHU über dieses System:

»Der Himmel enthält fünf Elemente: Das erste ist Holz, das zweite ist Feuer, das dritte Erde, das vierte Metall und das fünfte Wasser. Holz ist das erste Glied des Zyklus, Wasser das letzte und Erde ist im Zentrum des Kreises. Das ist die naturgegebene Ordnung. Holz erzeugt Feuer, Feuer erzeugt Erde, Erde erzeugt Metall, Metall erzeugt Wasser und Wasser erzeugt Holz. Dies ist die Vater-Sohn-Beziehung.«

Im Weiteren setzt TUNG CHUNG-SHU die »Fünf Elemente« mit der Abfolge der Jahreszeiten und den Himmelsrichtungen miteinander in Beziehung. Nach dem *Ts'an-T'ung-Ch'i* stehen nicht nur Jahreszeiten und Himmelsrichtungen miteinander in Beziehung, sondern auch die inneren Organe des Menschen und verschiedene Tiere gehören zu diesem System von Beziehungen. So steht *chen* schließlich für Osten, den Frühling, die Leber und den Blauen Drachen. *Li* gehört zum Süden, Sommer, Herzen und zum Roten Vogel. *Tui* bezeichnet Westen, den Herbst, die Lunge und den Weißen Tiger und *k'an* steht für Norden, den Winter, die Niere und die Schwarze Schildkröte. Nur zur Erleichterung der Diskussion des Gesamtsystems haben wir diese getrennten Zentren, von denen jedes mit seinen verschiedenen Namen bezeichnet wird. Im Verlauf des Atmens bewegen sie sich in einem Kreislauf. Sie lösen sich in die Bewegung auf, werden Teil von ihr. Tatsächlich sind Bewegung und Beweger (= Element, Wandlungsphase) eins.

Dieser Atemkreislauf wird auch durch einen Satz von Trigrammen aus dem *I Ching* illustriert. Die vier Trigramme sind chen ☳, das für Osten steht, *li* ☲ für Süden, *tui* ☱ für Westen und *k'an* ☵ für Norden. Auch sie liegen innerhalb eines Kreislaufs, der von *chen* ausgeht, bei *k'an* endet und dort einen neuen Kreislauf beginnt.

Neben dieser Gruppe von vier Trigrammen gibt es noch ein fünftes, das in der Mitte des Kreises liegt. Der Taoist nennt das fünfte Zentrum den Speicher aller Energien und die Quelle der vitalen Kraft für die anderen, peripheren Zentren. Dieses fünfte Zentrum wird gleichgesetzt mit Erde und Milz und wird als inneres *yang* und äußeres *yin* charakterisiert. Durch die Bewegung von *yin* und *yang* empfängt es Kraft von den äußeren Zentren und strahlt Kraft zu ihnen aus …

In taoistischen Lehrtexten finden wir des Öfteren Ausdrücke wie »die Vereinigung von *k'an* und *li*« oder »die Vereinigung von Herz und Niere«, welche darauf hinweisen, dass im inneren Kreislauf die vier ursprünglichen Kategorien auf zwei Beweger vereinfacht wurden. Osten und Süden treten zum oberen Zentrum zusammen, das *li,* Herz, Drache oder Sonne genannt wird. Westen und Norden vereinigen sich zum unteren Zentrum, welches *k'an,* Niere, Tiger oder Mond heißt. So heißt es, dass die Vereinigung von *li* und *k'an,* von Herz und Niere oder von Sonne und Mond, den fundamentalen Atemkreislauf erzeugt. Man nennt diesen *hsiao-chou-t'ien* oder den »Kleinen Himmlischen Kreislauf« (Abb. 1). Die Struktur dieses Kreislaufs wird oft recht willkürlich mit den verschiedensten Kategorien wie Jahreszeiten, Himmelsrichtungen, Tieren, Trigrammen, inneren Organen und anderen in Beziehung gesetzt. Symbolische Wortspiele dieser Art lassen sich natürlich endlos variieren. Das Wichtige daran ist, dass diese Symbole einzig dazu benutzt werden, den Atemkreislauf durch die inneren Zentren des Menschen zu beschreiben, so wie z. B. eine unsichtbare Bewegung innerhalb der Jahreszeiten und Himmelsrichtungen besteht. Wie Bewegung das vereinende Element im Universum darstellt, so ist das Atmen das vereinende Mittel, welches die Einheit im Menschen herbeiführt.

Der »Kleine Himmlische Kreislauf« beginnt im imaginären Zentrum der Brust, d. h. im Herzen, von wo er zur Mitte des Bauchs, gleich unter dem Nabel absteigt, zur

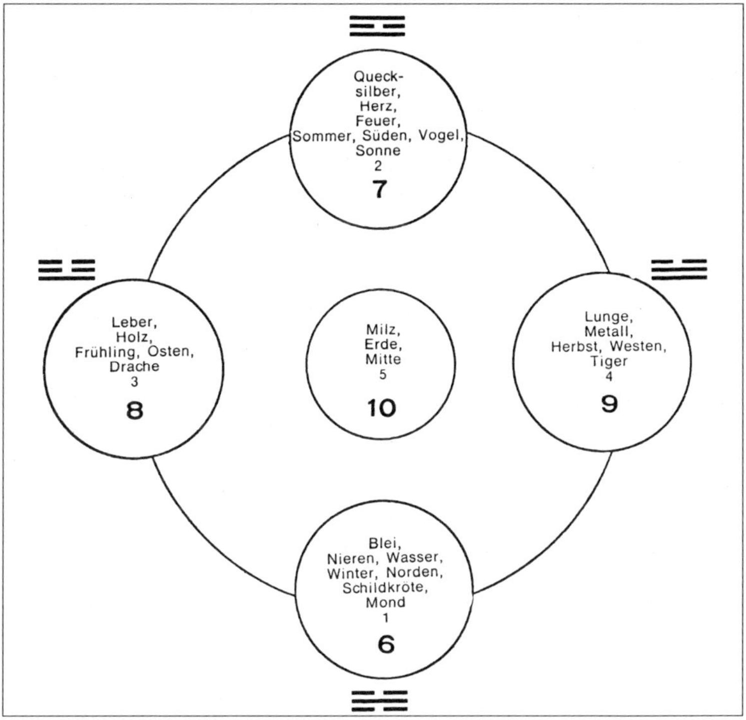

Abb. 1: Zentren im »Kleinen Himmlischen Kreislauf«

Niere. Dieser kleinere Strom ist die Grundlage für den »Großen Kreislauf«, der am unteren Ende der Wirbelsäule beginnt, durch die Wirbelsäule in den Kopf aufsteigt und sich dann vorwärts und abwärts durch das Gesicht, über Brust und Bauchoberfläche zurück zum Ende der Wirbelsäule bewegt. Da dieser Kreislauf durch den gesamten Körper geht, wird er der »Große Himmlische Kreislauf« genannt. Es ist eine steigende und fallende Bewegung, ähnlich wie das Anwachsen und Abnehmen von *yin* und *yang* ...

Im »Großen« Kreislauf des Atems durch den Körper unterscheidet man zwei »Bahnen«. Der aufsteigende Strom vom unteren Ende der Wirbelsäule *(wei lü)* durch die Zentren *shun fu, hsüan shu* und andere bis zu *ni wan* am Scheitelpunkt und dann abwärts über *ming t'ang* bis zur Oberlippe wird *tu mai*- oder Lenker-Meridian genannt. Der absteigende Strom von der Unterlippe durch *shan chung* in der Brust und die anderen Zentren im Bauch bis zurück zum Ende der Wirbelsäule wird *jen mai-,* Diener-Meridian, genannt. Sowohl der Lenker- und der Diener-Meridian im »Großen Kreislauf« als auch die Vereinigung von *k'an* und *li* im »Kleinen Kreislauf« sind, wie bereits erwähnt, für den Anfänger rein imaginativ. Nach einer gewissen Zeit und in einem bestimmten Stadium der Übung wird er den Kreislauf des »Atems« jedoch als einen Hitzestrom verspüren.

Dieser Hitzestrom wird durch die Technik der Konzentration in Bewegung gesetzt. Der Übende kann seine Aufmerksamkeit auf jedes der zwölf Zentren konzentrieren, um den Hitzestrom in Gang zu setzen. Man mag dazu das Zentrum *ch'i hai,* das Meer des Atems, unter dem Nabel wählen oder *wei lü* am unteren Ende der Wirbelsäule, *ming t'ang,* die Halle des Lichts zwischen den Augen, oder irgendein anderes Zentrum. Im Allgemeinen konzentrieren sich Männer auf *ch'i hai,* während Frauen ihre Aufmerksamkeit gewöhnlich auf *shan chung,* das Zentrum in der Brust, richten. *Ch'i hai* ist das wichtigste Zentrum; es wird auch *tan t'ien* genannt. Es ist das unterste der drei Zentren im Verlauf des »Großen Kreislaufs«.

Das mittlere Zentrum, *tan t'ien,* liegt in der Gegend des Herzens und das obere befindet sich im oberen Kopf. Es soll in der Mitte der neun Abteilungen des Gehirns liegen und wird *ni wan* oder Nirvana genannt. Der Bereich zwischen dem mittleren und dem unteren *tan t'ien* wird der gelbe Hof oder das Zentrum der Erde genannt.

Die Zeichnungen in Abbildung 2 (S. 135) sind Reproduktionen aus dem *Hsing-Ming Chih-Kuai* oder »Bedeutung von Wesen und Bestimmung« aus dem 16. Jahrhundert. Sie wurden als Hilfe zur Erklärung meditativer Atemtechniken herangezogen. Vier weitere Illustrationen aus dem gleichen Werk sind im Westen wohl bekannt, seit sie in Richard Wilhelms Übersetzung des »Geheimnis der Goldenen Blüte« abgebildet wurden. Wollen wir diese Diagramme studieren, so stoßen wir auf Schwierigkeiten, denn jedes Zentrum wird durch eine Anzahl verschiedener Namen bezeichnet. Wenn man mit diesen Synonymen nicht vertraut ist, so gerät man leicht in Verwirrung. So wird zum Beispiel das obere *tan t'ien* einmal das Himmlische Tal, dann wieder der Jadeteich oder der Purpurhof und neben weiteren Namen auch die Mystische Kammer genannt. Hier wird es in der Zeichnung der Vorderansicht das Zentrum von Wesen und Bestimmung genannt, in der Rückansicht jedoch das des ursprünglichen Geistes. Beide Namen bezeichnen das gleiche Zentrum, das obere *tan t'ien.*

Die Vorderansicht zeigt die Zentren des Diener-Meridians des »Großen Kreislaufs«. Auf dem Leib ist die Position des mittleren *tan t'ien* durch eine Mondsichel und drei Sterne markiert, der gelbe Hof durch ein Viereck und das untere *tan t'ien* durch einen Schmelztiegel. Die beiden anderen Zentren, *shan chung* oder die Mitte der Brust und *ming t'ang,* die Halle des Lichts zwischen den Augen, sind in dieser Zeichnung nicht markiert. Die Gestalt ist von Zitaten aus taoistischen Texten umgeben, alle recht dunkel und geheimnisvoll. Ein typisches Beispiel: »Das Haus des Geistes ist das Tor der Rechtschaffenheit.« Die abgebildete Figur hält in der rechten Hand einen Mond, der, wie in der chinesischen Mythologie üblich, durch ein Kaninchen aus Jade symbolisiert wird. Die linke Hand hält die Sonne, symbolisiert durch einen dreibeinigen Vogel … Die drei Beine des Vogels symbolisieren die Dreieinigkeit der Kräfte des Universums: Himmel, Erde und Mensch. Sonne und Mond sind die uranfänglichen Beweger, welche die Kreisbewegung im »Großen Kreislauf« in Gang bringen.

Die Zeichnung der Rückansicht zeigt die Zentren des Lenker-Meridians des »Großen Kreislaufs«. Diese Zentren liegen entlang der Wirbelsäule. Das unterste, am Ende der Wirbelsäule, ist *wei lü,* das Tor des Schwanzes. Das nächste Zentrum in der Gegend der Nieren ist *shun fu* oder der Hof der Nieren. Das dritte Zentrum ist *hsüan shu,*

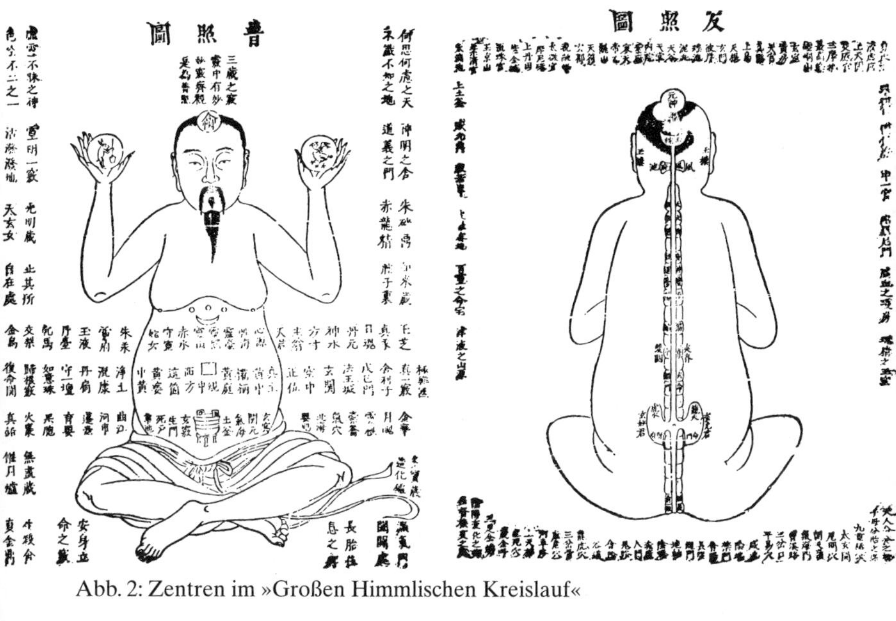

Abb. 2: Zentren im »Großen Himmlischen Kreislauf«

der Mystische Angelpunkt, und das vierte Zentrum, etwa in der Mitte der Wirbelsäule, ist *chia chi* oder »neben der Wirbelsäule«. Das fünfte Zentrum nennt sich *t'ao tao,* die Fröhliche Bahn, das sechste Zentrum, an der Verbindungsstelle von Wirbelsäule und Schädel, heißt *yü chen,* das Jadekissen, und das Zentrum im Kopf, das obere *tan t'ien,* heißt hier *yüan shen*, ursprünglicher Geist ...

In dem Buch mit dem Titel »Chinese Acupuncture and Cauterisation«, welches im Jahre 1956 veröffentlicht wurde, erklärt CHAN T'AN-AN, das meditative Atmen und die inneren Zentren würden schon in medizinischen Werken des 3. und 4. vorchristlichen Jahrhunderts erwähnt. Einer der wichtigsten medizinischen Klassiker, das *Huang Ti Nei Ching Ling Shu,* enthält zwölf Diagramme jeweils mit erklärendem Material – der inneren Zentren des Menschen. Eins dieser Diagramme zeigt den Lenker-Meridian mit 28 Zentren (Abb. 3); ein anderes zeigt den Diener-Meridian mit 24 Zentren (Abb. 4). In diesen alten medizinischen Klassikern tauchen die Bezeichnungen *tu mai* und *jen mai* zum ersten Mal auf. Und dort ist sogar ein ganzes Kapitel dem Kreislauf des Atems gewidmet. Der Autor setzt sowohl das normale als auch das abnormale Funktionieren der inneren Organe mit dem Kreislauf des Atems in Beziehung. Das Grundprinzip dieses Kreislaufs ist eng verbunden mit den Fluktuationen der *yin-yang*-Kräfte und der Umwandlung von Energien, die durch die »Fünf Elemente« symbolisiert werden.

Im Zusammenhang mit dem Kreislauf müssen wir kurz auf die Atemtechniken eingehen. Im taoistischen Atemsystem ist die Grundbedingung für die frühen Stadien der Übung ein langsames, tiefes und rhythmisches Ein- und Ausatmen. Beim Einatmen muss die Luft tief in den Leib hinabgesendet werden. Aus diesem Grund wird das Nierenzentrum unterhalb des Nabels das Meer des Atems genannt. Beim Ausatmen hebt sich das Zwerchfell und der Unterleib wölbt sich nach innen, ganz im Gegensatz zur Brustatmung. Der Anfänger zählt seine Atemzüge; wenn er diese Technik beherrscht, wird das Zählen fallen gelassen.

Das einfache Einziehen und Ausstoßen von Luft jedoch erfüllt noch nicht die Bedingungen meditativer Atmung. Um die Atmung wirksamer zu machen, wird Konzentration empfohlen. Man muss mit der Bewegung des Atems das Bewusstsein in die Kreisbahn schicken. Beim Einatmen lässt man das Bewusstsein aus der Herzgegend in die Nierengegend oder das Meer des Atems absinken. Beim Ausatmen bringt man das Bewusstsein vom unteren Ende der Wirbelsäule an der Wirbelsäule entlang aufwärts bis zurück in die Herzgegend. Da-

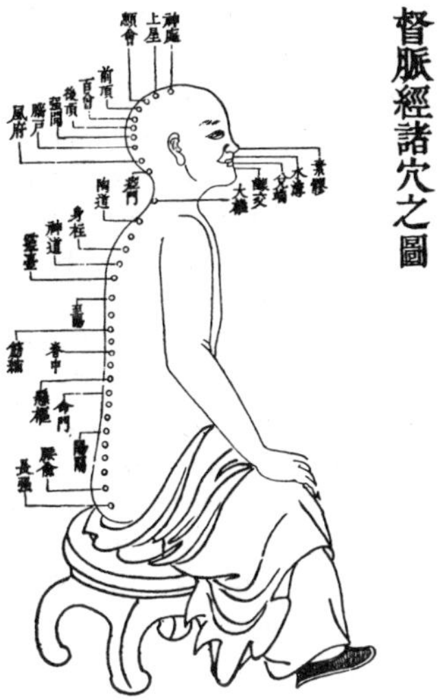

Abb. 3: Zentren auf dem Lenker-Meridian

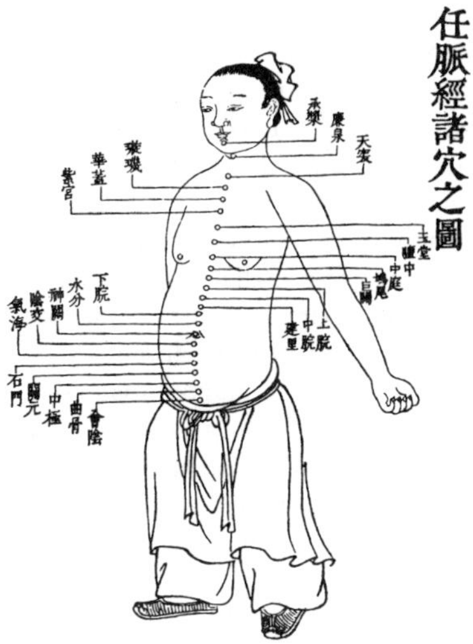

Abb. 4: Zentren auf dem Diener-Meridian

mit ist ein »Kleiner Kreislauf« vollendet. Tatsächlich kann der Atem natürlich nicht durch den Unterleib und die Wirbelsäule strömen, aber schickt man das Bewusstsein entlang der Bahn des »Kleinen Kreislaufs«, so ist das fast so, als atme man auch entlang dieser Bahn. Diese Bewegung wird als Hitzestrom empfunden, der mithilfe des Bewusstseins innerhalb des »Kleinen Kreislaufs« in Umlauf gebracht wird. Das Gleiche gilt auch für den »Großen Kreislauf«: Man führt den Strom mithilfe des Bewusstseins vom Ende der Wirbelsäule aufwärts bis zum Scheitelpunkt und lässt ihn von dort durch das Gesicht und die Brust zurück in den Unterleib absinken. Die Fähigkeit, diesen Strom mithilfe des Bewusstseins in Bewegung zu setzen, erlangt man durch fortgesetzte Übung. Nach einer kurzen Zeit der Übung spürt man, dass man das Bewusstsein leicht an jeden beliebigen Punkt im Körper schicken kann. Nach weiterer Übung spürt man dann, wie es den Lenker- und den Diener-Meridian entlangwandert. Dieses Bewusstsein, das nur aus dem Zustand der Gedankenleere oder des Nichts hervortreten kann, ist weder ein Gedanke noch eine Vorstellung im konventionellen Sinn. Es ist eine innere Bewusstheit der eigenen Konzentration auf die Zentren und der Bewegung entlang der Kreislauf-Bahnen. Er ist der Verursacher des Hitzestroms.

Im »Kleinen Kreislauf« fließt der Strom, der anfänglich mithilfe des Bewusstseins in Gang gebracht wurde, oft andauernd und ununterbrochen weiter. Er wird manchmal von einem Gefühl der Heiterkeit begleitet; manchmal erlebt man auch einen plötzlichen Lichtblitz, der den gesamten Körper mit ungeahnter Helligkeit durchstrahlt. Dieses Stadium nennt man das »spirituelle Bad«. Im Allgemeinen erfordert das Hervorrufen des »Kleinen Kreislaufs« eine Übungszeit von ungefähr 100 Tagen. Während dieser Übungszeit besteht die Hauptaufgabe darin, den Hitzestrom zu stimulieren, indem man das Bewusstsein zur Vereinigung von Herz und Niere kreisen lässt. In der Sprache der Taoisten heißt das, das Quecksilber aus dem Herzzentrum und das Blei aus dem Nierenzentrum in das Elixier des Lebens umzuwandeln. In einer anderen symbolischen Ausdrucksweise ist dies die Zeit, in der der Blaue Drache aus dem Hof des Feuers hinabsteigt, um den Weißen Tiger aus dem Abgrund des Wassers zu treffen. Damit werden die Polaritäten des *yin* und *yang* vereinigt und die goldene Blüte erblüht. Das Erblühen der goldenen Blüte ist eine Folge der Einswerdung von *yin* und *yang* und diese Vereinung wird wiederum durch die Konzentration des Bewusstseins erreicht.

Nach der Vereinung von *yin* und *yang* steigt und fällt der Strom unaufhörlich. Es heißt, dass der Puls stillsteht und die Atmung praktisch aufhört. Dann jedoch steigt der Strom plötzlich durch die Wirbelsäule in den oberen Kopf, das obere *tan t'ien* auf, und zwar ganz spontan und von selbst. Bevor die Bewegung des Stroms erlischt, muss er mithilfe des Bewusstseins abwärts geführt werden in den Unterleib, in das Zentrum der Erde, das untere *tan t'ien.* Dies nennt man die Vereinung von Himmel und Erde oder den »Großen Kreislauf«. Der »Große Kreislauf« wird also durch die Konzentration des Bewusstseins eingeleitet und hervorgerufen …

Im 17. Jahrhundert erzählt der Neokonfuzianer CHU YI-TSUN eine Geschichte über den großen taoistischen Meister des 5. Jahrhunderts, CHEN T'UAN, die eine recht gute Zusammenfassung der Übungsmethode des meditativen Atmens darstellt. CHEN T'UAN, der auf dem Hua Shan, dem heiligen Berg in Nordwestchina lebte, hatte ein Diagramm des Unbedingten in den Felsen geritzt, vor dem er meditierte.

Das Diagramm bestand aus verschiedenen Ebenen mit Kreisen, welche den Prozess der Meditation versinnbildlichten. Auf der ersten Ebene (ganz unten auf Abb. 5, S. 139) befand sich ein Kreis, der mit LAO TZUS Worten »Das Tor der Dunklen Weiblichkeit« benannt war; es ist die Grundlage von Himmel und Erde. Auf der nächsten

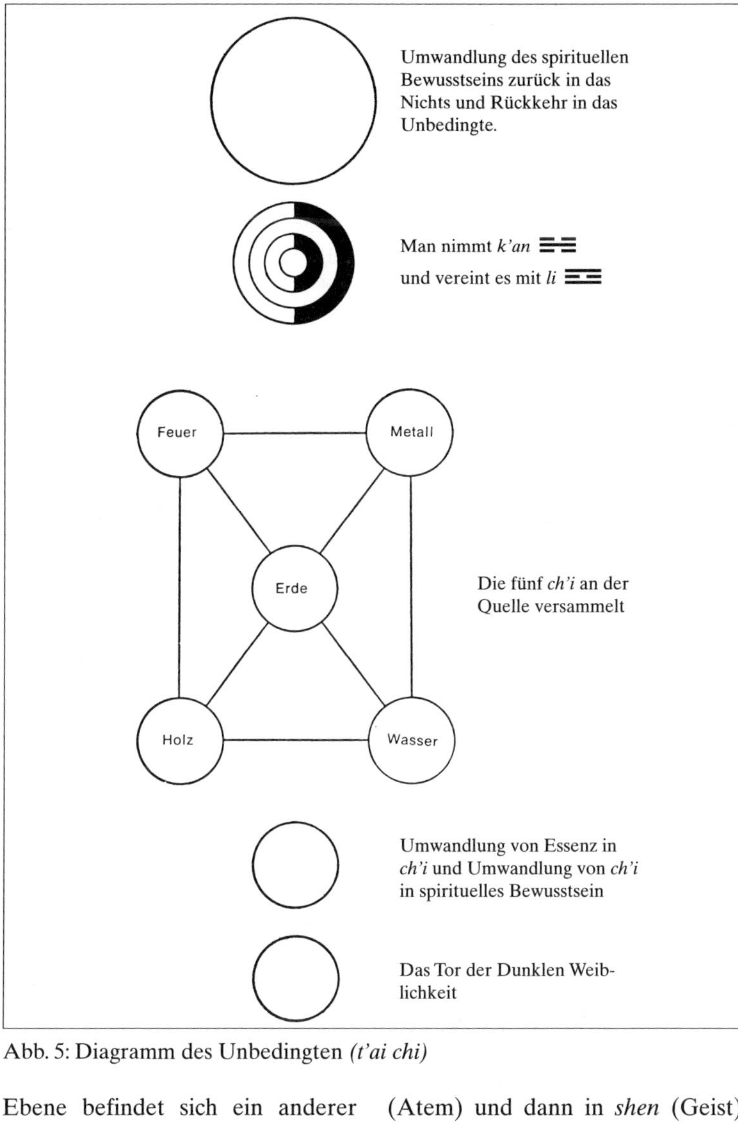

Abb. 5: Diagramm des Unbedingten *(t'ai chi)*

Ebene befindet sich ein anderer Kreis, der den Prozess der Umwandlung von *ching* (Essenz) in *ch'i* (Atem) und dann in *shen* (Geist) darstellt. Wie wir bereits gesehen haben, sind *ching*, *ch'i* und *shen* die

Grundelemente des meditativen Atemprozesses. Diese Ebene zeigt, wie die Energie aus dem untersten Zentrum des Körpers erst in den Atemkreislauf und schließlich in spirituelles Bewusstsein umgewandelt wird. Die folgende mittlere Ebene des Diagramms besteht aus den »Fünf Elementen«: Feuer und Holz auf der linken Seite, Metall und Wasser auf der rechten Seite und Erde in der Mitte. Sie symbolisieren die fünf Beweger im »Kleinen Kreislauf«, die schließlich in den »Großen Kreislauf« übergehen. Die vierte Ebene zeigt die Vereinung von *k'an* und *li* in der Form eines Kreises, der in die *yin-* und *yang*-Elemente aufgeteilt ist. Die Fluktuation von *yin* und *yang* stellt den »Großen Kreislauf« durch den gesamten Körper dar. Sowohl die fünf Beweger im »Kleinen Kreislauf« als auch *yin* und *yang* im »Großen Kreislauf« führen zu *shen*, dem spirituellen Bewusstsein. Die oberste Ebene im Diagramm zeigt die Umwandlung von *shen* zurück zum *hsü,* dem Nichts. So kehren alle Dinge zum *wu chi,* dem Unbedingten, zurück. Das spirituelle Bewusstsein ist die letzte Bedingung des Individuums, das Nichts ist das Unbedingte. Mit anderen Worten gesagt, das spirituelle Bewusstsein wird zum absoluten Nichts zurückverwandelt, dem Ursprung aller Dinge. Dies ist die fundamentale Lektion, über die CHEN T'UAN jeden Tag meditierte.

Philosophisch ausgedrückt ist das chinesische meditative Atmen der Blick in das Nichts auf der Suche nach Erleuchtung. Dieses Ziel ist das gleiche, das auch LAO TZU und CUANG TZU propagierten. Sie schlugen yogaähnliche Praktiken als Hilfsmittel zur Verwirklichung der Erleuchtung vor, aber sie versuchten nicht, irgendwelche Techniken auszuarbeiten oder fantasievolle Symbolsysteme aufzustellen, denn sie wussten, dass man nur durch die Erkenntnis des eigenen wahren Wesens zur Erleuchtung gelangt.

Wie CHUANG TZU es sagte: »Das Fischnetz ist da, um Fische zu fangen. Wir wollen die Fische behalten und das Netz vergessen.« Die Systeme, die von späteren kleineren Geistern aufgebaut wurden, sind die Fischnetze …

Es sucht der Menschengeist im
Außen alle Tage.
Je weiter er hinausgreift allerdings,
Desto stärker hemmt er sich selbst.
Jene allein, die einwärts schauen,
Können ihre Leidenschaften zügeln
Und die Gedanken stilllegen.
Kann man seine Gedanken stilllegen,
Dann wird der Sinn erfüllt mit
heitrer Ruhe.
Den Sinn beruhigen heißt, den
Geist zu nähren.
Wer den Geist nährt, der kehrt
zurück zum Wesen.

CHARLES LUK (LU K'UAN-YÜ)

Taoistische Meditation

Am Anfang der taoistischen Meditationspraxis stehen zwei wichtige Voraussetzungen: die Regulierung der Körperhaltung und die des Atems.

Regulierung der Körperhaltung

1. Vor und nach der Meditation

a) Meditation übt man an einem ruhigen Ort oder im Schlafzimmer. Die Türen bleiben geschlossen, um Störungen von außen abzuhalten, die Fenster aber offen, um frische Luft einzulassen.

b) Das Sitzkissen soll weich und dick sein, damit man lange darauf sitzen kann.

c) Der Meditierende soll die Kleidung lockern und den Gürtel lösen, um alles Behindernde zu vermeiden.

d) Der Körper soll gerade, die Wirbelsäule aufgerichtet sein.

e) Nach der Meditation werden die Augen langsam geöffnet und die Gliedmaßen entspannt.

2. Die Haltung der Beine

a) Die »volle Lotushaltung« besteht darin, dass man das linke Bein auf das rechte und dann das rechte Bein auf das linke legt. Dies ist die beste Haltung, denn sie drückt die Seiten der Knie auf das Kissen und gewährleistet dabei einen fest und gerade aufgerichteten Körper, der nicht seitwärts, vorwärts oder rückwärts absinkt. Dieser Sitz ist jedoch für den Anfänger nicht leicht und für alte Leute sehr schwer.

b) Der Meditierende kann jedoch die »halbe Lotushaltung« einnehmen, indem er entweder das linke Bein auf das rechte oder das rechte Bein auf das linke legt, je nachdem, wie es ihm leichter fällt. Diese Haltung hat jedoch einen Nachteil, denn wenn das linke Bein auf das rechte gelegt wird, dann kann das linke Knie nicht auf dem Kissen ruhen und dann mag der Körper sich leicht nach rechts neigen. Ist das rechte Bein auf das linke gelegt, dann kann das rechte Knie nicht aufliegen und der Körper neigt sich leicht nach links. Kann der Anfänger die volle Lotushaltung aber nicht einnehmen, dann erfüllt die halbe Lotushaltung den gleichen Zweck, vorausgesetzt der Körper wird gerade gehalten und die Auswirkung ist die gleiche wie bei der vollen Lotushaltung.

c) Auf diese Weise sind die beiden Schenkel wie die (verbindenden) Seiten eines Dreiecks, und wenn sie bequem auf dem Kissen ruhen, dann liegt der Schwerpunkt des Körpers automatisch unterhalb des Nabels.

d) Beim Anfänger schlafen gewöhnlich die Beine ein. Erträgt man das aber geduldig, so legt es sich mit der Zeit.
e) Kann man es nicht ertragen, so ändere man die Beinhaltung. Im Falle völliger Unerträglichkeit stehe man vorübergehend auf und setze sich erneut, wenn die Beschwerden verschwunden sind.
f) Wer aber hartnäckig selbst den unerträglichen Beschwerden in den Beinen widersteht, der wird sie sehr bald überwinden. Wer diese Leidenszeit hinter sich gebracht hat, dessen Beine schlafen nie mehr ein.

3. Brust, Gesäß und Bauch
a) Der Brustkorb soll leicht vorgeneigt werden, damit die Magengrube gesenkt und so das Zwerchfell entspannt wird. Gewöhnlich, wenn der Schwerpunkt des Körpers unstabil ist, sammelt sich der Lebensstrom *(ch'i)* in der Magengrube, die der Anfänger dann blockiert, nicht aber gelöst fühlt. Daran kann man erkennen, dass die Magengrube nicht gesenkt wurde. In diesem Fall soll der Meditierende seinen Geist auf den Unterbauch konzentrieren, um das Zwerchfell zu entspannen. Im Lauf der Zeit senkt sich die Magengrube automatisch, ohne besondere Bemühung. Dadurch wird der Schwerpunkt stabilisiert.
b) Das Gesäß soll leicht zurückgedrückt werden, damit die Wirbelsäule gestrafft wird. Die Wirbelsäule ist geschwungen wie der Bogen eines Schützen und neigt sich im Bereich des Gesäßes nach außen. Während der Meditation soll ihre natürliche Form erhalten bleiben, Gewalt aber darf keineswegs dabei mitwirken.
c) Der Unterbauch soll stabil sein, damit der Schwerpunkt des Körpers stabil ist. Dies erreicht man durch Konzentration auf den Unterbauch, was jedoch ohne Anstrengung geschehen soll. Um zu dem gewünschten Resultat zu gelangen, soll der Meditierende jeden Gedanken aus seinem Geist verbannen und sich so auf den Punkt etwa viereinhalb Zentimeter unterhalb des Nabels konzentrieren. So fixiert sich der Schwerpunkt von allein.

4. Die beiden Hände
a) Die Hände lege man aufeinander, nahe an den Unterbauch gezogen und auf die Unterschenkel platziert.
b) Die oben liegende Hand soll von der unteren leicht gehalten werden. Die Daumen sind gekreuzt.
c) Entweder hält die linke Hand leicht die rechte oder umgekehrt, wie es der Übende mag.
d) Die Hände können entweder am Unterbauch oder mehr auf den Beinen liegen, nach Belieben des Übenden.
e) Anstrengung soll vermieden werden, sodass Hände und Finger entspannt und bequem ruhen.

5. Gesicht, Ohren, Augen, Mund und Atem

a) Kopf und Nacken sollen aufgerichtet, das Gesicht nach vorn gewandt sein.

b) Die Ohren sollen weder Stimmen noch Laute hören.

c) Die Augen sollen leicht geschlossen sein. Einige meinen, man solle die Augen etwas geöffnet halten, vermutlich um Schläfrigkeit zu vermeiden. Aber wenn der Meditierende nicht müde ist, dann soll er sie besser schließen, um dem Geist Ruhe zu verschaffen.

d) Der Mund wird geschlossen, die Zunge berührt den Gaumen, um eine Brücke zu bilden (über die der Lebensstrom *ch'i* von der Nase zur Kehle gelangt).

e) Der Meditierende soll durch die Nase atmen und es vermeiden, den Mund beim Atmen zu öffnen.

6. Der Zustand des Geistes in der Meditation

a) Der Meditierende muss alles ablegen und sich hüten, Gedanken zu entwickeln. Das Feld unseres Intellekts ist wie ein Theaterstück und jeder Gedanke ein Schauspieler. Unsere Gedanken kommen und gehen unablässig, so wie Schauspieler unablässig auftreten und abtreten. Darum ist es sehr schwer, diesem Prozess ein Ende zu bereiten. Gelingt es aber, die Aufmerksamkeit fest bei einem Punkt im Körper zu halten, dann kann Kontrolle über den Denkprozess ausgeübt werden. Und sofern die Konzentration fest auf das Schwerpunktzentrum im Körper gerichtet ist, wird alles Denken nach und nach ein Ende finden.

b) Der Meditierende muss sich nach innen wenden, damit alle falschen Gedanken von allein vergehen.

Wir sprachen über das Abstehen von der Gedankenentwicklung. Jedoch ist diese Absicht des Nichtdenken-Wollens auch ein Gedanke. Aus diesem Grund ist es weitaus besser, die Methode des Nach-innen-Wendens zu üben, oder wie man sie auch nennt: »Die Schau in das Innerste«. Schaut ein Mensch etwas an, dann sind seine Augen üblicherweise auf das äußere Objekt gerichtet. Um jedoch innere Objekte zu betrachten, kann man sie nicht nach innen kehren. Unsere Methode besteht darin, die Augen zu schließen, um die Aufmerksamkeit nach innen zu wenden und den Intellekt zu überwachen. Zuerst müssen wir uns über das Entstehen und Vergehen der Gedanken klar werden. Entsteht ein Gedanke, so betrachte man ihn, um ihn daran zu hindern, sich an Objekte zu verlieren. Auf diese Weise vergeht er. Entsteht ein zweiter Gedanke, so soll auch er betrachtet werden, damit er sich nicht verbeißt. Dann schwindet auch der zweite. Ist so der Ursprung sorgfältig gereinigt, gehen die Gedanken langsam zu Ende.

Der Anfänger meint oft fälschlich, dass er, bevor er mit der Meditation

begann, nur wenige Gedanken hatte und dass er seitdem gegen viel mehr Gedanken zu kämpfen habe. Das ist ein Irrtum, denn Gedanken kommen und gehen unablässig in seinem Geist. Er hat sie vorher nur nicht zur Kenntnis genommen. Jetzt, während der Meditation, wird ihm das erst bewusst. Erkenntnis, dass da Gedanken sind, ist der erste Schritt zur Selbsterkenntnis. Durch die wiederholte Übung des Nach-innen-Wendens werden unsere Gedanken immer spärlicher, statt, wie man fälschlich meint, mehr.
c) Obwohl durch Meditation Krankheiten geheilt und die Gesundheit verbessert werden kann, soll der Übende einem Wunsch danach niemals Raum geben. (Das würde seine geistige Ruhe stören.)
d) Auch soll er die Ungeduld nach baldigen Ergebnissen vermeiden und sich so fühlen wie ein Boot, das, ohne Segel und Ruder, nur bedächtig vom Lauf des Stroms getrieben wird.
e) Obwohl während der Meditation die Augen geschlossen sind und Objekte nicht gesehen werden können, ist es doch nicht leicht, das Hören von störenden Geräuschen zu verhindern. Deshalb soll er sowohl das Hören wie das Sehen nach innen wenden und auf Laute und Stimmen keine Aufmerksamkeit verschwenden. Übt er so, dann wird er im Lauf der Zeit fähig werden, unerschütterlich zu bleiben, selbst wenn vor ihm Berge einstürzen.
f) Er braucht grenzenlosen Glauben an die Meditation, so wie ein gläubiger Mensch an seine Religion. Anfangs wird er sich beim Dasitzen nicht sehr bequem fühlen. Doch soll er zur Übung entschlossen bleiben und ohne Unterbrechung damit fortfahren. Im Lauf der Zeit wird die Meditation ihre Erfolge zeigen. Sein Erfolg wird daher allein seinem Glauben entsprechen.

7. Meditationsdauer

a) Wenn der Wirkungsgrad der Meditation seine höchste Stufe erreicht hat, dann soll er zu jeder Zeit bewahrt werden, im Gehen, Stehen, Sitzen und Liegen. Anfänger jedoch sollen eine bestimmte Zeit festlegen. Die besten Zeiten sind die nach dem Aufstehen und die vor dem Schlafengehen. Die Mindestforderung ist eine Meditation am Tag.
b) Grundsätzlich: Je länger eine Meditation andauert, desto besser die Ergebnisse; doch soll sie sich den natürlichen Möglichkeiten anpassen, d. h., der Übende soll jede Anstrengung, die Übungszeit auszudehnen, vermeiden. Kann er 30 Minuten durchhalten und dies ohne Unterbrechung fortführen, dann wird er zur gegebenen Zeit gute Ergebnisse erringen.
c) Wer viel beschäftigt ist, für den sind 40 Minuten ratsam. Gelingt es für eine Stunde, so sind die Resultate besser.

d) Der Morgen und der Abend sind die besten Zeiten. Kann der Übende jedoch (aus äußeren Gründen) nur einmal am Tag meditieren, dann ist es ratsam, dies auf die Zeit nach dem Aufstehen am Morgen zu legen.
e) Kann er allabendlich vor dem Zubettgehen noch eine kurze Meditation von 15–20 Minuten einlegen, so wird er schneller vorankommen. Auf diese Weise ist seine Hauptübung am Morgen durch eine abendliche Stützübung gefördert.
f) Jeden Morgen, wenn der Übende erwacht, soll er, bevor er sein Bett verlässt, den Ober- und Unterbauch massieren und den Atem regulieren, bevor er zur Toilette geht. Dann folgt die Morgenmeditation. Zwar ist es ratsam, sich vor der Übung zu entleeren, da aber jeder seine Gewohnheiten hat, bildet das keine zwingende Regel.

Atemregulierung

Atmen ist eine Lebensfunktion und von besonderer Wichtigkeit. Der Mensch weiß nur, dass Essen und Trinken das Leben erhalten und dass ihr Fehlen zum Tod führt, er macht sich jedoch zumeist nicht klar, dass der Atem wichtiger ist als Essen und Trinken. Er meint, dass Essen und Trinken deshalb von besonderem Wert seien, weil er dafür Geld aufwenden muss, für das er schwer arbeitet. Atemluft aber ist überall erhältlich, ist unerschöpflich und kostenlos. Darum betrachtet man sie als wertlos. Isst man nicht mehr, dann lebt man noch mindestens sieben Tage; werden aber Nase und Mund verschlossen, sodass die Zufuhr an Luft abgeschnitten wird, so stirbt der Mensch augenblicklich. Darum ist Atmen wichtiger als Essen und Trinken.
Es gibt zwei Arten der Atmung: die natürliche und die geordnete, die nun beschrieben werden sollen.

1. Die natürliche Atmung

Ein Atemzug besteht aus einer Einatmung und einer Ausatmung. Die Atemorgane bestehen aus der Nase außen und den Lungen innen. Die Lungen liegen im Brustkasten und so wie der Atem verläuft, dehnen sie sich oder ziehen sich zusammen. Der Atem expandiert und kontraktiert die Lungen jedoch nicht völlig; nur der obere Teil dehnt sich und schrumpft, während der untere Teil bewegungslos bleibt. Da keine volle Sauerstoffsättigung durch die Einatmung gewonnen und nicht alle Kohlensäure bei der Ausatmung abgegeben wird, kann das Blut nicht völlig gereinigt werden, woraus sich alle Arten von Krankheiten ergeben können. Das ist die negative Auswirkung der natürlichen Atmung.
Natürliche Atmung, auch Bauchatmung genannt, umfasst eine Einatmung, die bis zum Unterbauch geht, und eine Ausatmung, die vom Unterbauch her kommt. Atmet man ein, so füllt die Luft alle Teile der

Lunge, dehnt sie nach unten und drückt das Zwerchfell abwärts. Dabei entspannt sich der Brustkorb und der Bauch dehnt sich. Beim Ausatmen zieht sich der Bauch zusammen und drückt das Zwerchfell aufwärts gegen die Lungen, aus denen so die unreine Luft gepresst wird. Daher ist es wichtig, dass die Atemfunktion, durch die die Lunge expandiert und kontraktiert wird, mit den Bewegungen des Bauchs und des Zwerchfells harmoniert, um so dem Naturgesetz zu entsprechen und die freie Blutzirkulation zu gewährleisten. Dieser Methode des Atmens soll man nicht nur bei der Meditation folgen, sondern beständig im Gehen, Stehen, Sitzen und Liegen. So reguliert man den Atem:

a) Atmet man aus, dann zieht sich der Unterbauch unterhalb des Nabels zusammen, hebt das Zwerchfell und der Brustkorb wird gepresst, sodass sich alle unreine Luft aus den Lungen entleert.

b) Atmet man ein, so gelangt frische Luft durch die Nasenlöcher, füllt langsam die Lungen und presst das Zwerchfell herab. Der Unterbauch dehnt sich dabei.

c) Ein- und Ausatmung sollen nach und nach tiefer und zügiger werden, den Unterbauch erreichen, der sich füllt und strafft. Es gibt Leute, die raten, man solle den Atem für einige Sekunden im Bauch anhalten, aber meiner Erfahrung nach sollte der Anfänger das nicht tun.

d) Die Ein- und Ausatmung sollte langsam, zügig und fein verlaufen. Dies übe man, bis der Atem unmerklich wird.

e) Ist dieses Resultat erzielt, dann scheint der Atem geschwunden zu sein, trotz des Vorhandenseins der Atemorgane, die nun überflüssig erscheinen. Der Übende hat das Gefühl, als ob der Atem durch die Poren des Körpers ein- und ausströme. Dies ist die höchste Stufe in der Atemkunst. Der Anfänger jedoch soll Übertreibungen vermeiden und dem Atem seine Natur belassen.

2. Die geordnete Atmung

Die geordnete Atmung, auch umgekehrte Atmung genannt, ist tief und fein, geht auch bis zum Bauch wie die natürliche Atmung, jedoch mit entgegengesetzten Expansions- und Kontraktionsbewegungen des Unterbauchs und den entsprechenden Aufwärts- und Abwärtsbewegungen des Zwerchfells. Sie heißt umgekehrte Atmung, weil sie einen gegenüber der natürlichen Atmung umgekehrten Ablauf in folgender Weise darstellt:

a) Die Ausatmung ist langsam und zügig, wobei der Unterbauch fest und voll wird.

b) Der Bereich unterhalb des Nabels füllt sich, der Brustkorb wird hohl und entspannt, das Zwerchfell locker.

c) Die Einatmung ist tief und zügig und füllt die sich dehnende Brust völlig, wobei sich der Unterbauch zusammenzieht.

d) Durch die Luft, die die Lungen füllt, wird das Zwerchfell abwärts, durch das Zusammenziehen des Bauchs aufwärts gepresst. Dieser Vorgang aktiviert das Zwerchfell.
e) Während sich der Brustkorb dehnt, wird der Bauch, obwohl eingezogen, nicht hohl.
Während des Ein- und Ausatmens soll der Schwerpunkt im Bauch unterhalb des Nabels bleiben und sich nicht verschieben.
f) Der Atem soll ruhig, fein und selbst für den Meditierenden unhörbar bleiben.
Während die Alten eine längere Ein- als Ausatmung empfahlen, empfehlen die Modernen das Umgekehrte. Meiner Erfahrung nach jedoch ist für beide die gleiche Länge zu empfehlen.

Aus Obigem wird ersichtlich, dass sowohl die natürliche wie die geordnete Atmung den Zweck hat, das Zwerchfell zu aktivieren. Die geordnete Atmung dient dazu, den Bauch auf künstliche Weise zu kontraktieren und zu expandieren, sodass das Zwerchfell sich strafft und sich müheloser betätigt. Als ich mit meinen Übungen begann, empfand ich die geordnete Atmung als überaus hilfreich. Seitdem habe ich von einigen Leuten gehört, dass sie nicht in der Lage seien, so zu üben. Ist also die geordnete Atmung nicht übbar, dann empfehle ich dem Leser, die natürliche Atmung zu üben. Sie ist frei von allen Belastungen.

3. Die Atemübung

Gleichgültig ob die natürliche oder die geordnete Atmung angewendet wird, die Hauptpunkte der Atemübung bleiben die gleichen:
a) Die Lotushaltung sei die gleiche wie in der Meditation.
b) Der Atem sei zu Beginn kurz und soll sich im Lauf der Übung verlängern.
c) Er soll langsam, fein, unhörbar und tief sein und dabei behutsam bis zum Unterbauch geführt werden.
d) Er soll durch die Nase, nie durch den Mund gehen.
e) Sobald der Übende mit der Aufgabe vertraut ist, wird es ihm gelingen, den Atem ohne Anstrengung nach und nach zu verlängern, bis jeder Atemzug – Ein und Aus zusammen – eine ganze Minute ausfüllt.
f) Täglich soll ohne Unterbrechung die feine, unhörbare Atmung geübt werden.
g) Während der Meditation sollen alle Gedanken ausgeschaltet sein, denn wenn die Aufmerksamkeit auf den Atem gerichtet ist, kann der Geist nicht zur Stille gelangen. Aus diesem Grund ist es ratsam, Atemübungen vor und nach jeder Meditation zu praktizieren.
h) Diese Atemübungen vor und nach jeder Meditation sollen nur bei frischer Luft stattfinden und etwa fünf bis zehn Minuten dauern.

4. Das Senken der Magengrube in Beziehung zur Atmung

Wir haben oben von der Meditationshaltung gesprochen, bei der die Magengrube gesenkt wird. Bei der Atemübung ist das Senken der Magengrube für die Atemregulierung wichtig, wodurch die Wirkung der Meditation selbst erhöht wird. Der Leser achte auf folgende Punkte:

a) Zu Beginn seiner Atemübungen hat der Anfänger gewöhnlich das Gefühl, dass die Magengrube fest ist und den Atem behindert, sodass es zu keiner Regulierung kommt. Das geschieht deshalb, weil das Zwerchfell sich nicht frei auf und ab bewegen kann. Diese Schwierigkeit muss entschlossen beseitigt werden.

b) Ist der Atem derart behindert, dann muss jede Anstrengung vermieden und dem Atem sein natürlicher Verlauf belassen werden, indem man die Aufmerksamkeit auf den Unterbauch richtet.

c) Man entspanne den Brustkorb, damit der Kreislauf keinen Druck auf das Herz ausübt. So senkt sich die Magengrube automatisch.

d) Im Lauf der Zeit entspannt sich das Zwerchfell und der Atem wird fein und zügig, wobei jede Einatmung zum Schwerpunkt unterhalb des Nabels und jede Ausatmung von dorther geht. Dies ist dann der Beweis dafür, dass die Magengrube gesenkt wurde.

Vibration im Bauch

a) Eine lange Meditationspraxis führt gewöhnlich zu einer (Art) Vibration, die im Unterbauch, unterhalb des Nabels, gefühlt wird. Sie beweist, dass sich im Bauch (psychische) Energie gesammelt hat.

b) Etwa zehn Tage bevor diese Vibration in Erscheinung tritt, empfindet der Meditierende eine gewisse Erhitzung im Bauch, unterhalb des Nabels.

c) Ist diese Hitze einige Zeit hindurch fühlbar, vibriert plötzlich der Unterbauch und der ganze Körper wird geschüttelt. Das braucht den Meditierenden nicht zu erschrecken. Er soll den natürlichen Ablauf dieser Vorgänge nicht stören.

d) Die Schnelligkeit und Dauer des Vibrationsvorgangs ist individuell verschieden. Er geschieht, ohne dass man ihn suchen oder behindern soll.

e) Wird die Vibration gefühlt, so soll sich der Meditierende (aber ohne Nachdruck) vorstellen, dass die heiße Energie abwärts durch das untere Wirbelsäulenende geht, dann die Wirbelsäule aufwärts strömt, bis sie den höchsten Punkt des Kopfs erreicht und durchläuft, sich dann über das Gesicht hin abwärts wendet und über Brust und Magengrube zum Bauch unterhalb des Nabels zurückkehrt. (Der Kanal vom Wirbelsäulenende zur Magengrube öffnet sich nicht sofort; das kann von der ersten Vibration an ein paar Monate oder selbst ein Jahr dauern. Der Leser muss sich darüber klar sein.)

Im Lauf der Zeit wird die kreisende

Hitze von allein aufwärts und abwärts steigen und kann durch Imagination zu jedem Körperteil gelenkt werden, selbst zu den Fingernägeln und Haarspitzen. Das Ergebnis ist dann, dass sich der ganze Körper erwärmt und von ungewöhnlichem Wohlbefinden erfüllt wird.
Der Ursprung dieser Vibration ist sehr dunkel und schwer zu erklären. Höchstwahrscheinlich sind der Blutkreislauf und eine Ballung psychischer Kräfte im Bauch unterhalb des Nabels beteiligt. Diese Konzentration von Kräften verursacht die Bewegungen, die wiederum die Hitze hervorrufen. Es ist jedoch schwer erklärlich, warum diese Kräfte die Wirbelsäule aufwärts bis zum Kopf steigen und dann, absteigend, zum Nabel zurückkehren. Tatsächlich habe ich selbst diese Phänomene kennen gelernt und kann sie bestätigen. (Dies ist es, was die Alten »freien Durchgang durch die drei Tore« nannten. Das erste Tor ist das Wirbelsäulenende, das zweite ist in der Wirbelsäule bei den Nieren und das dritte im Hinterkopf.)
Es gibt mehrere alte Erklärungen dafür. Die vernünftigste, wenn auch nicht gerade wissenschaftlichste ist: »Der Fötus im Mutterleib atmet nicht durch die Nase. Bei ihm kreist die Vitalkraft durch die Wirbelsäule zum Kopf und dann absteigend zum Nabel. Das nennt man die fötale Atmung. Nach der Geburt (nachdem die Nabelschnur durchtrennt wurde) hört dieser Kreislauf auf und wird durch die Atmung mithilfe der Atemorgane ersetzt. Nach langer Meditation kann der Übende sich wieder dieses Kreislaufs bedienen und den fötalen Atem wiederherstellen.« …

Meine persönlichen Erfahrungen

Als ich im Alter von 17 Jahren mit der Meditation begann, glaubte ich nicht sehr stark an ihre Wirkungskraft. Dass ich überhaupt übte, war nur der Sorge um meine Krankheit zuzuschreiben. Wenn ich taoistische Bücher las, dann fand ich sie voll solcher technischer Begriffe wie *yin* und *yang* (das weiblich-negative und das männlich-positive Prinzip), die »Fünf Elemente« (Metall, Holz, Feuer, Wasser, Erde), die *k'an*- und *li*-Diagramme (des »Buchs der Wandlungen«) und das Elixier der Unsterblichkeit, was alles jenseits meiner Fassungskraft lag. Aus diesem Grund nahm ich die Meditation nicht so wichtig und übte sie nur gelegentlich. Als ich 28 war, wurden die Übungen regelmäßig, meines Lungenleidens wegen. Als praktischer Mensch dachte ich, dass diese Übung helfen müsse, die Vitalität durch Beseitigung der Zerstreutheit zu erhalten und dadurch den Ursprung der Krankheit zu entwurzeln. Ich kümmerte mich nicht um die alte Methode der Stärkung des Feldes der Unsterblichkeit *(tan t'ien)* und glaubte ebenso wenig an die »freien Durchgänge durch die drei Tore«. Als ich jedoch dreimal erfahren hatte, dass die Körpervibrationen eine Tatsache waren, da erkannte ich, dass das *tao* unerschöpflich ist und dass es viele Dinge gibt, die unser begrenzter Verstand nicht ergründen kann. So kam ich zu dem Schluss, dass die alten Lehren keineswegs als wenig verlässlich verworfen werden dürfen. Die Alten sprachen von »innerer Wirkkraft« *(nei kung)* als der ersten Methode, die Gesundheit zu verbessern. Die ersten Schritte dazu aber wurden nicht offen weitergegeben (außer mündlich vom Lehrer an den Schüler). Nach der *Ch'in-* (221–206 v. Chr.) und *Han-* (205 v. Chr. bis 220 n. Chr.) Dynastie schufen die Taoisten ihre Theorie von der Unsterblichkeit und bildeten Sekten, je nach ihren Übungsmethoden. Ihr Ziel jedoch war ähnlich LAO TZUS »Erlangung der Stille« und BUDDHAS »Dhyāna-Samādhi«. Leider sind ihre Übungsmethoden heute unbekannt.

Das Geheimnis der Vergesslichkeit

Als ich mit Meditation begann, strebte ich nach schnellen Erfolgen, und dadurch kam mein Zeitplan ziemlich durcheinander. Ich würde dem Leser vorschlagen, ihn nicht zu kopieren, sondern zweimal am Tag zu üben, am Morgen und am Abend, um unnötige Schwierigkeiten zu vermeiden. Bezüglich dessen, dass die Meditation »natürlich« sein soll, einer sehr wichtigen Forderung, muss ich noch Folgendes sagen:
Um die Meditation natürlich werden zu lassen, ist nichts wichtiger als das Geheimnis des Wortes »Vergesslichkeit«. Wenn z. B. das Ziel der Meditation das Heilen einer Krankheit ist, muss der Übende den ganzen Gedankenkomplex um das Heilen vergessen. Will er gesünder werden, so muss er die Idee der Gesundung vergessen. Denn wenn der Geist und sein Objekt vergessen sind, dann wird alles leer, und das dabei eintretende Übungsresultat ist das richtige. Denn die Wirkungskraft der Meditation liegt in der allmählichen Wandlung von Körper und Geist. Hängt man jedoch am Gedanken der Heilung einer Krankheit oder Besserung der Gesundheit, dann wird der Geist aufgestört und kein Ergebnis kann eintreten. Ich habe diesen Fehler zu Beginn meines Übens begangen und ich rate meinem Leser, ihn zu vermeiden.

Das Vermeiden ungeduldiger Erwartung eines Erfolgs

Als meine Freunde erfuhren, dass ich mithilfe der Meditation Erfolg bei der Heilung meiner Krankheit gehabt hatte, bekam ich häufig Besuch von Menschen, die mich baten, sie zu lehren. Aber von hunderten und tausenden von ihnen erzielten nur einer oder zwei wirkliche Ergebnisse. Ihre Fehlschläge resultierten aus der ungeduldigen Sehnsucht nach schnellen Resultaten. Sie sahen nur, dass ich gute Ergebnisse erreicht hatte, bedachten aber nicht, dass mein Erfolg meiner Ausdauer zuzuschreiben war, nicht aber der Ungeduld, schnell zum Ziel zu gelangen. Die meisten Schüler waren zu Anfang ihrer Übungen durchaus ernsthaft, hörten aber sehr plötzlich wieder auf, als sie merkten, dass sie nicht so schnell wie erwartet wirkten. Einige meinten sogar, ich hielte ein Geheimnis verborgen, das ich ihnen nicht verraten wollte. Gewöhnlich führt Ungeduld zu negativen Resultaten. Sie wussten nicht, dass Meditation dazu dient, Körper und Geist zu pflegen und zu nähren. Dies Ernähren gleicht durchaus dem des Körpers durch Nahrungsmittel. So weiß z. B. jeder, dass Nahrung den Körper stärkt. Wünscht jemand jedoch ein schnelles Ergebnis, isst mehr, als er verdauen kann, und schädigt so den Magen, wird er dann ganz mit Essen aufhören?

Das Üben ist wie eine lange Fußreise: Der Wanderer schreitet Schritt für Schritt voran, bis er schließlich sein Ziel erreicht.

Vibration ist kein Zeichen für die Wirksamkeit der Meditation

Wir haben von jenen Vibrationen im Körper gesprochen, die erst längere Zeit, nachdem der Meditierende mit seinem täglichen Üben begonnen hatte, in Erscheinung treten. Ob sie auftreten oder nicht, ob sie schnell oder langsam verlaufen, hängt von der physischen Konstitution des jeweiligen Übenden ab. Es wäre falsch, mit der Meditation aufzuhören, weil man sie, nur wegen fehlender Vibrationen, nicht für wirkungsvoll hält. Auch wäre es falsch, enttäuscht zu sein, weil andere Vibrationen haben, die man selbst vermissen muss. Es ist auf Unterschiedlichkeiten in der körperlichen Konstitution zurückzuführen, dass einige schon nach wenigen Monaten des Übens, andere erst nach Jahren diese Vibration fühlen, während wieder andere selbst nach vielen Jahren der Meditation, in denen ihr Körper und Geist völlig gewandelt wurden, nichts von diesen Vibrationen empfinden. Aus diesem Grunde wissen wir, dass Vibrationen und erfolgreiche Meditation sich keineswegs bedingen.

Die Übung des »Kosmischen Kreislaufs«

Zunächst lass den (Denk-)Prozess versiegen. Nachdem Körper und Geist geordnet sind, setze dich, das Gesicht nach Osten, mit gekreuzten Beinen nieder. Reguliere die Ein- und Ausatmung, lege die rechte Hand auf die linke und ziehe sie dicht an den Unterbauch unterhalb des Nabels. Sodann klappe die unteren Zähne 36-mal gegen die oberen, um Körper und Geist zu befestigen. Lass den roten Drachen das Meer 36-mal quirlen[1] und richte die (geschlossenen) Augen so, als wolltest du seine Bewegungen verfolgen. Nun lass die Zunge den Gaumen berühren. Beruhige den Geist und zähle deine Atemzüge 360-mal. Hat sich dein Mund mit dem göttlichen Wasser gefüllt, dann spüle es einige Male im Mund herum, und dann vollziehe die vier Akte[2], indem du den Afterschließmuskel anziehst, um (dem Lebensstrom) einen freien Weg in den *tu mai*-Meridian zu sichern, durch das Steißbein und das mittlere Tor (zwischen den Lenden) und die Wirbelsäule aufwärts, ein Weg, den der Strom schneller durchläuft. Schließe die Augen, drehe sie aufwärts und atme langsam durch die Nase ein, ohne wieder auszuatmen, bis das Jadekissen (d. i. der Hinterkopf) durchstoßen ist. Dann steigt (der Lebensstrom), als wäre er durch die Sehkraft gewaltsam aufwärts gestoßen (den mittleren Kanal) hinauf, umkreist den Gipfel des *k'un lun* (die Schädeldecke) und steigt über die Brücke der Elster (die Zunge) hinab. Nun schlucke ein Drittel des Speichels, der (dem Lebensstrom) hinab zum Hellen Palast (dem Herzen) folgen soll, bevor dieser zum Meer des *ch'i* (im Unterbauch) zurückkehrt. Verharre einen Augenblick und wiederhole dann die Übung ein zweites und drittes Mal, um im Ganzen drei Kreisläufe zu absolvieren. Dies nennt man die Umkehrung des Himmlischen Flusses.

Ruhe dich etwas aus. Dann reibe den Unterbauch 180-mal mit den Händen. Wenn du die Hände wieder fortnimmst, lege ein wollenes Tuch über den Nabel und den Unterbauch, um diese nicht der kalten Luft auszusetzen. (Die Alten sagten: »Das Geheimnis der Unsterblichkeit liegt in der Bewahrung der Hitze im *tan t'ien.*«) Sodann reibe die Rücken der Daumen aneinander, bis sie heiß sind, und massiere damit die Augen 14-mal, um das »Feuer« im Herzen zu stillen, die Nase 36-mal, um die Lungen zu erfrischen, die Ohren 14-mal, um die Nieren zu kräftigen, und das Ge-

---

[1] Der Rote Drache ist die Zunge. Rolle sie 36-mal im Mund herum, um den Speichelfluss zu fördern, wodurch die austrocknende Wirkung der Hitze des aufsteigenden *ch'i* gelindert wird. Eine schnellere Methode ist, die Zunge so weit wie möglich zurückzulegen.

[2] Die vier Akte bestehen im a) Anziehen, b) Berühren, c) Schließen und d) Einatmen. Den Schließmuskel anziehen bedeutet, dem *ch'i* freien Durchgang durch das Steißbein zu verschaffen; das Berühren des Gaumens mit der Zunge bedeutet, eine Brücke zu bilden, über die die psychischen Zentren im Kopf mit denen im Genick und in der Brust verbunden werden. Schließen der Augen und den Blick aufwärts richten bedeutet, den Geist zu sammeln und *ch'i* aufwärts zu lenken, und einatmen ohne auszuatmen bedeutet, nutzlosen Abstrom der Vitalkraft zu verhindern.

sicht 14-mal, um die Milz zu stärken. Verschließe die Ohren mit der Hand/den Handflächen, und schlage die himmlische Trommel.[3] Danach hebe die Hände langsam über den Kopf und lege die Handflächen aneinander[4], als wolltest du den Himmel grüßen. Vollführe das alles dreimal und atme langsam die unreine Luft aus, atme frische Luft ein, dies vier- bis fünfmal. Dann halte die Schultern (bei gekreuzten Armen) mit den Händen und schüttle sie einige Male, um die Nerven und Knochen zu beleben. Schließe die Übung, indem du das Jadekissen (den Hinterkopf) 24-mal reibst, das Kreuzbein 180-mal und die Mitte der Fußsohlen 180-mal.

---

[3] Lege die Handflächen an die Ohren, drücke das Mittelfingerpaar an den Hinterkopf und klopfe mit dem Zeigefingerpaar gegen den Schädelknochen über den Ohren, sodass ein scharfer Laut entsteht.

[4] Um die Lebensströme beider Arme zu verbinden, wodurch ein weiterer Kreislauf um den Körper entsteht.

WOLFGANG HÖHN

Der Weg der Schrift

WANG HSI-CHIH (307–379), »General zur Rechten« im Staat *Chin* und Chinas größter Meister der Schriftkunst, schreibt in einem Gedicht über die »kalligrafische Strategie der Dame WEI«, seiner Lehrerin (272–349):

»Papier ist das Schlachtfeld,
Der Pinsel die Waffe,
Tusche die Rüstung,
Der Reibstein die Festung,
Der Geist ist Feldmarschall,
Kunstfertigkeit der Offiziersstab,
Und Komposition ist die Strategie,
Das Heben des Pinsels entscheidet die Schlacht:
Beim Ansatz und Abheben
Folgt er den Befehlen des Feldmarschalls;
Seine Drehungen und Wendungen gleichen vernichtenden Schlägen.«

Die Übung der Kalligrafie folgt denselben Prinzipien wie *ch'ikung,* Meditation und Kampfkunst. Von der Kalligrafie des WANG HSI-CHIH ist überliefert, er habe den Pinsel mit solcher Kraft geführt, dass die Tusche zentimetertief ins Holz gedrungen sei. »Ins Holz eindringen« heißt auf Chinesisch *ju mu* – und so geht die Methode *(tao)* des *ju mu tao* und damit auch die rechte Übung der Schriftkunst zurück auf jenen Meister. In Japan ist dieser Weg über mehr als 50 Generationen hinweg bis auf den heutigen Tag lebendig geblieben.

Die Übung des *ju mu tao* beginnt mit der »Einen Linie«, die mit den gesammelten Kräften des ganzen Menschen aus seinem Zentrum herausgezogen werden soll. Dabei

atmet man tief ein, holt mit dem Pinsel aus dem ungestalteten Chaos aus und setzt ihn dann ruhig auf das Papier; während man langsam ausatmet, zieht man dann den ganzen Strich, gemächlich und gleichmäßig, als ob am Pinsel ein zentnerschwerer Felsbrocken festgebunden wäre. Wenn der Pinsel zuletzt vom Papier abhebt, soll die Energie *ch'i* weiterfließen und der Pinsel soll wieder in die Welt des formlosen Nichts zurückkehren. So entsteht eine Linie von unendlicher Länge. In ihr ist alles enthalten – und so lässt sie sich umsetzen in eine wahrhaft freie und lebendige Pinselführung, die sich am schönsten ausdrückt im dynamischen Fluss der »Gras-Schrift« *(ts'ao Shu),* einer Art stenografisch gekürzten und freien Schriftstils.
Meditation mit dem Pinsel kann auf diese Weise zum unmittelbaren Ausdruck des wahren Ich führen, denn im Pinselstrich werden die inneren Kräfte *(ch'i)* und die Grenzen des Ich auf dem Papier sichtbar. Deshalb ist es auch wesentlich für diese Übung, die »Augen des Herzens« zu öffnen, um das Kräftespiel in den Linien zu erkennen. Dies geschieht am besten durch die Betrachtung von Meisterwerken der Malerei und Kalligrafie aus alter Zeit. Dadurch kann man auch lernen, den geistigen Zustand und die Kräfte des Ich aus dem Pinselstrich abzulesen, denn in der Klarheit und Lebendigkeit der Linie kommt *mu ch'i* zum Ausdruck. *Mu ch'i* bezeichnet die Energie, den Geist *(ch'i)* des Schreibenden, wie er sich im lebensvollen Farbton der Tusche *(mu)* und in der Kraft des Duktus manifestiert.

Shufa Ch'ikung – Kalligrafie als Übung des Ch'i

In der Geschichte der chinesischen Kunst findet man auffallend viele Kalligrafen, die ein überdurchschnittlich hohes Lebensalter erreichten, darunter auch nicht wenige, die auf Chinesisch als *lao shou hsing,* »Sterne des hohen Lebensalters«, bezeichnet werden. Dazu gehören zum Beispiel die vier größten Meister der *T'ang*-Zeit (618–906): Liu Kung-Ch'üan (778–865), Ou Yang-Hsün (557–641), Yü Shih-Nan (558–638) und der berühmte General Yen Chen-Ch'ing (709–785), der mit »nur« 76 Jahren im Kampf starb.
Auch in moderner Zeit lebten zahlreiche Meister über 80 Jahre – mit Ch'i Pai-Shih (1863–1957) und Huang Pin-Hung (1865–1955) seien nur zwei der bekanntesten genannt – und unter den lebenden Malern und Kalligrafen gibt es sehr viele, die im hohen Alter tätig sind. Auch wenn man z.B. das Lebensalter von Kalligrafen und Schriftstellern vergleicht, dann zeigt sich, dass das Durchschnittsalter der Kalligrafen wesentlich höher ist. Handelt es sich hierbei um einen bloßen Zufall? Die Antwort lautet:

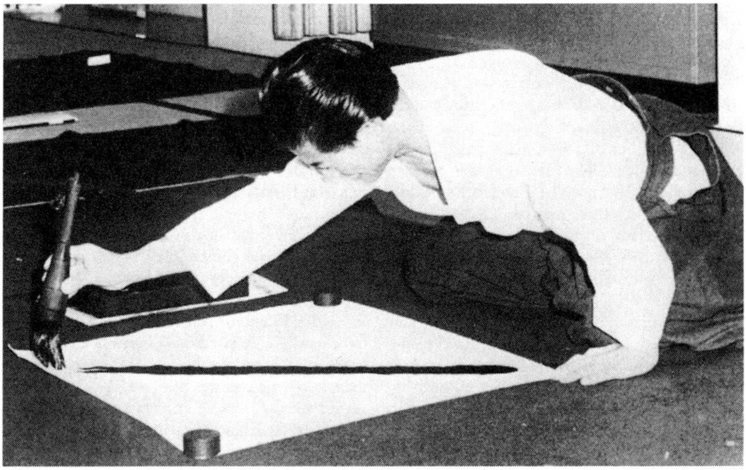

Meister K. Terayama zieht die »Eine Linie«

»nein«. Genauso wenig handelt es sich bei dem hohen Durchschnittsalter der Dirigenten im Westen um ein zufälliges Phänomen. Einfach gesagt hat dies letztlich seine Ursache darin, dass Leben Bewegung ist. Betätigt man sich kalligrafisch, bewegt man nicht nur den ganzen Körper auf gleichmäßige Weise, sondern man übt auch die Lebensenergie *ch'i* im Innern, d. h., man übt *ch'ikung*. Alle chinesischen Kalligrafiemeister haben das bewusst oder unbewusst getan. Wer regelmäßig und beharrlich *ch'ikung* übt, der kann nicht nur ein hohes Lebensalter erreichen, sondern dabei auch körperlich und geistig aktiv bleiben.

Es zeugt von der tiefen Erfahrung der Meister, wenn man in China sagt: »Ist das Herz von wilder Freude erfüllt, können sich die Leidenschaften beim Schreiben abkühlen; ist das Herz bedrückt, so kann man beim Schreiben Trauer und Sorgen vergessen.« Beim Üben der Kalligrafie soll *ch'i* sich unterhalb des Nabels im *tan t'ien* sammeln, der Geist kann sich beruhigen, aus der Ruhe entsteht dann Bewegung und mithilfe der Vorstellungskraft *i* erreicht man die spirituelle Energie *shen*. Dies entspricht einem wichtigen Grundprinzip des *ch'ikung:* »Mithilfe der Vorstellungskraft *ch'i* lenken und das Herz beruhigen.« Der Begriff Ruhe ist natürlich relativ zu verstehen, denn auf der Erde findet man bei keinem Wesen absolute Ruhe, sondern gewöhnlich »Bewegung in der Ruhe« und »Ruhe in der Bewegung«. Ruhe und Bewegung sind miteinander verbunden; heitere Ruhe macht das Herz weit und durch die Übung des *ch'i* kann man sein Leben verlängern. Deshalb waren die Schriftmeister aller Epochen davon überzeugt, dass die Übung der Kalligrafie zu einem gesunden Leben verhelfen kann und dass sie eine ausgezeichnete Methode darstellt, um das Leben zu verlängern und die Weisheit zu vermehren.

Beim *shufa ch'ikung* muss man zuerst auf die richtige Körperhaltung beim Schreiben achten, denn nur so kann *ch'i* frei und ungehindert im Körper zirkulieren. Bevor man zu schreiben beginnt, sollten sich Geist und Gemüt in harmonischer Verfassung befinden. Der Körper soll entspannt sein, damit *ch'i* zum Zentrum hinabsinken kann; dadurch erreicht man körperliches und seelisches Wohlbefinden. Den Pinsel soll man mit hängendem Ellbogen und lockerer Schulter führen, weil er sich nur auf diese Weise leicht und lebendig hin und her bewegen lässt und man so sein Talent voll entfalten und mit Kopf und Hand Ausgezeichnetes leisten kann.

Konkret heißt dies: Beim Schreiben sollte man eine Haltung einnehmen, die das Prinzip der Verbindung von Körper und *ch'i* in den »oberen drei Punkten« (im »oberen Dreieck«) und in den »unteren drei Punkten« (im »unteren Dreieck«) wirksam werden lässt. Mit dem »oberen Dreieck« meint man das harmonische Zusammenwirken der Schulterpartie und der beiden Hände; dabei geht es vor allem darum, in konzentrierter Bemühung *ch'i* zum Fließen zu bringen. Um die schreibende Hand möglichst wirkungsvoll einsetzen zu können, muss man sozusagen die Kraft der anderen Hand »leihen«, indem man diese mit leichtem Druck flach auf den Tisch (oder Boden) stützt. Auf diese Weise kann *ch'i* stetig aus der schreibenden Hand fließen, andernfalls ermattet der Schreibarm recht schnell.

Mit den »unteren drei Punkten« meint man ein Dreieck, das aus den Füßen und dem Gesäß gebildet wird und für das – wie für das »obere Dreieck« – die entsprechenden Gesetze der Mechanik gelten. Die Fußsohlen ruhen flach auf dem Boden, die Zehen »krallen« sich leicht am Boden fest, der Abstand der Füße beträgt eine Schulterbreite. So können die Beine Wurzeln schlagen wie ein Baum und man gewinnt ein festes Fundament. Das Gesäß soll aufrecht »sitzen« wie eine chinesische Tempelglocke. Dieses »untere Dreieck« bildet die Basis für den Einsatz des *ch'i* beim Schreiben; Rücken, Schultern und Arme – das »obere Dreieck« – dienen dagegen dem Energiefluss als Bahnen. So heißt es ganz richtig: »Aufrechter Sitz, harmonischer Fluss des *ch'i*, senkrechte Pinselhaltung – dann mangelt es nicht an Kraft!«

Beim *shufa ch'ikung* muss man auf den rechten Fluss des *ch'i* achten, und dieser sollte mit der Atmung übereinstimmen. Dieser Punkt ist äußerst wichtig und wenn man wirklich versteht, den Pinsel richtig zu führen, *ch'i* nach unten sinken zu lassen und den Körper völlig zu entspannen, das Bewusstsein zu sammeln und den Geist zu beruhigen, dann wird man umso größere Wirkungen verspüren.

Bevor wir den Pinsel aufs Papier setzen, sollen wir den Mund schließen, die Zungenspitze hinter den Zähnen an den Oberkiefer legen, durch die Nase einatmen und *ch'i* zum *tan t'ien* hinabsinken lassen. Danach soll *ch'i* wieder langsam nach oben steigen und über die Wirbelsäule und die Schultern zu den Ellbogen und Händen fließen. Mithilfe der Vorstellungskraft soll man *ch'i* bis zur schreibenden Hand fließen lassen; dabei folgt man den Prinzipien: »Die Vorstellung geht voran; die Vorstellung und *ch'i* bilden eine Einheit; *ch'i* konzentriert sich auf die Pinselspitze.« Man soll zwar *ch'i* mithilfe der Vorstellungskraft lenken, doch das sollte ganz natürlich vor sich gehen. *Ch'i* muss ganz gemächlich fließen, frei von allem unnatürlichem Zwang. In

Hun t'un k'ai chi – das Ausholen aus dem ungestalteten Chaos (Wolfgang Höhn)

alter Zeit schrieb man in aufrechter Haltung im Sitzen am Boden (Meditationssitz); dabei kann man leichter spüren, wie *ch'i* aus dem *tan t'ien* strömt. Später ging man dazu über, in gebeugter Haltung am Tisch zu arbeiten, und so verlor der Mensch seine ursprünglichen Fähigkeiten, denn *ch'i* kann so nicht mehr wie ursprünglich aus dem *tan t'ien* strömen.

Wenn man *ch'i* frei fließen lassen kann, dann ist die Kraft beim Schreiben stark. Dieser Fluss des *ch'i* dient folgendem Ziel: »*Ch'i* durchdringt die zehn Finger und die Kraft konzentriert sich in einem Punkt.« Folglich ist es möglich, die Energie in der Pinselspitze zu sammeln. Pinselführung und Energiefluss müssen harmonisch zusammenwirken. Man sollte daher nicht den Atem wechseln, wenn man beim Ziehen eines Pinselstrichs eine Biegung ausführt, sondern alles in einem (Atem-)Zug zu Ende führen. Der Pinsel wird stets mit einer Gegenbewegung aufgesetzt, denn nur so kann man ihn richtig und kraftvoll führen – mit der Pinselspitze in der Strichmitte. Dabei folgt die Pinselführung ihrem eigenen Rhythmus.

Durch lange Übung kann man so den Körper kräftigen und Krankheiten vermeiden, das Bewusstsein stärken und den Geist festigen, den Körper gesund machen und das Leben verlängern. So lesen wir in einem alten Traktat: »Bevor man den Pinsel aufsetzt, soll man aufrecht sitzen, den Mund schließen, die Finger sollen ›fest‹ *(shih)* und die Handflächen ›leer‹ *(hsü)* sein und *ch'i* sollte das *tan t'ien* erfüllen.« Bei der Kalligrafie bildet der Hüftbereich die Basis für den Einsatz der Kraft und das Erfassen der spirituellen Energie und das *tan t'ien* die Quelle für den Einsatz des *ch'i* und des Pinsels. Auch die Meister der Malerei und der Kalligrafie haben sich wie alle wahren Taoisten in China von alters her um die Pflege der »Drei Schätze« *ching, ch'i* und *shen* bemüht. Aus Ruhe soll Bewegung, aus Bewegung soll *ch'i* entstehen; *ch'i* soll die Bewegung unterstützen und zur spirituellen Energie führen – Grundsätze, die in voller Übereinstimmung mit den Prinzipien des *ch'ikung* und der taoistischen Meditation stehen.

Wang Hsi-Chih (307–379) sagte: »Man soll den Pinsel unter Aufbietung aller Kräfte führen«, aber wie das geschehen soll, hat er nicht erklärt. Im alten China wurde solches Wissen auch sorgsam gehütet und nur an wenige Eingeweihte weitergegeben. Das gilt auch für *shufa ch'ikung* und da ganz besonders für den Zusammenhang von Pinselführung und Energiefluss. Die großen Meister der Kalligrafie verfügten über ein tiefes Wissen um die Prinzipien des *ch'i*-Flusses und haben dieses Wissen in ihrer Kunst angewendet. Deshalb konnten sie so »energisch« schrei-

ben, dass »die Kraft *(ch'i)* durchs Papier drang und die Tusche drei Zentimeter tief ins Holz eindrang«, wie es uns von der Kalligrafie des Wang Hsi-Chih überliefert ist.
Bei der Übung sollte der Pinselschaft stets so gehalten werden, dass er dem Nasenrücken senkrecht gegenübersteht, und er sollte immer so zentriert bleiben. Nur so kann man gleichzeitig das Ganze überblicken und die Lebenskraft sammeln. Der Pinsel muss auch deshalb senkrecht gehalten werden, weil man nur auf diese Weise kraftvoll schreiben und eine ruhige Fassung bewahren kann. Dem entspricht auch das Prinzip der Gegenbewegung bei der Pinselführung. Will man einen Strich nach unten ziehen, so bewegt sich der Pinsel zuerst etwas nach oben; wenn man nach links will, geht man zuerst ein wenig nach rechts. Dies steht im Einklang mit dem Prinzip des »Öffnens und Schließens«, dem expandierenden und kontraktierenden Wechselspiel von *yin* und *yang* im Kosmos, in welchem sich das Gesetz von der Einheit der Gegensätze offenbart.
Ein berühmter chinesischer Maler hat das Wirken dieses Prinzips so beschrieben: »Wenn Dinge wachsen und sich ausdehnen, so bedeutet das ›Öffnen‹ *(k'ai)*, wenn Dinge gesammelt werden, so ist das ›Schließen‹ *(ho)*. Wenn man ausdehnt, so soll man an das Sammeln denken, und man wird Struktur erhalten. Wenn man sammelt, dann sollte man auch an das Ausdehnen denken, und man erhält eine unbeschreibliche Mühelosigkeit und einen Hauch von unerschöpflichem Geist. Beim Gebrauch des Pinsels und bei der Komposition des Bildes darf man nicht einen Moment vom *k'ai ho* abgehen.«
Für die Ausübung der Schriftkunst ist es daher erforderlich, den ganzen Geist zu sammeln und Finger, Hände, Ellbogen und Arme – d. h. letztlich den ganzen Körper – harmonisch und rhythmisch zu bewegen; außerdem bedarf es der völligen Ungezwungenheit, einer gleichmäßigen Atmung, einer schönen und korrekten Gesamthaltung und der vollkommenen Übereinstimmung von Körper und Geist. Alle diese Forderungen treffen auch auf das *ch'ikung* zu. Kalligrafie ist eine rhythmische Kunst, die von der Lebensbewegung inspiriert und durchdrungen ist. Um gut zu schreiben, sollten sich Herz und Geist in ruhiger, harmonischer, gesammelter Fassung befinden. So kann man ohne Anspannung und mit Eifer »den Teich schwärzen« (üben). Wenn man den Pinsel ergreift, dann gerät der Geist in Bewegung: Im Geist formt man schon ein Bild des Ganzen, entwirft eine gute Raumaufteilung und arrangiert alles passend, sowohl spärlich als auch dicht, sowohl konzentriert als auch verstreut, vielfältig und doch einheitlich. Dazu ist es vor allem nötig, die

Vorstellungskraft an die Pinselspitze zu bringen und alles von dem einen *ch'i* durchdringen und leiten zu lassen.

In China haben von alters her viele Meister des Pinsels solche Fähigkeiten erlangt und dahinter steht nichts anderes als *shufa ch'ikung* (Übung des *ch'i* mittels Kalligrafie) bzw. umgekehrt: *ch'ikung shufa* (Kalligrafie mittels *ch'ikung*). Hier liegen auch die Gründe für das hohe Lebensalter und die ungebrochene Schaffenskraft der Meister, weil man beim Schreiben eigentlich schon von allein *ch'ikung* übt.

Pafa, die acht Elemente der Kalligrafie und Malerei – eine Übungsmethode des Shufa Ch'ikung

Wie soll man den Pinsel führen? Am wichtigsten bei der Pinselführung ist es, das Zentrum zu bewahren. Will man etwas festhalten, so hängt alles von der Lage des Zentrums ab, sonst geht das Gleichgewicht verloren. Mit Zentrum ist nichts anderes als das Kraftzentrum gemeint; das gilt auch für die Schrift und so hat jeder Strich sein Zentrum und jedes Zeichen auch.

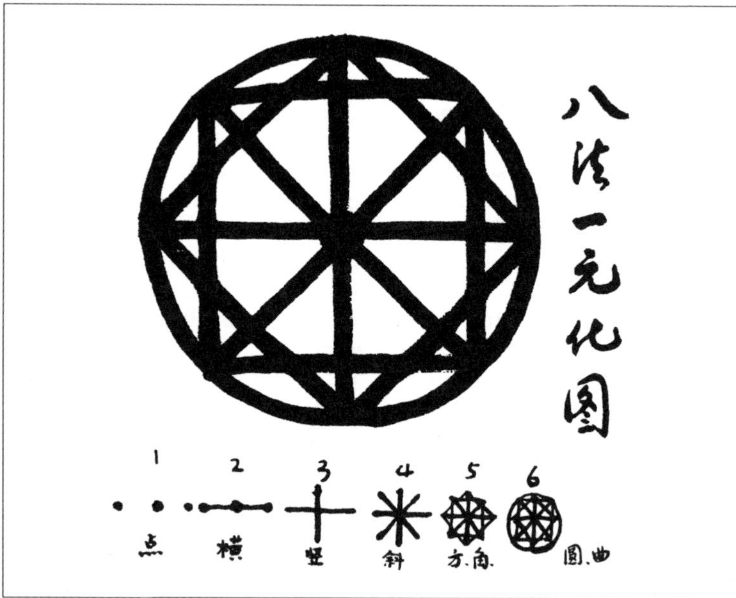

Stricharten und Reihenfolge beim Schreiben:
1 Punkt, 2 Waagrechte, 3 Senkrechte, 4 Diagonale, 5 Viereck und Winkel, 6 Kreis und Kurve

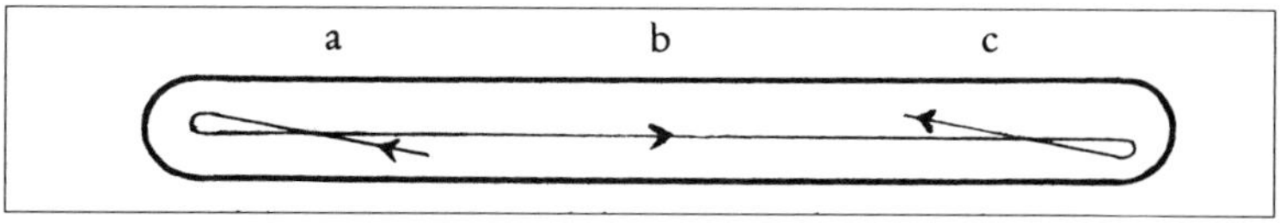

Pinselführung am Beispiel des waagrechten Strichs

Folglich muss die Pinselspitze stets in der Mitte des Pinselstrichs angesetzt werden. Das Pinselhaar muss rund und aufrecht stehen und es darf sich auf keinen Fall zur Seite neigen. Das bezeichnet man in der Kalligrafie mit *chung feng* – »Pinselspitze in der Strichmitte« –.

Zieht man einen Pinselstrich mit dieser Methode, so unterscheidet man in der Abfolge:

a) den Pinsel- bzw. Strich*ansatz* mit gegenläufiger Pinselspitze *(ni feng)*,

b) das *Ziehen* des Pinselstrichs mit verborgener Pinselspitze *(ts'ang feng)*; die Pinselspitze befindet sich dabei hinter dem Pinselbauch im Inneren des Strichs und soll nicht schräg oder offen außen liegen,

c) das Strich*ende* mit rückläufiger Pinselspitze *(hui feng)*.

Diese Pinseltechnik folgt dem Prinzip des *k'ai ho* und der Gegenbewegung, und das meinten die Alten mit »Kein Ausdehnen ohne Zusammenziehen, kein Vorwärts ohne Rückwärts«. Wenn man den Pinsel so führt, dann kommt das Zentrum des Strichs in die Mitte zwischen a) und c), und weder im oberen noch im mittleren, noch im unteren Strichabschnitt bleibt ein Fleckchen übrig, den Pinsel und Tusche nicht ausfüllen.

Beim Schreiben sollte der Pinsel langsam und gleichmäßig geführt werden, jedes einzelne Haar sollte ordentlich liegen und der Pinsel darf sich auf keinen Fall zur Seite neigen. Der Schreibende soll aufrecht sitzen und geradeaus schauen – mit friedlichem Gemüt und ruhigem Atem – und beim Üben auch die kleinste Nachlässigkeit vermeiden. Meister CH'EN CHIA-CHUO erklärt dazu: »Bei der Methode der acht Grundstriche *(pafa)* soll die Pinselspitze stets in der Strichmitte geführt werden *(chung feng)*. Man sollte mit dem Strich eine künstlerische Wirkung erzielen, wie die Bahnen des Regenwassers auf einer rußgeschwärzten Wand, wie die verbogenen Schenkel einer Haarnadel, wie mit einer Ahle in den Sand gezeichnet oder wie mit einem Siegel in den Schlamm gestempelt. Weil *pafa* grundlegend für die chinesische Malerei und Kalligrafie ist, bedarf es wie bei den Kampfkünsten täglicher Übung.«

III. Der Weg des Taichi Chuan

»Taichi Chuan ist ein inneres System (der Kampfkunst): Wenn die Bewegungen richtig ausgeführt und die inneren Prinzipien verstanden werden, dann ist dies Taichi Chuan. Werden die Bewegungen nicht richtig ausgeführt und die inneren Prinzipien nicht verstanden, dann besteht kein Unterschied zu den äußeren Kampfkünsten, selbst wenn die Bewegungen so aussehen wie Taichi Chuan.«

TUNG YING-CHIEH

CHUANG TZU

Der Koch

Der Fürst WEN HUI hatte einen Koch, der für ihn einen Ochsen zerteilte. Er legte Hand an, drückte mit der Schulter, setzte den Fuß auf, stemmte das Knie an: Ritsch! ratsch! – trennte sich die Haut und zischend fuhr das Messer durch die Fleischstücke. Alles ging wie im Takt eines Tanzliedes und er traf immer genau die Gelenke.

Der Fürst WEN HUI sprach: »Ei, vortrefflich! Das nenn ich Geschicklichkeit!« Der Koch legte das Messer beiseite und antwortete zum Fürsten gewandt: »Das *tao* ist's, was dein Diener liebt. Das ist mehr als Geschicklichkeit. Als ich anfing, Rinder zu zerlegen, da sah ich eben nur Rinder vor mir. Nach drei Jahren hatte ich's so weit gebracht, dass ich die Rinder nicht mehr ungeteilt vor mir sah. Heutzutage verlasse ich mich ganz auf den Geist und nicht mehr auf den Augenschein. Der Sinne Wissen hab ich aufgegeben und handle nur noch nach den Regungen des Geistes. Ich folge den natürlichen Linien nach, dringe ein in die großen Spalten und fahre die großen Höhlungen entlang. Ich verlasse mich auf die (anatomischen) Gesetze. Geschickt folge ich auch den kleinsten Zwischenräumen zwischen Muskeln und Sehnen, von den großen Gelenken ganz zu schweigen.

Ein guter Koch wechselt das Messer einmal im Jahr, weil er *schneidet.* Ein stümperhafter Koch muss das Messer alle Monate wechseln, weil er hackt. Ich habe mein Messer nun schon 19 Jahre lang und habe schon mehrere tausend Rinder zerlegt, und doch ist seine Schneide wie frisch geschliffen. Die Gelenke haben Zwischenräume; des Messers Schneide hat keine Dicke. Was aber keine Dicke hat, dringt in Zwischenräume ein – ungehindert, wie spielend, sodass die Klinge Platz genug hat. Darum habe ich das Messer nun schon 19 Jahre und die Klinge ist wie frisch geschliffen. Und doch, sooft ich an eine Gelenkverbindung komme, sehe ich die Schwierigkeiten. Vorsichtig nehme ich mich in Acht, sehe zu, wo ich Halt machen muss, und gehe ganz langsam weiter und bewege das Messer kaum merklich – plötzlich ist es auseinander und fällt wie ein Erdenkloß zu Boden. Dann stehe ich da mit dem Messer in der Hand und blicke mich nach allen Seiten um. Ich zögere noch einen Augenblick befriedigt, dann reinige ich das Messer und tue es beiseite.« Der Fürst Wen Hui sprach: »Vortrefflich! Ich habe die Worte eines Kochs gehört und habe die Pflege des Lebens gelernt.«

FRIEDER ANDERS

Taichi Chuan

So wie es dem Koch in der Geschichte von Chuang Tzu ergeht, so mag es dem *taichi*-Schüler ergehen, der zum ersten Mal mit dieser Kunst konfrontiert wird: ein kompakter Ablauf von Bewegungen, der in seiner Struktur so uneinsichtig ist wie ein toter Ochse für den, der das erste Mal mit dem Messer vor ihm steht, um ihn zu zerteilen. Aber wie der Ochse seine Anatomie, so haben auch die Bewegungen des *tachi chuan* ihre Gliederungen und Gesetzmäßigkeiten. Der Schüler macht sich Schritt für Schritt daran, sie zu entdecken und zu erlernen.

Am Anfang steht er aufrecht, die Füße nebeneinander. Dann tritt der rechte Fuß zur Seite. Beide Füße kommen parallel und schulterbreit zu stehen, das Körpergewicht gleichmäßig auf ihnen verteilt. Beide Handgelenke winkelt er leicht ab, die Finger etwas nach vorn zeigend und die Daumen auf die Hüften. Diese Bewegung öffnet Ellbogen und Schultern, die Arme werden rund. Jetzt entspannt er die Handgelenke, die Hände hängen locker herab. Dann führt er sie langsam und entspannt nach oben bis in Schulterhöhe. Dort knicken die Handgelenke ab und die Arme senken sich; die Hände vollführen dabei einen kleinen Kreis. Langsam sinken die Hände wieder in die Ausgangsstellung neben dem Rumpf zurück.

So beginnt die *taichi*-Form. Um ihre »Anatomie« zu erfassen, müssen die Bewegungen ganz exakt ausgeführt werden. Wie die Arbeit des

Kochs, so ist die Arbeit des *taichi*-Schülers am Anfang eher mühsam: Die Bewegungen des Lehrers zu erkennen und sie nachzuvollziehen, erfordert seine ständige Wachsamkeit – sie sind ungewohnt, die Körperhaltung fremd und anstrengend, vor allem für die Beine. Das Messer seiner Erkenntnis, um im Bild der Geschichte zu bleiben, wird schnell stumpf, weil ihm der Körper zu viele Widerstände entgegensetzt. Mit fortschreitender Übung jedoch findet das Messer immer besser seinen Weg, weil es die natürlichen Zwischenräume in den Gelenken entdeckt, und die Bewegungen des Schülers werden leichter und fließender. Allmählich entdeckt er, dass der »*taichi*-Körper«, den er durch seine Übung nachvollzieht, ein Stück lebendiger Natur ist, dessen Struktur er nur zu folgen braucht. Das anfängliche Hacken und Zerteilen des Ochsen, also das technische Aneinanderreihen der einzelnen Bewegungselemente der Form, wandelt sich in ein Tun, das, weil es mühelos mit der Natur gehen kann, auch gleichzeitig *wu wei,* »Nichttun« ist. Nicht Geschicklichkeit, sondern dem *tao* ergeben, wie es der Koch ausdrückt.

Analytische Erkenntnis – *yang* und männlich – und die sanfte, ruhige Art der Bewegung – *yin* und weiblich – kommen ins Gleichgewicht und es entsteht *taichi.* Wie die Art des Lernens, so schließt natürlich auch die Art der Bewegung die Einheit von *yin* und *yang* ein. Alle Haltungen und Bewegungen stellen die Einheit von *yin* und *yang* dar.

Stillstehen

Die Grundhaltung des *taichi chuan* ist die von kleinen Kindern, die gerade laufen gelernt haben: Wirbelsäule und Kopf wie von selbst zum Himmel strebend, die Knie leicht gebeugt und die Füße ganz auf der Erde. Weil das Kind noch kein Bewusstsein von sich selbst hat – es kann noch nicht »Ich« sagen –, sind Körper und Geist weit und offen für die eine Energie, die das Universum erfüllt. *Taichi chuan* zu lernen, heißt, wieder so zu werden wie das kleine Kind und zurückzukehren zum eigenen Ursprung – aber nicht als Regression, sondern als bewusste Reise um die Welt, um zu sehen, ob das Paradies »vielleicht von hinten wieder offen ist«, wie es Heinrich von Kleist in seiner Studie »Über das Marionettentheater« ausdrückt.

Das alte Schriftzeichen für Himmel *(t'ien)* stellt einen Menschen dar, der wie ein kleines Kind dasteht: die Knie gebeugt, die Füße verwurzelt, den Kopf erhoben, sodass er den Himmel berührt. Sind die Füße verwurzelt und hält man den Kopf aufrecht, wird die Einheit von Himmel und Erde verwirklicht, und den Übenden durchströmt »himmlische Energie«. Um Himmel und Erde durch seine Haltung zu verbinden,

Die Grundhaltung des *taichi chuan* im alten Schriftzeichen *t'ien* (Himmel) und in der natürlichen Haltung kleiner Kinder, die laufen lernen.

muss man die Knie leicht beugen, damit das Kreuzbein aufgerichtet wird, denn das Kreuzbein ist, wie beim Sitzen in der Meditation, das Fundament der Wirbelsäule. Auf diesem Fundament wird die Wirbelsäule als »Säule« aufgebaut, d.h., die einzelnen Wirbel werden so übereinander geschichtet, dass sie »selbsttragend« werden. Dadurch können die Muskeln entspannen und Kraft und Anspannung können nach unten, in die Erde, sinken. Das ist der *yin*-Aspekt der Grundhaltung: Anpassung an die Schwerkraft, Verwurzelung der Füße, Wiederentdecken der Erde, die einen trägt. Der Kopf, als oberstes Element dieser Säule, strebt zum Himmel. Ohne die entspannte Brust und die Schultern wieder anzuspannen, wird die Wirbelsäule gestreckt; das ist der *yang*-Aspekt der Haltung. Diese Grundhaltung macht den Körper frei und offen: Frei von Verspannungen kann der Atem sich entfalten, der nach unten in den Bauch sinkt und leicht und tief von selbst geht. Die inneren Organe bekommen mehr Raum und können freier arbeiten; die innere Energie *ch'i* kann von den Füßen bis zum Scheitel frei zirkulieren und Erde und Himmel verbinden.

Bewegung

Wenn das Stillstehen in Bewegung überführt wird, so muss die Einheit bewahrt bleiben, d.h., die Haltung der Wirbelsäule darf nicht verändert werden. Das bedeutet, dass Drehungen um die eigene Achse immer um die *ganze* Achse, die Wirbelsäule, ausgeführt werden und dass Becken und Schultern sich nicht gegeneinander verdrehen dürfen. Rumpf und Kopf müssen eine Einheit bilden. Um so gehen zu können, müssen die Knie wie beim Stehen ständig leicht gebeugt bleiben und die Füße flach über den Boden geführt werden. Dadurch kann das Becken als Fundament der Wirbelsäule in seiner Haltung bleiben. Die Knie dürfen nicht nach innen oder außen gedrückt werden, sondern werden ständig über den Zehen gehalten: Das verbindet den Rumpf mit den Füßen, entspannt die Beine, öffnet die Meridiane für den Energiefluss und das Becken für den Atem und bringt den Füßen den »verwurzelten« Stand. Die Schritte sind langsam und behutsam; beim Vorwärtsgehen wird die Ferse zuerst aufgesetzt, damit der Fuß ganz abrollen kann. Wie beim normalen Gehen in aufrechter Haltung wechselt die Gewichtsverlagerung fließend von einem Fuß auf den anderen; gleichzeitige Belastung der Füße kommt nur in dem Moment vor, wo das Gewicht von einem Fuß auf den anderen übergeht. Diese Art zu gehen heißt »*yin-yang*-Schritt«: »fest« (belastet, *yang*) wird »leer« und »leer« (unbelastet, *yin*) wird »fest«.

Die Armbewegungen erwachsen aus der Rumpfbewegung; sie sind dieser nachgeordnet. Der Impuls der Bewegung kommt aus den Füßen (später aus dem Zentrum), der Rumpf nimmt ihn auf und gibt ihn an die Arme weiter, die ihn in sanfte und fließende Bewegungen umsetzen. Die Armbewegungen bzw. -haltungen lassen sich alle auf den Kreis – oder besser: die Kugel – zurückführen, und da der *taichi*-Kreis aus *yin* und *yang* besteht, ist ein Arm *yin*, der andere *yang*. Auch die Bewegung des Körpers im Ganzen ist entweder *yin* oder *yang*: Zurückgehen, Senken und Schließen der Arme: *yin*; Vorgehen, Heben oder Öffnen der Arme: *yang*. Die Handflächen nach außen gewandt: *yang*; nach unten gekehrt: *yin*.

Alle Teile des Körpers sind entsprechend bestimmt. Auch die Pyramide (s. S. 58) kann als Abbild des Körpers beim *taichi chuan* gesehen werden: Die Basis bilden Beine und Füße, das obere Rechteck ist der Kopf – darüber die weggelassene Spitze, das »Nichtmanifestierte« oder die »Leere«, die auf der höchsten Stufe der Übung erfahren werden kann – und das Quadrat in der Mitte ist der Rumpf, genauer, die Mitte der Bewegung im Unterbauch.

Aufbau der Form

Die Form des alten, authentischen *Yang*-Stils, wie sie von YANG CH'ENG-FU festgelegt wurde, besteht aus 37 Stellungen, die alle aufrecht, mit den Füßen auf der Erde und offenen Augen ausgeführt werden. Diese einzelnen Stellungen sind jedoch nicht statisch, da sie fließend miteinander verbunden werden. Die Idee der ständigen Wandlung ist deutlich erkennbar. Einerseits klar definierte Stellungen, die genau und deutlich ausgeführt werden müssen, werden sie andererseits sogleich aufgegeben und in den Bewegungsfluss hinein aufgelöst, der zur nächsten Stellung führt. Es gibt keine Erstarrung, kein Festhalten am Erreichten, aber auch keine Konturlosigkeit in einem irgendwie improvisierten »ungefähren« Ablauf. Die einzelnen Stellungen haben Namen, die die Bewegungen und ihre Anwendungsmöglichkeiten beschreiben – jede einzelne ist Grundlage für Kampftechniken wie z. B. »Kniestreifen«, »Drehung und Faustschlag« oder »Flache Hand nach vorn«. Andere Namen sind bildhaft und bezeichnen Bewegungen von Mensch und Tier: »Tür öffnen und schließen«, »*p'ip'a* (chinesische Laute) spielen«, »Der Kranich breitet seine Flügel aus«, oder sie sind symbolisch wie »Nadel auf dem Meeresboden«, »Schritt nach vorn zum Großen Bären« und in ihrer Bedeutung nicht leicht verständlich.

Von den 37 Stellungen werden einige öfters wiederholt, sodass der gesamte Ablauf etwa zwei- bis dreimal so lang ist. Manche Schulen zählen 80, manche 106, manche 128 Stellungen des immer gleichen Ablaufs. Die Form besteht aus drei Teilen, die Erde, Himmel und Mensch symbolisieren. Wie die Erde die Basis für den Menschen ist, auf der er erst krabbelt, bevor er sich zum Himmel aufrichtet, so ist der erste Teil die Grundlage für das Folgende: Erst wird die Erde gewonnen, indem die Füße verwurzelt werden. Der zweite, »himmlische« Teil, baut auf den ersten auf und weitet sich aus: Ungefähr dreimal so lang wie der erste Teil greifen seine Bewegungen weiter aus, z. B. in einer Reihe von Fußstößen, bei denen das (sonst immer gebeugte) Standbein gestreckt wird. Der dritte, »menschliche« Teil kehrt zur Erde zurück, der Ablauf wird ruhiger und weniger anstrengend als im zweiten Teil, Wiederholungen aus Teil 1 und 2 zeigen deutlich die Synthese, denn der Mensch steht in der rechten Mitte zwischen Himmel und Erde. Die Form zu erlernen, dauert etwa ein Jahr, und das ist auch die Zeit, die man sich nach chinesischer Auffassung nehmen soll, um überhaupt entscheiden zu können, ob *taichi chuan* für einen geeignet ist. Ein »Durchgang« durch die Form dauert etwa 15–20 Minuten, am Anfang eher länger; später soll sich die Zeit bei 14–16 Minuten einpendeln, denn das ist das Tempo, in der Dynamik *(yang)* und Verinnerlichung *(yin)* ausgewogen sind. Ein »Durchgang« lenkt das *ch'i* durch alle Meridiane und soll (mindestens) zweimal täglich, morgens und abends, ausgeführt werden. Dann bringt die Form dem Übenden alle Wohltaten des *taichi chuan*, nämlich »geschmeidig zu werden wie ein Kind, gesund wie ein Holzfäller und gelassen wie ein Weiser«, wie die

p'eng mit zwei Händen rechts: Abwehr nach vorn/oben – die erste der acht Grundtechniken (reines *yang*)

lü, sich drehen und nach unten ziehen – zweite Grundtechnik (reines *yin*)

Chinesen sagen. Kürzere Formen, für die auch die Regel des »zweimal täglich« gilt, bringen weniger gute Resultate. Wer Zeit sparen will und deswegen verkürzte Versionen des *Yang*-Stils (s. Einleitung) übt, spart sicherlich auch an den möglichen Wirkungen. Natürlich kann man auch mehr üben; Meister YANG SHOU-CHUNG, der älteste Sohn von YANG CH'ENG-FU und Lehrer von Meister CHU, musste mit acht Jahren beginnen und täglich 30-mal die Form üben, »bewacht« von Assistenten des Vaters, denen die Zukunft der Familientradition am Herzen lag. Nach oben sind also keine Grenzen gesetzt – aber nur wenige wollen ja Konzertpianisten werden und täglich sechs bis acht Stunden üben; die meisten freuen sich, wenn sie etwas Zeit zur Hausmusik finden.

Wirkungen der Form

»Die Wangen sind von gesunder roter Farbe, die Schläfen voll pulsierenden Lebens, die Ohren karmesinrot. Sie hören scharf und die

chi, drücken – dritte Grundtechnik

an, stoßen – vierte Grundtechnik

Der Bewegungsablauf der vier Bilder heißt »Den Schwanz des Vogels greifen«

Augen sind hell und funkeln vor Energie. Die Stimme ist laut und trägt weit. Der Atem geht regelmäßig, ohne Hast und Keuchen. Zähne, Zahnfleisch und Kiefer sind gesund und stark. Die Schultern und die Brust sind kräftig und geschmeidig. Der Bauch ist stark und elastisch wie das Fell einer Trommel. Die Füße stehen so sicher, als seien sie im Boden verwurzelt, und sind doch fähig, von ›fest‹ nach ›leer‹ zu wechseln und umgekehrt. Der Schritt ist leicht. Die Muskeln sind weich wie Baumwolle, wenn die ›wesentliche Kraft‹ nicht aktiv ist, aber sie werden hart und straff, wird sie eingesetzt. Außerdem ist die Haut weich und rosig und so sensibel, dass sie jede Berührung ›hören‹ kann« (Ch'en Yen-Lin).

Sinn der Form

»Das Fischnetz ist da, um Fische zu fangen. Wir wollen die Fische behalten und das Netz vergessen. Die Schlinge ist da, um Kaninchen zu fangen. Wir wollen das Kaninchen behalten und die Schlinge vergessen. Worte sind da, um Gedanken zu vermitteln. Wir wollen die Gedanken behalten und die Worte vergessen. Oh, welch ein Vergnügen, mit einem Menschen zu sprechen, der die Worte vergessen hat!« (CHUANG TZU, Kap. XXVI). Die Form ist die grundlegende Übung des *taichi chuan*; die Basis für alle weiteren Disziplinen des alten *Yang*-Stils. In der Form sind alle Bewegungsprinzipien der Partnerübungen und der Selbstverteidigung sowie die meisten der Waffenformen enthalten. Sie ist wie ein Diamant, der erst geschliffen und poliert werden muss, damit er seine wahre Schönheit und seinen Wert zeigt. Aber die Form ist nicht nur ein Ablauf von Körperbewegungen, sondern auch Geist, und ihr Ziel ist es, sich selbst als Form aufzuheben, um den Geist zu offenbaren. »Formen werden gebraucht, um den Geist zu offenbaren«, heißt es im Text über die Malerei und bei JOHN BLOFELD lesen wir: »Die Welt der Form kann nicht verstanden werden, bevor nicht das Nichts begriffen ist, noch ist es möglich, die Leere zu durchdringen ohne Verstehen der Welt der Gestalt. Diese zwei sind Aspekte des Einen.«

Die »unendliche Bewegung« der Form hebt sich als Körperbewegung auf, weil der Geist des Übenden leer wird und die Leere die Formen als Manifestation der Energie offenbart. Das Fischnetz wird überflüssig, wenn die Fische gefangen sind, und die Form wird unwichtig, wenn Geist und *ch'i* entfaltet sind. Wie man auf dem »Weg der Schrift« nach langer Übung strenger Schriftformen zum freien Fluss der »Gras-Schrift« gelangt, in der sich der Geist unmittelbar ausdrückt, so können *taichi*-Meister »im Geist«, ohne äußere Bewegung, üben – oder sie üben nicht mehr, weil sie den Geist verkörpern und eins mit *taichi* geworden sind.

Stille

In der Grundhaltung sinkt die Energie in das *tan t'ien* im Unterbauch, der Körper entspannt und

Peitsche

der Geist beruhigt sich. »Um zu deinem wahren Sein zu dringen, musst du ein Meister der Stille werden«, heißt es bei John Blofeld. Aus der Stille entsteht Bewegung und am Ende der Form führt die Bewegung zur Stille zurück. In der Bewegung bleibt die Stille bewahrt, deswegen müssen die Bewegungen langsam, gleichmäßig, weich und fließend ausgeführt werden. Man »lenkt die Bewegungen aus der Stille, und auch wenn man sich bewegt, bleibt man doch ruhig« (Yang Ch'eng-Fu).

Geist

»Dasjenige am *tao*, was durch das Lichte *(yang)* und Dunkle *(yin)* nicht ermessen werden kann, heißt der Geist« *(I Ching)*.
Die Bewegungen der Form verkörpern die Einheit von *yin* und *yang*, was sie zusammenfügt und leitet, ist das Bewusstsein oder der Geist *(i)*; was aus ihrem Zusammenwirken entsteht, ist spirituelle Energie *(shen)*. So gilt auch für den »Weg der Schrift«: »Mithilfe von *i* erreicht man *shen*.« Alle Bewegungen des *taichi chuan* werden durch den Geist gelenkt und nicht durch Muskelkraft: »Es kommt darauf an, ausschließlich den Geist und niemals Muskelkraft zu benutzen« (Chang San-Feng). Das geschieht, indem man alle Bewegungen genau lernt und sich seines Körpers ständig bewusst ist, als ob der Geist den Körper »umarmen« würde. Und der Geist führt die Bewegung: Ständig ist in der Vorstellung das Bild der Bewegung ihrer tatsächlichen Ausführung ein Stückchen voraus.

Ch'i

»Das physische Leben des Menschen kommt von der Erde, das nicht physische vom Himmel« *(Nei Ching Su Wen)*. Wie das *ch'i*, der »Atem des Himmels und der Erde«, beide vereint, so verbindet das *ch'i* des Menschen Körper und Geist. Um Himmel und Erde im Menschen zu vereinen, müssen die

Der weiße Kranich breitet den Flügel aus

»Drei Schätze« *ching, ch'i* und *shen* vermehrt und umgewandelt werden. *Ching,* die (physische) »Essenz«, und *shen,* der (nicht physische) »Geist«, werden durch *ch'i* verbunden und verwandelt. *Taichi chuan* entwickelt *ch'i,* es öffnet die Meridiane und treibt *ch'i* an durch *i,* die gleichmäßigen Bewegungen und die tiefe, ruhige Atmung. *I* führt und *ch'i* und Körper folgen. Der Körper, das Physische, wird »vergeistigt«: Er wird gesund, leicht und stark; der Geist, das Nichtphysische, eignet sich den Körper an, kann ihn deswegen transzendieren, wird klar und weit. Körper *(yin)* und Geist *(yang)* befruchten sich und gebären *ch'i.* »Wenn *ch'i* richtig fließt, dann gedeiht *ching,* die Essenz, und *shen* blüht« (*ch'ikung*-Text).

Atem

»Deine ganze Aufmerksamkeit sollte auf den Geist und nicht auf den Atem gerichtet sein« (Wu Yü-Hsiang). Zwar ist der Atem neben *i* und den Körperbewegungen wichtiger »Motor« für das *ch'i,* aber er soll sich selbst überlassen bleiben. *Taichi chuan* ist keine Atemübung oder Atemgymnastik; es ist verkehrt, Körper und Geist durch den Atem verbinden zu wollen, indem man, im Sinne einer Atemtechnik, den Atem »macht«. Werden die Bewegungen richtig ausgeführt, reguliert sich der Atem spontan von selbst. Erst auf einer hohen Stufe der Form wendet man sich dem Atem zu. »Daher vergiss das Atmen, verlass dich auf den Geist und deine Kräfte werden wachsen« (Wu Yü-Hsiang).

Chin

Yang Pan-Hou, Sohn des Yang Lu-Ch'an, saß einmal am Fluss und angelte. Ein Meister der äußeren Kampfkünste, der von Yangs außerordentlichen Kräften gehört hatte, wollte ihn überrumpeln. Er schlich sich von hinten an Yang heran, der ruhig dasaß und seine Angel in den Fluss hielt. Plötzlich sprang der Angreifer ihn heftig an, um ihn ins Wasser zu stoßen. Aber wie von einer Gummiwand prallte er ab, flog in hohem Bogen über Yang hinweg und landete im Was-

Fußstoß mit dem rechten Außenrist

ser. YANG, der weiter ruhig dasaß, fischte ihn mit seiner Angelrute aus Bambus auf und beförderte ihn auf dem gleichen Weg zurück an Land. Die Kraft, die YANG eingesetzt hatte, ist *chin,* die »wesentliche Kraft«, die so heißt, weil sie innere Kraft ist, im Gegensatz zu Muskelkraft oder Schwungkraft des Körpers. Es gibt viele Arten von *chin* im *taichi chuan,* aber die spektakulärste ist die, die einen Angreifer abprallen lässt, ohne ihn zu verletzen – dafür war *taichi chuan* in China berühmt und geachtet. Wenn *ch'i* im Körper frei zirkuliert und Körper und Geist sich öffnen, dass es sich mit dem *ch'i* außerhalb des Körpers verbindet, dann entsteht *chin.* »Wenn *das eine ch'i* Außen und Innen vereint, dann ist alles vollkommen« (YANG CH'ENG-FU).

Fußstoß mit der rechten Ferse

»Das Wesentliche an einem Kästchen für das Denken besteht darin, dass das Innere vom Äußeren unterschieden ist. In der Natur jedoch sind die Wände eines Kästchens das, was dem Innen und Außen gemeinsam ist« (ALAN WATTS).

Was ALAN WATTS über die Wand eines Kästchens sagt, gilt auch für die »Wand« eines Körpers, die Haut. Einheit von innerem und äußerem *ch'i* wird erreicht, indem die Bewegungen des *taichi chuan* so ausgeführt werden, dass *ch'i* weder »blockiert« noch »verschwendet« wird. »Blockieren« heißt, Körperteile so zu bewegen, dass Meridiane »abgeklemmt« werden – etwa, wenn man die Oberarme an den Körper anlegt, denn dann sind die Schultergelenke »zu«. »Verschwenden« bedeutet, durch falsche Bewegungen den Fluss des *ch'i* auf den Meridianen zu unterbrechen, was z. B. der Fall ist, wenn die Schultern hochgezogen werden. Richtig ausgeführt sind die Bewegungen »ballförmig«, d. h., der Körper ist wie ein großer Ball, in dem *ch'i* fließen kann. Weichen die Bewegungen von diesem Prinzip ab, hilft keine noch so genaue Befolgung der Leitsätze: Der Geist kann *ch'i* nicht führen, wenn die Meridiane nicht offen sind, und *chin* entwickelt sich nicht. Sind die Bewegungen »richtig«, werden aber nicht vom Geist geführt, entsteht ebenfalls kein *chin.* Die Entwicklung von *chin* ist das »Authentische« am alten *Yang-*

Kniestreifen links und Stoßen mit rechts *(an)* (von vorn und von der Seite)

Stil, und das unterscheidet ihn vom »öffentlichen« *taichi chuan*, das die Geheimnisse der richtigen Bewegungsweise nicht kennt.

Chin kann schon von jedem Anfänger erfahren werden, wenn er zur richtigen Bewegung angeleitet wird. Die erste Bewegung der Form, zu Beginn beschrieben, kann mit einem Partner getestet werden. Die erhobenen Arme – Handgelenke in Schulterhöhe, Hände hängen entspannt nach unten – können von jemandem, der von oben mit den Fingern auf die Handgelenke drückt, nicht oder nur schwer nach unten bewegt werden. Wenn die Handgelenke aber nicht entspannt, sondern gestreckt oder abgeknickt sind, können die Arme leicht nach unten gedrückt werden, und der ganze Körper kommt aus dem Gleichgewicht. In der richtigen Haltung bilden Arme und Hände Teile eines großen Balls, und einen großen Ball zusammenzudrücken, ist nicht möglich. Arme und Hände sind Teil der *einen Energie* geworden. Sie bleiben dagegen isolierte Körperteile, wenn man die Handgelenke so hält, dass *ch'i* blockiert wird. Jede Phase, jede Position der Form kann so getestet werden. Nicht nur die Arme, sondern der

Wolkenhände nach links

Wolkenhände nach rechts

ganze Körper ist im Ablauf der Form einbezogen und Tests können zeigen, dass die Stellungen so stark sind und der Stand so verwurzelt ist, dass man nicht umgestoßen werden kann – stark, ohne Muskeln anzuspannen und ohne sich mit dem Körpergewicht gegen den Partner zu stemmen. Der Körper ist zum »Energieball« geworden, ist leicht und schwebend durch den Geist, der ihn formt, durch das *ch'i,* das ihn durchströmt, und wird doch von der Schwerkraft der Erde angezogen. Diese Erfahrung ist verblüffend, weil Weichheit sonst immer mit Schwäche und Nachgeben und Standhalten mit Anspannung verbunden wird. Die Entwicklung von *chin* ist unabhängig von Alter und Geschlecht: Je länger die Praxis, desto mehr *chin* entsteht, und 80-jährige Meister oder Meisterinnen, von denen die Angreifer abprallten, sind noch nicht am Ende ihrer Möglichkeiten angekommen. Auch der Pinsel wird mit »wesentlicher Kraft« geführt und seine Eigenschaften können als Beschreibung der erstaunlichen Möglichkeiten des *chin* im *taichi chuan* gelten: »Schnell wie ein Blitzstrahl, stetig wie eine Gartenkröte, fein wie Seide aus dem Kokon, schwer niederfallend wie ein Felsblock, voll Spannkraft wie ein gespannter Stahlbogen.«

Nach der Form

Nach dem Erlernen der Form können weitere Stufen und andere Disziplinen gelernt werden:

- *yin-yang*-Form,
- *ch'i*-Form,
- Zentrumsbewegungs-Form und höhere Stufen,
- Partnerübungen: *t'ui shou, ta lü* und *san shou,*
- Kampfkunst und Selbstverteidigung,
- Formen und Partnerübungen mit den Waffen: Schwert, Säbel und langer Stock, das spezielle *ch'ikung* des alten *Yang*-Stils.

Ergänzend dazu gibt es eine Reihe von Vorübungen zur Lockerung des Körpers und Anregung des *ch'i* sowie die taoistische Meditation.

Vertiefungsstufen

Wer *taichi chuan* für seine Gesundheit lernen möchte, hat mit der Form eine Möglichkeit gefunden und kann sich damit begnügen, sie täglich für sich zu üben. Wer aber tiefer eindringen und die chinesische Lebensweisheit an sich selbst entdecken möchte, der findet in den

Den Tiger schlagen (mit dem linken Fuß vorn)

Das Wildpferd schüttelt die Mähne (rechts)

weiterführenden Stufen der Form das geeignete Feld. Viel wird geschrieben darüber, dass *taichi chuan* die chinesische Weisheit verkörpert, doch wenig Hinweise gibt es, wie das praktisch erfahren werden kann.

Der alte *Yang*-Stil entfaltet die Form Stufe für Stufe – bis zu dem Stadium, wo sie aufgegeben werden kann, weil Körper und Geist die Bewegungsprinzipien ganz und gar aufgenommen haben. Die Technik kann dann vergessen werden, weil der Geist frei geworden ist – aber dazu bedarf es der richtigen Technik und der Geduld, denn dieser Weg will Schritt für Schritt gegangen sein, keiner darf ausgelassen oder in die falsche Richtung gelenkt werden, denn »die kleinste Abweichung führt meilenweit in die Irre« (Klass. Text 2., S. 223). Wer das Glück hat, »richtig« unterrichtet zu werden, und wer beharrlich vorgeht, dem eröffnet sich in den Vertiefungsstufen der Form eine faszinierende Welt.

Yin-Yang-Form

Wenn der gesamte Ablauf der Form beherrscht wird, fließt die Bewegung ruhig dahin wie ein großer Strom. Aber dieser Strom hat seine Dynamik: Er strömt nur deshalb so

Jadeprinzessin am Webstuhl – zweiter Schritt in Vorwärtsstellung rechts

Schritt nach vorn zu den »Sieben Sternen« (zum Großen Bären)

gleichmäßig dahin, weil gegensätzliche Bewegungen sich abwechseln, weil *yin-* und *yang-*Bewegungen im Gleichgewicht sind. In der *yin-yang-*Form werden die Bewegungen eingeteilt in *yin-* und *yang-*Phasen; man erkennt, dass die Form so aufgebaut ist. Vorwärtsgehen, Öffnen und/oder Heben der Arme sind *yang*; Zurückweichen, Schließen und/oder Senken der Arme sind *yin*. In den Worten von Meister Chu: »*Taichi chuan* hat drei *yin* und drei *yang*. Die ganze Form muss dem *yin yang* folgen. Vor allem ist darauf zu achten, *yin* und *yang* klar zu unterscheiden, und zwar nicht nur in Händen und Füßen. Von größter Wichtigkeit ist das *yin* und *yang* in den Bewegungen des ganzen Körpers. Auf jede *yin-*Bewegung muss eine *yang-*Bewegung folgen, aber doppeltes *yin* oder doppeltes *yang* darf es nicht geben. Einmal *yin*, einmal *yang* – das ist die richtige *yin-yang-*Form (und das *tao,* wie es im *I Ching* heißt).« *Yang-*Bewegungen gehen ins Weite, zum Himmel, geben Energie ab; *yin-*Bewegungen ziehen sich zusammen, gehen zur Erde und nehmen Energie auf. Kosmische *(yang-)*Energie steigt herab, irdische *(yin-)*Energie steigt auf – in dieses Kräftefeld baut die *yin-yang-*Form die menschlichen Bewegungen ein: Der Mensch gibt die aufsteigende Erdkraft als seine *yang-*Energie weiter und nimmt die herabsteigende Himmelskraft als *yin-*Energie auf und lässt sie durch zur Erde. Durchlässigkeit, Teilhabe und Verwandlung, sich einbinden zwischen Himmel und Erde und deren Kräfte aktiv nutzen – das ist tatsächlich die Verwirklichung der Dreiheit Himmel–Mensch–Erde.

Der Anfang der Form ist *yin: Taichi* kommt aus der Stille. Diese *yin-*Phase wandelt sich in eine *yang-*Phase, *yang* wieder in *yin,* und so fließt es durch die ganze Form, bis man am Ende wieder zum Ausgang *yin* zurückkehrt. In der *yin-yang-*Form wird das Heben und Senken der Arme (in der Anfangsbewegung) anders erlebt. Die Aufmerksamkeit liegt nicht mehr im äußeren Ablauf, sondern gibt der Bewegung ein Ziel vor. Beginnt man die Arme zu heben, ist bereits der Punkt anvisiert, bis zu dem sie steigen dürfen, nämlich bis zur Schulterhöhe (äußerstes *yang*); wenn sie wieder zu sinken beginnen, ist das Bewusstsein schon an dem Ort, an dem diese Bewegung endet (äußerstes *yin*). Der »Vorsprung« des Geistes vor dem Körper wird gleichsam größer, darf aber die Verbindung mit dem Körper nicht verlieren. Die von Objekt zu Objekt kriechende Schildkröte – der Geist, der beim Lernen der Form die Bewegungen schrittweise erfasst hatte – verwandelt sich allmählich in den Adler, der in der Luft die Strecken übersieht, die er zurücklegen will – der Geist erkennt Form und Struktur der Bewegungen. Das Bewusstsein erweitert

Die Schlange kriecht zu Boden (in die Hocke rechts)

sich und Wille und Entschlusskraft entwickeln sich, bleiben aber ihrer Basis, der Erde, verbunden und heben nicht ab, ganz so wie Basis und Spitze der Pyramide (s. Abb. 7, S. 58) fest verbunden bleiben. Die Bewegung der Form führt zu ihrem Ausgangspunkt zurück. Werden die Schritte ganz korrekt ausgeführt, endet man am Ausgangspunkt – ein Bild für das Ziel der taoistischen Wege: die Rückkehr zum Ursprung. In Wirklichkeit gibt es nichts zu suchen, nichts zu erlangen, das man festhalten könnte; wenn das Ende zum Anfang zurückkehrt, wird allein der Weg wichtig. Es gilt, das Leben hier und jetzt im Augenblick zu erfassen, ohne Gedanken an die Vergangenheit und Zukunft. Komme ich da an, von wo ich ausging, werde ich auf mich selbst zurückgeführt und kann mir nicht entfliehen. Aber ich komme »bereichert« an: Das bewusste Erleben des Augenblicks und das Erkennen und Annehmen des Wandels von *yin* und *yang* macht das immer Gleiche jedes Mal neu.

Welche Rolle das Bewusstsein *(i)* im *taichi chuan* spielt, wird in der *yin-yang*-Form bzw. in der Arbeit, *yin* und *yang* zu vereinen, deutlich. Wie es im Anhang des *I Ching* heißt, ist es der »Geist«, der *yin* und *yang* verbindet. In den Fußstellungen der Form ist immer ein Bein *yin* (»leer«) und das andere *yang* (belastet, »fest«). Das Verhältnis soll in den Endpositionen 70 zu 30 sein, das heißt z. B.: in der Rückwärtsstellung 70 Prozent Gewicht auf dem hinteren Standbein und 30 Prozent auf dem vorderen Spielbein. Wird nun die Stellung so eingenommen, dass sie von der Gewichtsverteilung her stimmt, aber nicht vom »Geist geführt« wird, dann fließt noch kein *ch'i*. *Yin* und *yang* sind zwar in korrektem Verhältnis, stehen aber nicht in Beziehung, denn diese wird durch den Geist hergestellt. Wie LAVIER sagt (s. S. 53), handelt es sich um die Zweiheit *yin/yang,* aber noch nicht um die Dreiheit: *yin + yang + ihre Beziehung. I* muss sich also beide Füße aneignen, erspüren, wie sie Kontakt zum Boden haben, muss hineingehen in die (Energie-)Punkte der »Sprudelnden Quelle« in der Mitte der Fußsohlen, in denen der Nierenmeridian entspringt. Wenn *yin* und *yang* so verbunden werden, fließt *ch'i*: Die Füße werden warm, die anstrengende Stellung der Beine wird mühelos und so fest verwurzelt, dass man nicht umgestoßen werden kann.

Die äußerliche Aufteilung in *yin* und *yang* ist »äußeres« *taichi chuan*, bleibt bloße Form oder, in der Sprache LAVIERS, »metaphysisches« *taichi,* denn die Welt der Manifestationen beginnt erst bei der Drei: *yin + yang + ihre Beziehung* (durch den Geist). In der Sprache der Chinesen ausgedrückt: Aus dem Zusammenwirken von *yin* und *yang* entstehen die »Drei Schätze«; erst die »Dreiheit« bringt Leben hervor.

So wird der Körper in der *yin-yang*-Form lebendig, beginnt gleichsam zu atmen und Ausdehnung und Zusammenziehen werden eine Einheit. Diese gleichmäßig-rhythmische Bewegung wirkt verstärkt als Antrieb auf das *ch'i,* das nun auf dem Lenker-Meridian (Wirbelsäule) und dem Diener-Meridian (Körpervorderseite) die Bahnen des »Kosmischen Kreislaufs« zu durchlaufen beginnt – das Rad der Energie kommt in Bewegung. Die Bewegungen atmen das *ch'i* gleichsam ein und aus, die Haut wird durchlässig für den Austausch von innerem und äußerem *ch'i.* Was vorher als abgrenzende Hülle erlebt wurde (die Haut ein Sack und »Ich« innen eingesperrt), wird nun Berührungsfläche von Innen und Außen.

»Atmen des Körpers« ist ein Bild; es bedeutet nicht, dass man beginnen sollte, im *yin-yang*-Rhythmus zu atmen, etwa nach dem Muster: *yin*-Bewegung ein, *yang*-Bewegung aus – das wäre »äußeres« Atmen. Ziel – und am Ende der verschiedenen Stufen der Form auch Ergebnis – des authentischen *taichi chuan* ist der »innere Atem«. »Im Atem« entspricht etwa dem »umgekehrten Atem«, bei dem die Zwerchfellbewegung des normalen »natürlichen« Atems bewusst umgekehrt wird, und der soll keinesfalls zu früh geübt werden. Auf diese Art des Atems zielen die Bewegungen des *taichi chuan,* d. h., die komplexe Struktur der Bewegungen lässt ihn von selbst dazu werden. Bewusste Koordination von Atem und Bewegung führen auf dieser Stufe in die Irre.

Die *yin-yang*-Form ist der erste

Schritt durch das Tor, das zu den tieferen »Geheimnissen« des alten *Yang*-Stils führt. Die Bedeutung von *taichi* als »Zusammenspiel von *yin* und *yang*« kann hier erfasst werden. Auf der Basis der *yin-yang*-Form bauen alle weiteren Stufen auf: *ch'i*-Form, Zentrumsbewegung und die folgenden.

Ch'i-Form

Der chinesische Name der *ch'i*-Form bedeutet: »*Chin* mit Händen und Armen wie einen Seidenfaden (vom Kokon) abwickeln und *ch'i* kreisen lassen.« – »Wie einen Seidenfaden abwickeln« bedeutet »Spiralbewegung«, denn der Seidenfaden wird spiralförmig aus dem Kokon gezogen. In der *ch'i*-Form sind es zunächst die Unterarme, die in Spiralen gedreht werden. Die Spiralbewegung »hilft« dem *ch'i,* wie Meister CHU es ausdrückt, denn *ch'i* breitet sich spiralförmig aus.

»Alle Erscheinungsformen, die in diesem unendlichen Meer des ›Universalen Geistes‹ erscheinen und wieder verschwinden, besitzen – ohne Ausnahme – eine spiralförmige Beschaffenheit. Die Beschaffenheit der Galaxien und Atome, die Bewegungen von Wind und Wasser, das Wachstum der Pflanzen und der Tiere – alle folgen sie diesem universellen Muster: der Spirale. Der Mensch erscheint und verschwindet ebenfalls in diesem spiralförmigen Muster, mit seiner körperlichen, seelischen und geistigen Beschaffenheit, die jeweils spiralförmig angeordnet ist. Wir verwandeln uns aus der ›Einen Unendlichkeit‹ des endlosen Meers der Einheit durch die Polarisierung, durch *yin* und *yang,* die entgegengesetzten und sich ergänzenden Kräfte, die alle relativen Welten durch spiralförmige Muster entstehen lassen. Die Welt der Schwingungen und der Energie erzeugt präatomare Erscheinungen einschließlich verschiedener Teilchen durch die spiralförmige Bewegung der energetischen Kräfte.

Die Atome werden in vielfältigen komplexen Spiralen geformt und bilden Moleküle wie z. B. die DNS. Die Welt der Natur manifestiert sich in der spiralförmigen Bewegung dieser Moleküle, wie wir es ohne Schwierigkeiten durch die sichtbare Bewegung der Galaxien, der Wasserströme, der Windbewegungen und der Muster des Luftdrucks erkennen können. Das gesamte biologische Leben einschließlich aller Pflanzen- und Tierarten entwickelt sich ebenfalls spiralförmig, wie wir es bei dem Wachstumsprozess der Wurzeln, Stämme, Rebstöcke, Blätter und Blumen wie auch bei der Bildung der Zellorganismen einschließlich der Muskeln, Knochen, Organe, Drüsen und auch der Verdauungs-, Atmungs-, Kreislauf-, Ausscheidungs- und Nervenfunktionen der Tiere beobachten können« (KUSHI, *Dō-In-Buch,* S. 74/75).

Der Weg, inneres und äußeres *ch'i* zu verbinden, führt also über die Spirale; der Körper muss sich in Spiralen bewegen, wenn die Einheit des einen *ch'i* erlangt werden soll.
Die Spiralbewegung der Unterarme vollzieht sich »öffnend« oder »schließend«. Beim »Öffnen« dreht sich der Unterarm so, dass der Abstand des Ellbogens zum Körper größer wird, sich »öffnet« und beim »Schließen« kleiner wird. Die Anfangsbewegung der Form mag wieder als Beispiel dienen.
Die *yang*-Bewegung der Arme, das Heben, ist »Öffnen«: Während die Handgelenke so steigen, dass die Finger entspannt nach unten hängen, gehen die Ellbogen ganz leicht nach außen. Die *yin*-Bewegung, das Senken der Arme, ist »Schließen«: Jetzt gehen die Ellbogen etwas an den Körper heran. »Öffnen« und »Schließen« dürfen den gleichen festen Ablauf der Form grundsätzlich nicht verändern, damit *ch'i* weder blockiert noch verschwendet wird. Die Spiralbewegungen sind so fein, dass ein Laie sie nicht erkennen kann. Dass *yang*-Bewegungen sich »öffnen« und *yin*-Bewegungen sich »schließen«, wäre ein Fehlschluss; zwar folgen die einzelnen Spiralen immer einer *yin*- oder einer *yang*-Phase, aber ihre Abfolge entspricht nicht dem *yin-yang*-Wechsel; so können »Öffnen« oder »Schließen« jeweils dreimal hintereinander vorkommen. Auch haben die Arme oft verschiedene Spiralen

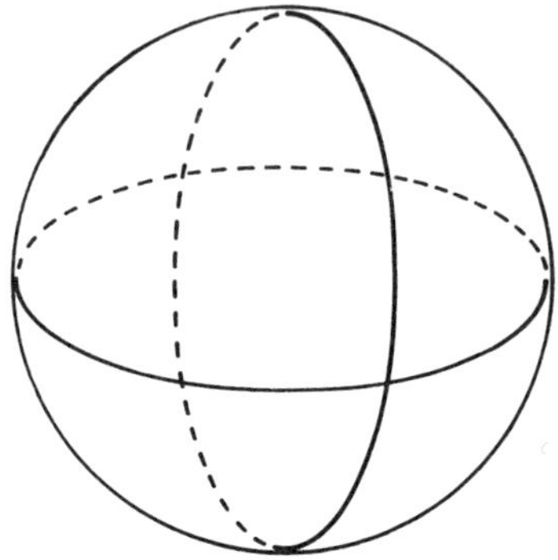

in einer Phase: Einer öffnet, der andere schließt.
Die *ch'i*-Form macht die Armbewegungen wirklich »rund«. Bis zur *yin-yang*-Form sind die Arme rund in dem Sinn, dass sie Kreiselbewegungen beschreiben. Der flache waagrechte Kreis und der stehende senkrechte Kreis bilden die Formen, die die Arme ausführen. Je genauer die Form gelernt wird, desto besser ist zu entdecken, dass in jeder Position beide Kreise enthalten sind. Die *ch'i*-Form fügt nun durch die Spiralbewegung diesen beiden Kreisen noch den dritten möglichen, nämlich den seitlichen, senkrechten Kreis hinzu (wie ein stehendes Rad quer vor dem Körper), denn erst die drei Kreise zusammen erzeugen die Kugel oder den Ball. Der Ball, bislang eher ein hilfreiches Bild für die Form der Bewegungen, wird nun ein genau zu vollziehendes Modell.
Beginnt man, die *ch'i*-Form zu lernen, richtet sich die Aufmerksamkeit zunächst auf die Unterarme,

die als gerader Stock betrachtet werden (das bewusste Erfassen und Üben der »Drei Kreise« folgt allerdings erst auf einer noch späteren Stufe). Einen Stock kann ich *gerade* nach vorn schieben oder stoßen oder ihn dabei wie eine Schraube *drehen.* Wenn ich das untere Ende bei der Drehbewegung etwas zur Seite führe – vom Körper weg oder zu ihm hin –, dann ist das die Spirale, die die Unterarme lernen müssen. Die Unterarme können sich dank Elle und Speiche um sich selbst drehen. Mit Partnerübungen kann man die Spiralbewegungen testen. Dabei hält der Partner einen oder beide Unterarme und der Unterarm dreht sich in seinen Griff wie eine Schraube oder ein Bohrer hinein, sich öffnend oder schließend. Das bewirkt, dass der Partner das Gleichgewicht verliert und »entwurzelt« wird.

Wieder die Anfangsbewegung, das Heben der Arme, als Beispiel: Der Übende A hebt die Arme etwa auf halbe Höhe, sodass die Handgelenke auf den Partner B zeigen, der beide Unterarme mit den Händen festhält. Stößt A jetzt in gerader Richtung mit Kraft nach vorn, so gebraucht er »äußere« oder »schwerfällige Kraft«, wie die Chinesen sagen, denn der Einsatz von Muskelkraft blockiert *ch'i.* Mit dieser Kraft B umzustoßen, gelingt nur, wenn B schwächer ist. Eine zweite im *taichi chuan* unzulässige Möglichkeit besteht darin, das Körpergewicht einzusetzen und sich gegen den anderen zu stemmen – erst recht »schwerfällige Kraft« und ohne Chance, wenn B größer und stärker ist. Die Spirale einzusetzen, bedeutet, ruhig zu bleiben, den Griff des anderen zu akzeptieren und zu erspüren, wie man gehalten wird. Dann muss man *i,* die Vorstellungskraft einsetzen, und mit ihr die Bewegung führen. Man kann sich die Unterarme als Schraube vorstellen, die sich, auf seine Mitte zielend, weich in den Griff von B hineindreht, oder als Schlange, die, indem sie sich hindurchwindet, den Griff lebendig mit ihrem Körper ausfüllt. Oder die Unterarme lösen sich vom Körper ab und vollführen den Teil einer unendlichen Bewegung aus dem ungestalteten Nichts ins Nichts zurück – ganz so, als würde man die Form allein üben. Denn der Widerstand des Partners darf nicht dazu verleiten, dagegen anzugehen, sondern er wird ignoriert – wieder die Aufgabe von *i.* Welche Bilder dazu assoziiert werden, ist nicht so wichtig, aber sie müssen »stimmen«, und diese »Stimmigkeit« kann wiederum nur aus der richtigen Bewegung gewonnen werden: Körper und Geist – *yin* und *yang* – helfen sich gegenseitig. Mit der Spirale, also durch den Einsatz von *chin,* der wesentlichen Kraft, kann der Schwache den Starken aus den Angeln heben und entwurzeln. Weich und ohne Druck muss die Bewegung ablaufen, aber zielge-

richtet: Dann kann *ch'i* fließen und *chin* entstehen.
Die Spirale führt die Aufmerksamkeit wieder zurück auf die Bewegung selbst, der Weg führt zum Ziel. Dieses, in der *yin-yang*-Form geübt, wird nun mit »Fleisch und Blut« gefüllt. In der *yin-yang*-Form begann der Körper zu »atmen«, aber eher flach und eindimensional, um den Rhythmus von Ausdehnung und Zusammenziehen nachzuvollziehen. Jetzt geschehen Ausdehnung und Zusammenziehen im Raum, nach allen Seiten. Der Körper wird rund wie ein Ei, aus dem das neue Leben entstehen kann; das alte Ego, in Schultern und Brust eingenistet, beginnt zu »schmelzen«. Die Schultern entspannen und senken sich, die Bewegung der Arme kann tief in den Rumpf hineinwirken und die innere Kraft anregen.
Der Seidenfaden der Bewegung wird unendlich abgewickelt, sodass keine Brüche mehr entstehen können im schwebenden Fluss des »Öffnens« und »Schließens«. *Ch'i* verändert den Körper: Die Arme werden »pneumatisch«, sie fühlen sich wie aufgepumpt an. Das ist der erste Schritt zur sichtbaren Veränderung des Körpers, die nach einer Übungszeit von ein bis zwei Jahren einsetzt. Der Fluss des *ch'i* wird spürbar – entweder als Hitzewelle, als Pochen in den Meridianpunkten oder noch anders – jeder erlebt es verschieden. Wer sich *ch'i*-Form gelernt hat, kann sagen, dass er *chin,* die wesentliche Kraft, zu verstehen beginnt – und ist von jetzt an so gepackt von *taichi chuan*, dass er es nur noch schwer lassen kann. (vgl. »Die Spirale im menschlichen Leben und in der Natur«; Ausstellungskatalog Gewerbemuseum, Basel 1985).

Zentrumsbewegung in der Form

Auf die *ch'i*-Form folgt die Übung der »Zentrumsbewegung«. Alle Bewegungen der Form bekommen nun ihr Zentrum, ihren wahren Ausgangspunkt im Unterbauch.
Es sind drei Zentren, die dort liegen: Auf der Bauchdecke, etwa zwei bis drei Zentimeter unter dem Nabel, liegt der 6. Punkt des Diener-Meridians: *ch'i hai* (das »Meer des *ch'i*«); ihm gegenüber auf der Wirbelsäule (Lenker-Meridian) befindet sich *ming men* (die »Pforte des Lebens«) und auf der Verbindungslinie zwischen beiden liegt *nei tan t'ien,* das »innere *tan t'ien*«.
Nei tan t'ien ist die Mitte des Körpers, in der sich Himmel und Erde treffen; *tan t'ien,* wörtlich »Zinnoberfeld«, für die Taoisten auch »Schmelztiegel«, denn dort wird *ching,* die Essenz (Wasser), »verschmolzen« mit der Lebensenergie *ch'i* (Feuer), die durch Nahrung und Luft aufgenommen wird. Aus diesem alchimistischen Prozess entsteht die Lebensessenz *(ching ch'i),* die durch den Körper zirkuliert und sich im *tan t'ien* sammelt.

Meister Chu demonstriert den Einsatz der wesentlichen Kraft *chin.* Anwendung der dritten Grundtechnik *chi* (Partner: Andreas Heyden)

Diese Bildserie zeigt, wie schon die Serie auf S. 185, den Einsatz der wesentlichen Kraft *chin* bei Anwendung der dritten Grundtechnik *ch'i.*

Die »Mitte« nimmt in allen Lebensbereichen der Chinesen eine überragende Stellung ein. Der Mensch muss die Mitte finden zwischen Himmel und Erde, und die liegt in seiner Leibesmitte. Dort entspringt die »wesentliche« Kraft, die er in der Übung der Künste und Kampfkünste entwickeln und für sein Leben gebrauchen soll. Der Prozess der »inneren Alchemie« der Taoisten hat dort seinen Ursprung. China ist das Land der Mitte, es liegt im Zentrum dessen, was »unter dem Himmel liegt«, als Inbegriff von Kultur und Zivilisation. Der Weise, *wang,* der Mensch in der »rechten« Mitte, ob konfuzianisch oder taoistisch, sucht das »mittlere Maß« in allen Dingen. In der Pyramide ist sein Platz das mittlere Quadrat: Es ist »hoch wie breit«, Irdisches und Himmlisches sind ausgeglichen.

Der chinesische Name der »Zentrumsbewegung« lautet *»tai ch'i-*Form der *tan t'ien*-Bewegung«. Meister Chu sagt dazu: »Die Führung liegt in der Hüfte. Das *tan t'ien* ist die Quelle der Bewegung. Aufgrund der inneren Bewegung des Zentrums entsteht die Zentrifugalkraft.«

Die Zentrumsbewegung ist ein »Geheimnis« des alten *Yang*-Stils. Die *taichi*-Literatur spricht vom *tan t'ien* als Mitte der Bewegung, aber nicht von einer Eigenbewegung dieser Mitte.

Wieder als Beispiel die Anfangsbewegung der Form: Das Heben der Arme (*yang*, Öffnen) wird nun verbunden mit der Bewegung des Zentrums, das dabei zurückgeht. Die Arme gehen hoch und der Unterbauch geht so zurück, dass die Lendenwirbelsäule sich etwas nach hinten ausrundet, konvex wird (die Beine sind gestreckt). »Zentrum zurück« am Anfang der Form bedeutet also, den Raum zwischen Händen und Körper zu vergrößern, etwa wie wenn ein Ball aufgeblasen

wird. Dann werden die Arme wieder gesenkt (*yin*, Schließen) und das Zentrum geht nach vorn.

Übt man die erste Bewegung mit einem Partner B, der – wie beim Test der Armspirale in der *ch'i*-Form – die Unterarme festhält, so wird B nun von einer Kraft entwurzelt, die aus der Erde zu kommen scheint: Sie ist sehr groß und unwiderstehlich – dabei ist der Körper aber weich und leer, wie ein Windstoß, der einen ergreift und den man nicht fassen kann, weil er »leer« ist.

Es gibt vier Richtungen, in die das Zentrum bewegt werden kann: nach vorn, zurück, nach links und nach rechts (wobei »nach vorn« nur am Anfang und Ende der Form vorkommt). Genauer gesagt, mit dem *tan t'ien* als Mittelpunkt wird der Unterbauch aktiv bewegt und der Oberbauch folgt. Da die Rumpfhaltung nicht verändert werden soll, also die Wirbelsäule ihre aufrechte Stellung und die Knie ihren Platz über den Zehen beibehalten, sind nur relativ kleine Drehungen möglich. Deshalb ist es auch nicht möglich, die Zentrumsbewegung zu erkennen, wenn man zuschaut und nichts davon weiß – man sieht bloß eine ungewöhnliche Art, die Hüfte zu drehen.

Aber Zentrumsbewegung ist eben nicht das Gleiche wie Hüftbewegung. Hüftbewegung meint Bewegung des Beckens und zieht eine Bewegung der Knie nach sich. Wenn aber die untere Wirbelsäule aufrecht und die Knie über den Zehen bleiben, kann sich das

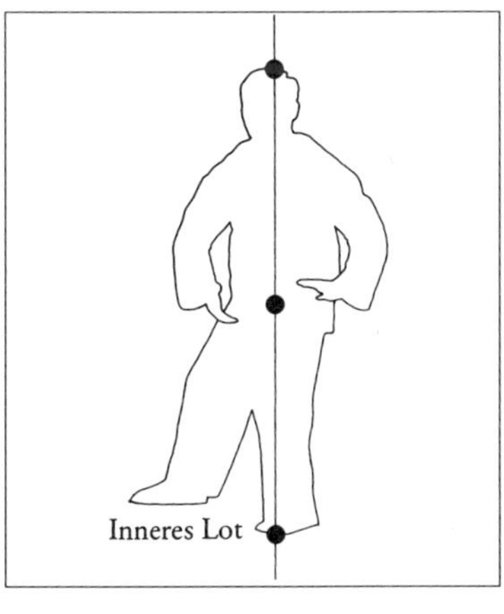

Becken nur ansatzweise bewegen. Ein leicht nachvollziehbares Beispiel: Wenn man auf einem Stuhl so sitzt, dass die Sitzknochen die Wirbelsäule tragen, die Beine entspannt aufgestellt sind, die Knie über den Zehen und man das Becken hin und her dreht, dann verändert sich die Auflage der Sitzknochen, und die Knie gehen hin und her. Behält man aber die Sitz- und Kniestellung bei und versucht das Becken zu drehen, dann geht das nicht bzw. nur ansatzweise. Was sich aber (etwa wie ein gefüllter Sack) bewegt, das ist der Bauch, der in einem stabilen Gestell (Wirbelsäule und Becken) aufgehängt ist. Diese Art Bauchbewegung wird in der Zentrumsbewegung geübt.

Zentrumsbewegung schafft die Verbindung zwischen sitzender und aufrechter Haltung, zwischen taoistischer Sitzmeditation und *taichi chuan*.

Wenn *taichi chuan*, wie es die Legende will, von CHANG SAN-FENG aus der Sitzmeditation entwickelt worden ist, dann ist zu fragen, wie der Kreislauf des *ch'i* im sitzenden Körper in den aufrechten Gang überführt werden kann. Einmal natürlich durch den weiterhin »sitzenden« Rumpf, der *taichi*-Grundhaltung – aber es genügt nicht, den Rumpf sozusagen vorsichtig hochzuheben und wie eine Statue auf zwei Beinen ständig aufrecht zu balancieren, als würde man weiter am Boden sitzen, sondern es muss eine neue Einheit des gehenden Körpers, also der Beine mit dem Rumpf, gefunden werden. Diese Einheit wird durch die Zentrumsbewegung geschaffen. Wird also das Gewicht auf ein Bein verlagert, genügt es nicht, den Rumpf lotrecht zu halten, sondern es muss eine innere Verbindung von Kopf, Zentrum und Fuß hergestellt werden – sozusagen ein »inneres« Lot –, damit das *ch'i* im ganzen Körper fließen kann und nicht nur auf den Lenker- und Diener-Meridianen im Rumpf. Drei Schlüsselpunkte des energetischen Systems müssen hierzu verbunden werden: der Anfangspunkt des Nieren-Meridians in der Fußsohle *yung ch'üan* (»Punkt der sprudelnden Quelle«), *nei tan t'ien* in der Leibesmitte und der Scheitelpunkt *pai hui* (Punkt des »hundertfachen Zusammentreffens«). Diese Verbindung verwirklicht die »Drei Potenzen« Himmel, Mensch und Erde (Fußsohlen = Erde, Scheitelpunkt = Himmel, Zentrum = Mensch), denn jetzt sind sie ein *ch'i,* und das *taichi chuan* ist wirklich »inneres« *taichi chuan* geworden. Das bedeutet, dass sich beim Vorwärtsverlagern das Zentrum *dreht,* damit das *tan t'ien* über den belasteten Fuß kommt; der Nabel muss zum Knie zielen und der Unterbauch den Oberschenkel berühren. Dies wiederum hat eine Vorwärtsneigung des Rumpfs zur Folge, die den Scheitelpunkt in eine Linie mit *yung ch'üan* und *tan t'ien* bringt.

Wirkung der wesentlichen Kraft *chin* bei Einsatz des Zentrums (Partner: Andreas Heyden, Wolfgang Höhn, Moritz Dornauf, Helmut Sommerfeld)

Diese Vorwärtsneigung ist typisch für den authentischen *Yang*-Stil und auf den Fotos der Meister (z. B. von YANG CH'ENG-FU) gut zu erkennen. Diese »aufrechte« Haltung dehnt den Rücken, sodass ein Spannungsbogen vom hinteren Fuß bis zum Scheitel entsteht. Erst jetzt kann die Energie zum Scheitelpunkt steigen, auf der Körpervorderseite in das *tan t'ien* zurücksinken, von da weiter in die Füße wandern, wieder steigen etc. Durch die lotrechte Rumpfhaltung, wie sie in den meisten *taichi*-Büchern zu sehen ist und oft gelehrt wird, wird die Energie im Oberkörper festgehalten. Jeder weiß, dass ein Bierglas schräg gehalten werden muss, damit das Bier beim Eingießen nicht überschäumt – so kann das *ch'i* (wörtlich »Gas«) des Biers im Glas kreisen, wie das »innere *ch'i*« im menschlichen Rumpf. Die natürliche, verwurzelte, aufrechte Haltung ist nie lotrecht; das lässt sich in allen Lebensbereichen beobachten. Das kleine Kind, das die *taichi*-Prinzipien am besten verkörpert, öffnet dem, der ihm zuschaut, Herz und Geist – was von künstlich aufrechten Gestalten, z. B. Soldaten und Mannequins, nicht behauptet werden kann.

Durch die Zentrumsbewegung wird die Einheit von Himmel und Erde konkret erfahrbar, weil ihr Getrenntsein erfahren wird. Die *yin-yang*-Form hat den Körper »eingepasst« zwischen Himmel und Erde; die *ch'i*-Form hat die Bewegungen der Arme (= *yang*) ausdifferenziert. Jetzt wird die Energie verwurzelt, am *yin* gearbeitet. Jede Endstellung, die das »Innere Lot« der drei Zentren herstellt, passt den Körper so an die Schwerkraft an, dass sein *ch'i* ganz sinken kann. Der Stand wird so fest, als würde der Körper magnetisch von der Erde angezogen. Auf dieser Basis kann die Armspirale ganz leicht werden. Die Drehung des Zentrums wirkt nach unten, zur Erde, und die Drehung der Arme wirkt nach oben bzw. nach außen, in die Weite, zum Himmel. Diese Trennung ihrer Wege bewirkt die Einheit des *ch'i.* Der Geist ruht in der Mitte, die Himmel und Erde verbindet. Adler und Schildkröte werden eins: Wenn der Geist im *tan t'ien* weilt, ist er in den Bewegungen des ganzen Körpers, denn von ihm gehen sie aus, aber wie der Adler schwebt der Geist auch über dem Ganzen, und hier beginnt *taichi chuan* als Meditation. Mechanisch gesehen führen Arme und Zentrum Gegenrotationen aus. Drückt der Partner B gegen meinen Arm, verwurzele ich erst die Energie durch die Zentrumsbewegung – das bringt B schon aus dem Gleichgewicht. Die Armspirale braucht, leicht wie ein Windhauch, die Entwurzelung von B nur zu vollenden. Der andere ist verwirrt: Eine erste Drehung, die er nicht orten und nicht fassen kann, bringt ihn ins Schwanken, eine zweite geht in eine

ganz andere Richtung und beide gleichzeitig lassen ihn ein Stück durch die Luft fliegen.
Durch die Zentrumsbewegung werden die Baucheingeweide intensiv bearbeitet und das Wasser wird aus dem Bauch ausgetrieben. Nach intensivem Üben fließt der Schweiß – bei *langsamen* Bewegungen, ohne außer Atem zu geraten und bei normalen mitteleuropäischen Außentemperaturen! *Ch'i* wird stark angeregt und durch den ganzen Körper geschickt: »Deine Kräfte werden wachsen«, wie es die klassischen Texte ausdrücken. Mit der Zeit wird der Bauch stark wie eine Trommel oder ein fester Ball – wer dagegen drückt, wird durch eine kleine Drehung entwurzelt. Standfestigkeit, Standhaftigkeit können in den Alltag übernommen werden. Der Bauch wird zur Mitte des Körpers, Oberkörper und Kopf werden frei und leicht: Steht man fest auf der Erde, kann der Kopf ungefährdet »in den Wolken« sein. Mit der Zentrumsbewegung ist der Schritt von der menschlichen zur kosmischen Ebene – bzw. die Verbindung von beiden – vollzogen. Das *t'ai ch'i*-Diagramm, das »zyklische Prinzip des Menschen zwischen Himmel und Erde darstellend« (s. S. 56), symbolisiert die Stufen der Form bis zur *yin-yang*-Form. Mit der *ch'i*-Form und vor allem mit der Zentrumsbewegung wird das *ho t'u* zum Symbol des *taichi chuan*, denn es bildet »das Begrenzte in Bezug auf das Unbegrenzte« ab. Das Finden der Mitte, die selbst leer und unbewegt ist wie bei einem Zyklon, macht den begrenzten menschlichen Mikrokosmos zum Abbild des unbegrenzten Makrokosmos. Im Zentrum entsteht, wie das neue Leben im Ei, die Wandlung der »Identität vom Ego zum Universum. Diese würde bewirkt durch eine klare und vollständige Wahrnehmung der verborgenen Einheit der *yin*- und *yang*-Prinzipien, und dazu würde die Verwirklichung derselben Einheit zwischen dem Selbst und dem Nichtselbst gehören, zwischen der Welt innerhalb der Haut und der Welt außerhalb« (Alan Watts). Die Zentrumsbewegung ist die wesentliche Stufe des authentischen *taichi chuan,* sozusagen seine Mitte; die folgenden Stufen verfeinern die Form weiter, fügen aber nichts wesentlich Neues hinzu.

Die letzten Stufen

Die nächsten Stufen vervollständigen die Verwurzelung der Beine, erweitern das Prinzip der Gegenrotation und lenken die Aufmerksamkeit schließlich auf den »inneren Atem«.
Die Verwurzelung der Beine geschieht durch die Beinspirale. Im Unterschied zur Armspirale gibt es dabei nur »Öffnen«. In jeder Bewegung werden die Knie »geöffnet«, *ch'i* wird sozusagen aktiv in die

Füße geschickt und das Zentrum wird aktiviert.

Die Gegenrotation von Armen und Zentrum wird vervollständigt durch die Kopfspirale oder besser Halsspirale. Die Armspiralen werden bis in den Nacken hinein verlängert, indem Arme und Hals gegenläufig gedreht werden, wieder mit sehr feinen, kaum sichtbaren Bewegungen. Die Bewegung der Arme nach außen und vorne – *yang* – braucht ihr *yin* im Halsbereich.

Das Zusammenwirken der verschiedenen Spiralen macht schließlich den Atem »richtig«, und den Atem in die Form zu integrieren, heißt dann, ihn zuzulassen und ihm zuzuschauen. Es entsteht eine subtile innere Bewegung, die sich nun als Ziel der verschiedenen Übungsstufen der Form erweist, so als ob diese in langer Arbeit ihre eigentliche Mitte und Antriebskraft erschaffen hätten. Jetzt genügt der Einsatz dieser inneren Bewegung, äußerlich kaum wahrnehmbar, um *ch'i* direkt als unerhört starke Kraft nach außen zu bringen. Von YANG CHIEN-HOU, dem Vater von YANG CH'ENG-FU, wird erzählt, dass er mehrere starke Männer, die ihn von allen Seiten umklammerten, durch leichtes Zittern von sich wegfliegen ließ – sein *ch'i* wirkte wie eine Explosion. Äußerlich gesehen dehnt sich der Körper beim Einsatz aller Spiralen nach allen Seiten aus wie ein Ball beim Aufpumpen, aber *chin* entsteht nicht durch bloße Technik. »Bei der Übung des *taichi chuan* geht es vor allem um *shen.* Deshalb heißt es: *Shen* ist der Herr, der Körper der Knecht ... Öffnen meint nicht nur die öffnende Bewegung von Armen und Beinen, sondern auch das Öffnen von Herz und Geist; dasselbe gilt auch für das Schließen. Wenn das eine *ch'i* Außen und Innen vereinigt, dann ist alles vollkommen« (YANG CH'ENG-FU).

Partnerübungen

Ein wesentlicher Schritt im *taichi chuan* führt von der Form zu den Partnerübungen. Partnerübungen haben als Tests für richtige Stellung, Armspirale und Zentrumsspirale die Übung der Form begleitet und das Feld der Einzelübung auf den Übungspartner erweitert. Beginnt man, die Partnerübungen systematisch zu erlernen, betritt man neues Gebiet: Die Auseinandersetzung und Übung mit einem anderen ist nun die Aufgabe, an der sich die Wandlung, die man in der Form für sich gewonnen hat, erprobt und erweitert. *Yin* und *yang* werden nun getrennt – weil sie von zwei Personen verkörpert werden, für die es gilt, ihre Einheit zu gewinnen.

Die erste Übung – man kann mit ihr parallel zur *yin-yang*-Form beginnen – heißt *t'ui shou,* wörtlich: »Hände schieben«. Die Partner bilden in dieser Übung das *t'ai chi*-Symbol; der kreisförmige Wechsel von *yin* und *yang* wiederholt sich ständig und die Energien der Partner ergänzen sich und bilden eine Einheit.

In der vereinfachten Grundform, dem so genannten »Kreisen«, sieht das so aus: Beide Partner stehen sich gegenüber, die rechten Füße vorgesetzt, die rechten Hände in leichtem Kontakt miteinander. A verlagert sein Gewicht nach vorn, zielt mit seiner Hand auf die Mittellinie des anderen und versucht, ihn zu entwurzeln. Diese *yang*-Bewegung beantwortet B mit *yin,* indem er sie aufnimmt und neutralisiert: Er verlagert sein Gewicht auf den hinteren Fuß, dreht Rumpf und Arm nach rechts und lenkt so die Bewegung des »Angreifers« ins Leere. An diesem Punkt ist die *yang*-Bewegung des Angreifers erschöpft – würde er weiter vorgehen, verlöre er seinen Stand und würde so die *yin-yang*-Einheit, den Kreis, zerstören; also zieht er sich zurück. Er beginnt die *yin*-Phase, die der Partner B mit *yang* ergänzt, indem er nun seinerseits vorgeht, neutralisiert wird, wieder zurückweicht etc. Die Hände bleiben dabei in ständigem Kontakt, d. h., auch äußerlich bilden beide Partner eine Einheit.

Bei dieser Auseinandersetzung handelt es sich nicht um einen Kampf zweier gegensätzlicher Kräfte, sondern um ein Spiel: das Wechselspiel von Geben und Nehmen, das in sich harmonisch und ausgewogen ist. »Fast ausnahmslos sind für das chinesische Denken die Konflikte der Natur in einer tiefer liegenden Harmonie verwurzelt. So kann es keine ernsten Konflikte geben …, denn ›Sein und Nichtsein erzeugen einander‹, wie es bei LAO TZU (2,5) heißt« (ALAN WATTS). Aber diese Harmonie muss erst noch erlangt werden und wirklich zum Spiel wird dieser Ablauf erst dann, wenn jeder Partner seine destruktiven Impulse aufgegeben und die Einheit mit dem anderen akzeptiert hat. Das Aufgeben der Destruktivität bedeutet aber nicht die Aufgabe des kämpferischen Impulses. Die Lust zur Auseinandersetzung wird erhalten bzw. geweckt und *t'ui shou* wird gründlich missverstanden, wenn darin nur harmonisches Hin- und Herschieben gesehen wird. *Yin* und *yang* sind gegensätzliche Kräfte, deren Einheit von den Übenden erst erkannt und verwirklicht werden muss.

Die Absicht der *yang*-Bewegung, den anderen aus dem Gleichgewicht zu bringen, ist ein aggressiver Akt – aber nur der Intention nach aggressiv, denn in der Ausführung ist die Bewegung weich und sanft. Wenn nun jemand körperlich aggressiv vorgeht, also entweder starr und verhärtet oder affektiv und heftig, dann läuft er ins Leere, wenn der Partner den Angriff neutralisiert, und verliert das Gleichgewicht. Das nächste Mal wird er vorsichtiger zu Werke gehen, sich weniger weit vorwagen und seine Bewegung weicher

B: *an* rechts; A: *p'eng* rechts

A: *chi*; B: Wechsel von *lü* zu *an*

und bewusster ausführen. Die Intention, den anderen zu entwurzeln, darf aber mit wachsender Sanftheit nicht verloren gehen, sondern muss als geistige Bewegung erhalten bleiben. Außen weich und innen stark – *i* führt und *ch'i* und Körper folgen, so entsteht *chin*.

Der Partner, der die *yang*-Bewegung neutralisieren, d. h. ihr nachgeben soll, kann versucht sein, der Starrheit des Angriffs ebenfalls starr zu begegnen – mit dem Ergebnis, dass er umgestoßen wird, weil der Angriff zu stark war. Das nächste Mal wird er der *yang*-Bewegung mehr folgen und sich ihr weniger widersetzen. Nachgeben bedeutet jedoch nicht, sich selbst aufzugeben; die Absicht dessen, der die *yang*-Bewegung aufnimmt, muss es sein, sie so um sich herumzuführen, dass er sein Zentrum und seinen festen Stand bewahrt und nicht irgendwie schlaff in sich zusammensinkt.

So helfen sich beide Partner, ihre *yin*- und *yang*-Seiten zu entdecken und zu entwickeln: Das Harte, Unnachgiebige und das Nur-Weiche, Zu-Nachgiebige werden beide zu Seiten *einer* Stärke. Vorgehen wie Nachgeben müssen ihre Mitte be-

* Die Bilder oben auf beiden Seiten zeigen t'ui shou – Partnerübungen mit einer Hand; Partner A: Meister Chu; Partner B: Frieder Anders

B: *an*; A: *lü*

A: *an*; B: *p'eng* (vgl. erstes Bild*)

wahren. Das wird deutlich, wenn die einfache Übung des »Kreisens« zum ausgefeilten Ablauf der ersten vier Grundtechniken wird, die in *t'ui shou* geübt werden (s. S. 194 und oben). Hier lernt man, dass diese vier Bewegungen so ineinander greifen, dass die eine die andere so genau beantwortet, dass sie sie quasi hervorbringt, d. h., jede hat ihren Zeitpunkt und ihren Platz. Die Kreisform des Ablaufs wird nun auch in der äußeren Form deutlich, weil die Bewegungen Bälle abbilden, d. h. die »Drei Kreise« in sich verwirklichen. Technisch heißt das, dass die Arme immer genügend Abstand zum Körper haben – eben eine Form, in der *ch'i* fließen und *chin* entstehen kann. Diese Bälle rollen umeinander und das Ziel ist es, diesen Ablauf rund, ohne Brüche, hinzubekommen. Zusätzlich zu der Möglichkeit, den Angreifer an dem Punkt, an dem er sich zu weit vorgewagt hat und fast schon von selber fällt, durch Ziehen zu entwurzeln, ergibt sich jetzt die Chance, ihn vom Ball der Arme abprallen zu lassen, wenn er mit Muskelkraft statt mit *chin* vorgeht. Wer auf einen großen Ball läuft, wird entweder zurückgeworfen oder kommt ins Schleudern, je nachdem wie er auftrifft.

Das sind die beiden grundsätzlichen Möglichkeiten, *chin* einzusetzen. Das Abprallen ist *yang,* seine Technik *p'eng,* sein Trigramm ☰ und das Ablenken durch Drehung ist *yin,* dessen Technik *lü,* das Trigramm ☰ ☰. *P'eng* und *lü* sind damit »Vater« und »Mutter« aller übrigen acht Grundtechniken. Mit der Zeit wächst die Fähigkeit, auch die geringsten Ansätze von starrer Kraft beim Partner zu spüren, »Energie zu hören«, wie es im *taichi chuan* heißt – und das reicht aus, ihn zu entwurzeln.

Die eigene Entfaltung und die des Partners sind Ziel und Inhalt der Partnerübungen – *yin* und *yang* helfen sich gegenseitig. Im Bewusstsein der Einheit geschieht der Austausch der Kräfte. Einssein mit dem anderen und Abgrenzung von ihm, Nähe und Distanz bedingen einander. Angriff und Abwehr werden weder stilisiert noch geleugnet, sondern verwandelt, und Offenheit und Schutz können gleichermaßen entstehen. Werden Distanz und Abwehr aus Angst vor Nähe und Verletzlichkeit betont, dann können aus dem Wunsch, stark und unbesiegbar zu werden, Größenfantasien entstehen, d. h., die *yang*-Seite überwiegt. Wird Nähe gesucht und die eigene Fähigkeit dazu schmerzlich als eingeschränkt erkannt und sollen alle Widerstände und Abgrenzungen gleich ganz und gar dem Wunsch nach Einssein geopfert und Offenheit und Weichheit ständig gelebt werden, dann ist *yin* extrem stark. Beiden Extremen weisen die Partnerübungen den Weg zueinander: Aus dem Zusammenspiel beider erwächst wesentliche Kraft, die geben und nehmen kann.

Zu *t'ui shou* gehören zahlreiche Übungen: Außer der beschriebenen Grundform mit einer Hand gibt es verschiedene Formen mit zwei Händen, mit denen die drei Kreise, aus denen der Ball besteht – der stehende Kreis, der flache Kreis und der senkrecht und quer stehende Kreis geübt werden können. Verschiedene Einzeltechniken werden in Partnerübungen geübt, wie z. B. die vierte Grundtechnik *an* (»Stoßen«) in der »*an*-Partnerübung«. Alle Übungen können am Platz oder mit Schritten ausgeführt werden, Hände und Arme bleiben aber ständig in Kontakt.

T'ui shou ist – richtig ausgeführt – anstrengend; hinterher fühlt man sich erschöpft, aber wach, heiter und lebendig. Allmählich beginnen die Übungen, Spaß zu machen – zu versuchen, den Partner zu entwurzeln und selbst zentriert und verwurzelt zu bleiben, wird zum Spiel, bei dem gelacht werden kann.

Die nächste Stufe der Partnerübungen ist *ta lü,* wörtlich »großes *lü*«. Hier wird die Grundtechnik *lü,* Neutralisieren eines Angriffs durch Drehung, in größerer Bewegung als beim *t'ui shou* geübt. Im Unterschied zum *t'ui shou,* wo die Grundübung am Platz geschieht und Schritte erst später dazukommen, gehören beim *ta lü* von Anfang an Schritte dazu. Es gibt die »*ta lü*-

Partnerübung« und die »*ta lü*-Form«. Bei der *ta lü*-Partnerübung geht man nach höchstens zwei Schritten wieder zum Ausgang zurück; in der *ta lü*-Form ist die Schrittfolge der Partner länger und komplizierter und eine Drehung von 180 Grad kommt als neues Bewegungselement dazu. Dem Prinzip der »Rückkehr zum Ursprung« folgend, kehren die Bewegungen aber auch immer wieder zum Ausgang zurück.

Die *ta lü*-Form leitet über zur Übung des *san shou,* wörtlich »Zerstreuen der Hände«: Man verlässt das Prinzip des engen, festgelegten Ablaufs und freie Bewegungen werden möglich. Im *san shou* wird die Anwendung der 37 Stellungen der Form als freies Spiel von Angriff und Abwehr geübt. Das geht praktisch unbegrenzt, denn jeder Angriff, der aufgenommen wird, wird verwandelt und als Angriff zurückgegeben – wieder das Spiel von *yin* und *yang.* Dieser Ablauf geschieht leicht, weich und spielerisch und wirkt sehr anmutig. Der Einsatz von *chin* wird zurückgehalten, es wird mit der vorgegebenen Bewegung ein Ablauf improvisiert. Das übt Spontaneität und Reaktion – das Entwurzeln wird vermieden, weil das den Bewegungsfluss unterbrechen würde. *San shou* ist der Form vergleichbar, wird aber eben zu zweit ausgeführt; meist wird es auch als fester Ablauf geübt, weil es so leichter ist. Darüber hinaus stellt es die Verbindung der Partnerübungen mit der Selbstverteidung und der Kampfkunst her.

Selbstverteidigung und Kampfkunst

»Der Kampf ist der Vater aller Dinge« (Heraklit). Warum kämpfen? Wird die den Konflikten in der Natur zugrunde liegende Harmonie nicht erkannt, weil man ihre Gegensätze verabsolutiert, und gibt die »äußerste Bedrohung der universellen Ordnung« oder »die Möglichkeit endgültiger Vernichtung oder Nichtexistenz« (Alan Watts) den Hintergrund ab, dann ist das Zitat vom Kampf – oder dem Krieg, wie es oft heißt – als dem Vater aller Dinge ein schrecklicher Satz. Vor so einem Hintergrund wird verständlich, dass »Kampf« und »kämpfen« bei uns heute zweifelhafte Begriffe sind, erinnern sie doch an Vernichtung, Ellbogen-Egoismus oder Selbstaufopferung. Die Lust am Kämpfen bleibt da mit Recht zu verurteilen, wo die Ziele zerstörerisch sind. Kämpfen als Weg der Selbstfindung wird eher akzeptiert – aber als Auseinandersetzung mit sich selbst; innere Kämpfe darf jeder durchstehen, so viel er will und muss. Die Sehnsucht nach der direkten körperlichen Auseinandersetzung ist aber vorhanden – kein Western ohne Showdown, doch die Orte für Zweikämpfe sind der Sportplatz oder

Lotos-Kick (horizontaler Fußstoß aus der *taichi*-Form)

Schul- und Hinterhöfe, Spielwiese der eine und gesellschaftliche Randzone die anderen. Es gibt keine Kultur des Kämpfens. Boxkämpfe sind traurige Zerstörungsrituale; an dem Ziel, den anderen niederzumachen, werden die Kämpfer nur gehindert durch Regeln und die gepolsterten Handschuhe. Die asiatischen Kampfkünste, die die Achtung vor dem Leben nicht den Handschuhen überlassen, sind bei uns zu Kampf-»Sport« geworden – ihre Bedeutung für das eigene Leben ist auf den Freizeitbereich beschränkt. In der englischen und französischen Sprache ist eine andere Bedeutung des Kämpfens lebendig, dort gibt es die Ausdrücke »martial art« bzw. »art martial«, also Kampf-*Kunst* – Kämpfen verstanden als Lebenskunst, die einen lehrt, sich selbst als Teil des Kosmos zu leben und zu behaupten. Diesen Weg lehrt *taichi chuan* und er ist gangbar für alle, die zu viele innere Kämpfe ausfechten, weil sie sich zu schwach fühlen, mit anderen zu kämpfen, denn *chin* ist stärker als Körperkraft und wächst mit dem Älterwerden. Er ist für jene, die Angst vor ihren verborgenen Kräften haben und einen Weg suchen, sie sich langsam zu erschließen. Er ist für jene, die eine friedliche Form der körperlichen Auseinandersetzung suchen anstatt den Wettstreit um Sieg oder Niederlage.

»Sein und Nichtsein erzeugen einander«, sagt Lao Tzu. Konflikte sind in einer tiefer liegenden Harmonie verwurzelt und wer den Weg des *taichi chuan* bis zur Kampfkunst gegangen ist – also Form, Vertiefungsstufen und Partnerübungen gelernt hat –, versteht den »Kampf« von *yin* und *yang* als »Vater aller Dinge«. Gewöhnlich dauert es vier bis fünf Jahre, bis der Schüler diese Stufen durchlaufen hat; vorher macht es wenig Sinn, mit dem Studium von *taichi chuan* als Kampfkunst zu beginnen.

In der Sprache der *taichi*-Meister ist die Pflege des *ch'i* zur körperlich-geistigen Selbstentfaltung *innere* Entwicklung. Kämpfen zu lernen, nur um sich zu verteidigen, gilt als bloßer Erwerb von *äußeren* technischen Fähigkeiten. Die »wahre Methode« des *taichi chuan* besteht darin, beides zu verbinden: innere

Entfaltung und die Fähigkeit zu kämpfen – also *chin* zu entwickeln. Jede der 37 Stellungen der Form enthält in sich mehrere Anwendungsmöglichkeiten für die Selbstverteidigung. Die einzelnen Techniken werden so geübt, dass Angriff und Verteidigung so oft wiederholt werden, bis der *Verteidigende* die Technik beherrscht. Angreifen wird nicht geübt, denn der *taichi*-Könner greift nie selbst an, sondern lernt, die angreifende Kraft zu neutralisieren und zurückzugeben. Der Körper ist dabei wie ein Ball, der vorne offen ist, d. h., immer sind Zentrum und Mittelachse dem Gegner zugewandt. Die Angriffsbewegung *(yang)* wird mit den Spiralen der Arme und des Körpers aufgenommen und so abgelenkt *(yin)*, dass die Kraft neutralisiert und der Angreifer entwurzelt wird. Dieser gerät, und sei es nur ganz wenig, aus dem Gleichgewicht. Diese »Blocks« wirken so fein, schnell und stark, dass man die Spiralbewegungen nicht erkennen kann und oft auch nicht die Entwurzelung des Angreifers. Diesem wird aber durch den Block für einen Moment alle Energie aus den Füßen genommen, zudem spürt er da Schmerz, wo sein Angriff blockiert wird – umso stärker, je härter er angreift, denn er trifft ja auf Arme, die wie »Eisen mit Baumwolle umwickelt« sind, wie es in einem klassischen *taichi*-Text heißt.

Diesen Moment nützt der *taichi*-Könner aus und wandelt *yin* in *yang*, d. h., eine weitere Spiralbewegung wirft den Angreifer zurück oder zu Boden oder trifft ihn mit Arm, Körper oder Bein, um ihn zu verletzen. Wird der Angreifer zurückgeworfen, spürt er keinen Schmerz. Es ist das gleiche Spiel von *yin* und *yang* wie in den Partnerübungen, doch weil hier die angreifende Kraft größer und schneller ist, muss der Verteidi-

Der Angriff des Partners wird neutralisiert und an ihn zurückgegeben (Lotos-Kick)

gende entsprechend reagieren. Hier wird deutlich, warum *chin* richtig entwickelt sein muss, bevor *taichi* als Kampfkunst wirksam sein kann: Um einem plötzlichen Angriff gewachsen zu sein, müssen die Verwurzelung und die verschiedenen Spiralen funktionieren. Andernfalls bleibt es äußeres *taichi,* das Muskelkraft oder Körpergewicht einsetzt und sich von anderen »Kung-Fu«-Stilen nur wenig unterscheidet.

Auf einer höheren Stufe wird die Einheit von *yin* und *yang* in *einer* Bewegung realisiert. *Yin* als neutralisierender Block und *yang* als Zurückgeben der Kraft bilden zwar eine Einheit, weil sie, als Teile einer Kreisbewegung, nicht unterbrochen sind – das Aufnehmen ist der Beginn des Zurückgebens –, aber es sind *zwei* Bewegungsrichtungen. *Eine* Bewegungsrichtung bedeutet, dass Verteidigen Angreifen ist. Eine Spiralbewegung reicht aus, den Angriff zu neutralisieren und zurückzugeben, weil die Spirale gleichzeitig zurück- und vordreht. Der Angriff wird gleichzeitig »angesaugt« und abgestoßen – der Angreifer fliegt weit zurück.

Als Meister YANG LU-CH'AN, ein äußerlich unscheinbarer, kleiner Mann, an den Kaiserhof kam, wurde ihm ein bärenstarker »Kung-Fu«-Meister gegenübergestellt, mit dem er sich messen sollte. Der stürmte auf ihn zu – aber YANG hob nur leicht die rechte Hand, berührte den anderen sanft, und der flog quer durch den Raum.

Sanft war die Berührung – aber Teil der komplexen inneren und äußeren Bewegungen des *chin.* Wer davon nichts weiß, wird den Wahrheitsgehalt dieser und anderer Geschichten – mit Recht – bezweifeln.

Die höchste Stufe ist erreicht, wenn der Meister sich ganz auf seinen Geist verlassen kann. Die Bewegungsabläufe werden so fein beherrscht, dass der Willensimpuls genügt, das *ch'i* zu bewegen – deswegen heißt *taichi chuan* ja auch »innere« Kampfkunst. Der Geist des Meisters ist zu *shen,* spirituellem Bewusstsein, geworden; das individuelle Bewusstsein ist mit dem kosmischen eins geworden. Was der Meister auf dieser Stufe vermag, geht weit über Kampf oder Spiel hinaus: Er verkörpert die Einheit von Himmel, Mensch und Erde, und die Kräfte, die sich gegen diese Einheit wenden – weil sie sie ignorieren, leugnen oder vernichten wollen –, prallen ab. Der Angreifer, der zurückgeworfen wird, erfährt diese Einheit als gewaltige Kraft, die ihn besiegt – aber nicht bestraft oder vernichtet. Er wird belehrt und kann sein Leben ändern. Die Einheit allen Seins – das *tao* – schließt auch das mit ein, was scheinbar herausfällt. »Ein Unsterblicher zu werden, bedeutet so im Grunde, seinen wahren und ursprünglichen Körper bewusst in Besitz zu nehmen – den Kosmos – und dies, indem man ganz wörtlich zu den eigenen Sinnen, zu Bewusstsein kommt, denn diese schaffen letztlich das Werk der Integration für uns« (ALAN WATTS).

Ch'ikung

Alle Übungen, die mithilfe von Geist, Atem und bestimmten Körperhaltungen bzw. -bewegungen den Kreislauf des *ch'i* anregen, heißen *ch'ikung,* wörtlich: »*ch'i* entwickeln«. Das Spektrum reicht vom Stillstehen über Übungen, bei denen man im Stand die Arme bewegt, bis zu tänzerisch ausgeführten Bewegungsfolgen und *taichi chuan.* Atemtherapie, bei der der Übende still liegt oder sitzt, gehört genauso dazu wie ausgedehnte Bewegungsfolgen am Boden, ähnlich dem Hatha-Yoga, aber fließend ausgeführt. Jede der 37 Stellungen der *taichi*-Form kann – nun wirklich als Stellung – als *ch'ikung*-Übung ausgeführt werden, wobei jeweils verschiedene Körperbereiche, Organe und Meridiane gefördert werden. Grundübung ist jedoch das Stehen in der Grundstellung mit verschiedenen Armhaltungen.

Wie im Abschnitt über die Form beschrieben, entspricht diese Haltung dem alten Schriftzeichen »Himmel«, das einen Menschen darstellt, der Himmel und Erde mit seinem Körper verbindet und mit dem Kopf »den Himmel berührt«, d. h. den nicht physischen, himmlischen Aspekt von *ch'i* in sich entwickelt. Auf dem Foto (S. 165) steht ein einjähriges Mädchen genau in dieser Haltung: Die Beine scheinen förmlich in den Boden hinein- bzw. aus ihm hervorzuwachsen, der Rücken ist aufrecht, der Kopf erhoben, getragen von der aufsteigenden Energie, die Arme fließen in natürlicher Weise aus den Schultern. Das Kind steht einfach da, Körper und Geist sind offen für das *ch'i.* Selbst und Nichtselbst – Mensch und Kosmos – sind eins.

Diese Haltung strebt auch das *ch'ikung* des alten *Yang*-Stils an. Beine, Rumpf und Arme müssen so gehalten werden, dass inneres und äußeres *ch'i* eins werden, damit *chin* entstehen kann. Das unterscheidet dieses *ch'ikung* von anderen, deren Ziel es ist, das innere *ch'i* im Körper zirkulieren zu lassen, weil es ihnen vor allem um die Gesundheit des Organismus geht – vergleichbar mit dem »öffentlichen« *taichi chuan,* das sich auch um die »Geheimnisse« der richtigen Bewegungen, die Innen und Außen vereinen, nicht mehr kümmert. Das *ch'ikung* des alten *Yang*-Stils verbindet Sitzmeditation und *taichi*-Form: Die »Leere« des Geistes, in der Sitzmeditation angestrebt, und die Entwicklung von *chin,* Ziel von *taichi chuan,* als *Kampfkunst,* bestimmen seine Übung. Stehend meditieren, um *chin* in seinen Grundformen zu entwickeln – so könnte man es definieren. Denn neben der Grundhaltung entsprechen die Armhaltungen genau den Prinzipien der Form, d. h., sie sind ballförmig. Die sechs Grundhaltungen der Arme enthalten in sich alle Armbewegungen der Form; so entspricht die erste, bei der die Handgelenke in Schulterhöhe gehalten werden, der ersten Grundtechnik *p'eng*.

Das *ch'ikung* des alten *Yang*-Stils heißt *chung ting,* wörtlich: »Zentriertsein«; es entspricht der Wandlungsphase Erde. Wie die Erde die Basis aller Bewegungen und der anderen vier »Beweger« bildet (siehe nächster Abschnitt), so ist *chung ting* die Übung für das Zentrum, für die Mitte der Bewegungen im *taichi chuan.* Grundhaltung und Grundbewegungen werden in Ruhe geübt: *Ch'i* kann fließen und *chin* sich aufbauen.

Art und Weise des Übens ist mit der Sitzmeditation vergleichbar: Nach anfangs wenigen Minuten kann die Dauer beliebig gesteigert werden. Phänomene wie Hitzeströme, Schweißausbrüche, Zittern und Vibrieren sind Anzeichen dafür, dass die Energie zu fließen beginnt. Schmerzen in den Muskeln, vor allem in den Oberschenkeln, vergehen mit der Zeit, wenn die Haltung korrekt ist. Der Atem soll leicht und natürlich bleiben; ebenso soll man sich vorstellen, der Körper sei leicht – hier hilft die Vorstellung, wie eine Marionette am Scheitelpunkt zu hängen. Mit der Zeit fühlt sich der Körper wirklich leicht und wie selbsttragend-schwebend an – Ergebnis der »Energiesäule«, des »inneren Lots« zwischen Himmel und Erde, entstanden aus der Verbindung von Scheitelpunkt, *tan t'ien* und den beiden Nierenpunkten in den Füßen.

Das *ch'ikung* des alten *Yang*-Stils war lange geheim; es kann gewaltige Kräfte freisetzen. YANG LU-CH'AN soll, als er zum Lehrer des Kaisers und Führer der Leibwache berufen wurde, seinem Schüler *ch'ikung* vorenthalten haben – als Han-Chinese wollte er einem Fremden – der Kaiser war Manchu, also ein Fremdherrscher – nicht eins seiner wertvollsten Geheimnisse preisgeben. Erst YANG SHOU-CHUNG hat ab 1950 in seiner Schule in Hongkong *ch'ikung* an alle Schüler weitergegeben.

Die »Dreizehn Bewegungsformen«

Die »Dreizehn Bewegungsformen« sollen von CHANG SAN-FENG entwickelt worden sein; sie stellen das Ur-*taichi chuan* dar. Wenn Form und Partnerübungen mit ihren verschiedenen Stufen als das »Fleisch« des *taichi chuan*-Körpers bezeichnet werden können, so sind die »Dreizehn Bewegungsformen« sein Skelett: Sie enthalten die grundsätzlichen Möglichkeiten, Arme und Beine zu bewegen. Die Bewegungsformen der Beine heißen die »Fünf Schrittarten« (wörtlich: »Fünf Schritte«, *wu pu*), die

13 Bewegungsformen	5 Schrittarten – 5 Wandlungsphasen	*chin*	nach vorn gehen	Metall
		t'ui	zurückweichen	Wasser
		ku	nach links schauen	Feuer
		pan	nach rechts schauen	Holz
		chung ting	zentriert sein	Erde
	8 Grundtechniken – 8 Trigramme	Taichi chuan	Trigramm	Himmelsrichtung
		p'eng	☰ *ch'en*	S
		lü	☷ *k'un*	N
		chi	☵ *k'an*	W
		an	☲ *li*	O
		ts'ai	☴ *hsün*	SW
		lieh	☳ *chen*	NW
		chou	☱ *tui*	SO
		k'ao	☶ *ken*	NO

der Arme sind die »Acht Grundtechniken« (wörtlich: »Acht Tore«, *pa men*).

Die »Fünf Schrittarten« sind »nach vorn gehen«, »zurückweichen«, »nach links schauen«, »nach rechts schauen« und »zentriert sein«. »Zentriertsein« ist eigentlich die Bezeichnung für das Stillstehen im *ch'ikung,* ist aber auch zu verstehen als Hinweis auf die Zentrumsbewegung. Die »Fünf Schrittarten« sind den »Fünf Wandlungsphasen« zugeordnet, das »Zentriertsein« der Erde: Wie die Erde die übrigen vier Wandlungsphasen ernährt und trägt, so nährt das Zentrum die übrigen vier Schrittarten, die in ihm ihren Ursprung haben. Die »Acht Grundtechniken« der Arme sind den »Acht Trigrammen« des *I Ching* zugeordnet.

Die »Fünf Schrittarten«

Die universelle Energie *ch'i* differenziert sich in die »Fünf Wandlungsphasen« Metall, Holz, Wasser, Erde, Feuer – diese sind ein *ch'i.* Für die Bewegung des Menschen auf der Erde – seine Schritte – gibt es im System des *taichi chuan* fünf Möglichkeiten: vor, zurück, Drehungen nach links und rechts (»schauen nach links« bedeutet »Drehung nach links«) und Stillstehen. Alle Schritte sind Wandlungsphasen *einer* Bewegung, die die Verbindung des Menschen zwischen Himmel und Erde herstellen und bewahren soll, und sie sind ein *ch'i*; Sprünge, Sichfallenlassen, Erstarren der Bewegung kommen nicht vor, denn sie würden den Fluss des *ch'i* unterbrechen.
Die Zuordnung der Schrittarten zu

den Wandlungsphasen ist in der *taichi*-Literatur nicht einheitlich – abgesehen von »Zentriertsein«, welches stets der Wandlungsphase Erde zugeordnet ist, gibt es andere Darstellungen als die oben aufgeführte. Gründe für die Zuordnung werden im Allgemeinen nicht angeführt. Meister Chu vertritt folgende Auffassung: »Vorgehen« entspricht Metall, denn Metall entspricht den Lungen, und die Vorwärtsbewegung stärkt die Lungen. »Zurückweichen« entspricht Wasser, denn Wasser entspricht den Nieren, die durch die Rückwärtsbewegung gestärkt werden. »Drehung nach links« entspricht Feuer, weil Feuer dem Herzen entspricht, welches durch die Drehung nach links gestärkt wird, so wie die Leber durch die Drehung nach rechts; daher entspricht »Drehung nach rechts« dem Holz, denn dem entspricht die Leber. »Zentriertsein« stärkt im *ch'ikung* Magen und Milz, welche der Erde entsprechen. Es folgen die Lieder der »Fünf Schrittarten« von T'ang Meng-Hsin (deutsche Nachdichtung: Windwasser):

1. chin (nach vorn gehen)
Muss vorwärts man gehen
So zögert man nicht
Man kommt umso besser und weiter
Je größer der Schritt
Bleibt man zurück
Ist die Chance vertan
Doch stark ist die Technik
Geht man voran.

2. t'ui (zurückweichen)
Mit der Körperbewegung wechselt der Schritt
Solche Technik ist subtil
Dem Festen weichen – das Leere greifen
So zieht man den Gegner ins Leere mit
Zurück zu müssen und nicht zu tun
Ist weder klug noch mutig zu nennen
Man weicht zurück um vorwärts zu gehen
Dies ist des Angriffs Beginnen.

3. ku (nach links schauen)
Links und rechts nach Position
Sie wechseln *yin* und *yang*
Stark ist die Technik
Weicht man links und greift rechts an Hüfte Knie und Ellenbogen
Wirken mit Füßen und Händen zusammen
Dem Gegner unberechenbar
Sodass er schwer sich wehren kann.

4. pan (nach rechts schauen)
Die Technik wohl gekonnt
Zeigt links und greift rechts an
Der Positionen Wechsel nutzend
Geht seitlich man – nicht geradezu – voran
Nach der Gelegenheit sich richtend
Ob Angriff rechts ob Angriff links
Geschickt die Technik angewandt
In leer und fest und rechts und links.

5. *chung ting* (zentriert sein)
Fest und ruhig wie ein Berg
Fest und ruhig ist das Zentrum
Ch'i sinkt zum *tan t'ien*
Der Kopf hängt leicht am Scheitel
Außen ruhig und gelassen
Innen fest sind *ching* und *shen*
Und in nur einem Augenblick
Wechseln Sammeln und Lassen.

Faszinierend ist der Gedanke, in den Bewegungsabläufen der Partnerübungen genaue Analogien zu den beiden Zyklen der Wandlungsphasen – der »Beherrschung« und »Erzeugung« (s. Abb. 13/14, S. 75) – aufzuspüren und zu entdecken, dass etwa »Metall« immer »Holz« besiegt oder »Feuer« immer die »Erde« fördert, doch so eine Systematik ist nicht zu entdecken. Allein »Zentriertsein« ist so beherrschend als Basis aller Bewegungen und Techniken, dass keine Bewegung das Zentrum »beherrschen« kann.

In der Übung des *taichi chuan*, den Partnerübungen, ist »Beherrschung« gleich »Erzeugung« und »Erzeugung« gleich »Beherrschung« – die praktische Erfahrung der taoistischen Lehre, dass Sein und Nichtsein einander bedingen.

Wenn eine gerade Bewegung durch eine andere, die sie kreuzt, von ihrer Bahn abgelenkt wird, dann wird sie von dieser »beherrscht« bzw. »unterdrückt«. Gleiches wird mit Gleichem vergolten, denn der Angriff will »beherrschen« und wird nun seinerseits »beherrscht«. Diese Beziehung ist antagonistisch: Zwei Kräfte wirken gegeneinander und keine »erzeugt« die andere. Das ist das Prinzip der »Äußeren Kampfkunst«, bei der die jeweils größere Kraft, Ausdauer oder Schnelligkeit die schwächere besiegt. Anders bei *taichi chuan*: Die angreifende Bewegung wird nicht unterdrückt, sondern mit einer Kreisbewegung angenommen und ins Leere geführt. An dem Punkt, an dem sie »leer« ist, wandelt sie sich, d. h., sie wird in fließendem Übergang zu einer anderen Technik. Zum Beispiel: Ein Angriff mit der Faust wird durch die Armspirale nach oben *(p'eng)* und dann zur Seite *(lü)* abgelenkt. Wie der Verteidiger Ja sagt zum Angriff, indem er ihn annimmt und neutralisiert, statt ihn zu unterdrücken, sagt der Angreifer Ja zu dem, was ihm geschieht, und wandelt an dem Punkt, an dem sein Vorgehen aussichtslos geworden ist, seine Bewegung – seine Energie – in eine andere, der neuen Situation angemessene um. Beherrschung und Erzeugung sind *ein* Prozess.

Der Angriff wird durch die kreisförmige Abwehr beherrscht, aber nicht zerstört, weil seine Energie nicht unterdrückt, sondern aufgenommen wird. Gleichzeitig fördert der Angriff die Abwehr, weil diese seine Energie aufnimmt. Die Abwehr fördert aber auch den Angriff, weil sie ihm hilft, sich zu verwandeln. Das Werden des einen ist das Vergehen des anderen; was vergeht, gebiert Neues, d. h., es wandelt sich.

Die »Acht Grundtechniken«

Die übliche Zuordnung der »Acht Trigramme« zum *t'ai chi*-Symbol und den »Acht Grundtechniken« sieht so aus:
Die vier *yang*-Zeichen beginnen im Nordosten und enden im Süden, entsprechend dem Anwachsen des *yang*-Anteils im Diagramm. Die vier *yin*-Zeichen beginnen im Südwesten und wachsen nach Norden an. Die *yang*-Zeichen steigen auf und wachsen zum Himmel (Anabolismus) und die vier *yin*-Zeichen steigen ab zur Erde (Katabolismus). Die ersten vier Grundtechniken liegen auf den Haupthimmelsrichtungen, d. h. auf den vier Seiten; die zweiten vier liegen sich – jeweils ein *yin*- und ein *yang*-Zeichen – in den vier Ecken gegenüber. Die vier *yang*-Zeichen sind aufbauend, die *yin*-Zeichen zerstörend. Dies bezieht sich jedoch auf die Trigramme und nicht auf die Techniken; die »Begründung« der Technik aus dem entsprechenden Trigramm ist nur bei den ersten beiden sofort einleuchtend, weil sie reines *yang* und reines *yin* verkörpern. Der Zusammenhang erschließt sich erst durch längere Übung und seine Darstellung in der Literatur – sofern sie überhaupt gegeben wird – ist unterschiedlich.
Es folgt eine Übersicht über die »Acht Grundtechniken«; die dazugehörigen Lieder stammen von T'ANG MENG-HSIN (Nachdichtung: Windwasser).

Partnerübung *t'ui shou* mit zwei Händen; Aufnehmen des Angriffs *(an)* durch *lü*

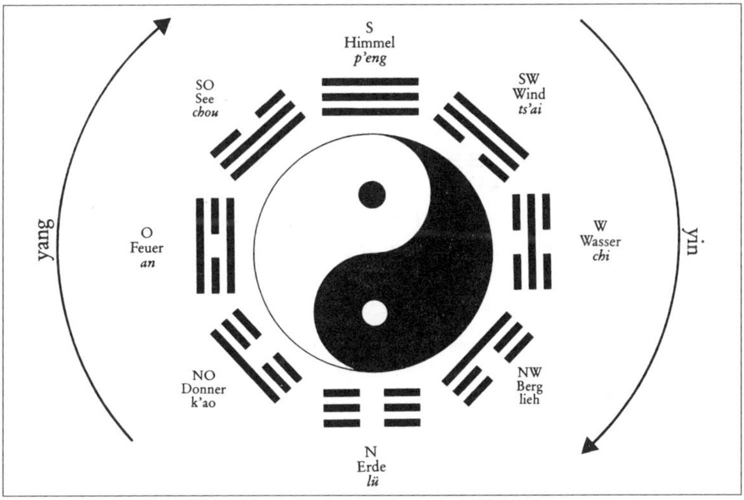

Die »Acht Trigramme« und die »Acht Grundtechniken«

1. p'eng – »Abwehr nach vorn und oben«
wird durch *ch'ien,* Himmel ☰, symbolisiert. Seine Eigenschaften sind schöpferische Stärke und nicht ermüdende Energie. Diese Eigenschaften können in einem Ball gesehen werden: elastisch und federnd. *P'eng* ist wie der große Ball, der einem Angriff entgegenrollt.

Das Lied von der *p'eng*-Technik *(p'eng chin)*:
Gleich einer Welle
Die ein Boot hochschwemmt
Das *ch'i* fest im *tan t'ien*
Der Kopf gerade auf als sei
Am Scheitelpunkt er aufgehängt
Den Körper erfüllt elastische Kraft
Sich öffnend sich schließend in dem Moment
Den Gegner leicht ins Wanken bringt
Dies auch gegen eine Kraft von tausend Pfund.

2. lü – »zurückweichen und ziehen«
wird durch *k'un*, Erde ☷, symbolisiert. Seine Eigenschaft ist rezeptive Weichheit; wie ein Ball, der aber der angreifenden Kraft nicht entgegenrollt, sondern sie durch eine Drehung vorbeilässt.
Das Lied von *lü chin*:
Den Gegner lass kommen
Folge der Richtung der Kraft
Ziehe sie mit in die Länge
Niemals der Kopf
Verliert seine Haltung
Gelangt an die äußerste Grenze
Wird leer die Kraft ganz von allein

Bewahre stets den Schwerpunkt
Ohne Chance lass den Gegner
sein.

3. chi – »drücken«
wird durch *k'an*, Wasser ☵, symbolisiert. Seine Eigenschaft ist das abgründig Gefährliche oder Destruktive. Äußerlich weich, ist *chi* im Innern unerbittlich. *Chi chin* ist wie Wasser, das in einen Felsen eindringt, um ihn schließlich zu zerstören.
Das Lied von *chi chin*:
Zwei Methoden gibt es
Anzuwenden je nachdem
Einfach in einem Bewegen
Direkt dem Gegner entgegen
Oder Gegenkraft nutzend
Wie von der Wand ab der Ball
Und von der Trommel die Münze
Springt mit tönendem »Bing«.

4. an – »stoßen«
wird durch *li*, Feuer ☲, symbolisiert. Seine Eigenschaft ist das Aggressive. Äußerlich stark, ist es innen leer: ein Abbild der beiden parallelen Arme, die die Technik ausführen. Ihre Wirkung ist explosiv und direkt wie die einer Bombe.
Das Lied von *an chin*:
Wie des Wassers strömender Fluss
Verborgen die Härte im Weichen
Wilde Strömung nicht zu halten
Schießt empor wo Hohes ist
Stürzt hinab wo Tiefes ist
Wogen steigen Wogen fallen
Dringen ein wo Öffnung ist.

5. ts'ai – »nach unten ziehen«
wird durch *hsün*, Wind ☴, symbolisiert. Seine Eigenschaft ist es, leicht wie der Wind die Richtung zu wechseln. Wie der Wind Äste und Blätter des Baums bewegt, aber nicht den Stamm, so greift diese Technik an einem Arm an und folgt der Bewegung des Gegners.
Das Lied von *ts'ai chin*:
Wie am Waagebalken ein Gewicht
Ob schwach die Kraft ob sie
gewaltig ist
Nach dem Wiegen weiß man ihr
Gewicht
Selbst tausend Pfund sind so zu
wiegen
Durch vier Unzen Gewicht verschieben
Dies wirkt das Hebelgesetz.

6. lieh – »trennen«
wird durch *chen*, Donner ☳, symbolisiert. Seine Eigenschaft ist zupackende und sich überschlagende Stärke. Man greift einen Arm und »trennt« ihn, indem eine Hand nach unten und die andere nach oben drückt, d. h. ihn hebelt. So gefangen wird der Gegner durch die Drehung des Zentrums weit weggeworfen.
Das Lied von *lieh chin*:
Dreht sich das Schwungrad
So wird weit weggeschleudert
Was darauf hingeworfen
Der Strömung Schnelle
Wasserwirbel zeugt
Sich drehend in Spiralen
Blätter fallen in die Fluten
Werden plötzlich eingesogen.

ts'ai, nach unten ziehen

lieh, trennen

chou, Ellbogenstoß

7. chou – »Ellbogenstoß«
wird durch *tui*, See ☱, symbolisiert. Seine Eigenschaft ist Stärke, die verborgen ist, wie die ruhende Fläche des Sees die Stärke des Wassers verbirgt. Man setzt den Ell-

bogen ein, der für den Gegner, der nur auf die Hände achtet, unerwartet – aus dem Verborgenen – kommt.

Das Lied von *chou chin*:
Dies hat zu tun mit den »Fünf Wandlungsphasen«
Yin und *yang* teilt man oben und unten
Klar unterschieden sind leer und fest
Unaufhaltsam die Stellung
Ist sie wie eine Kette verbunden
Blühender Faustschlag noch schlimmer ist
Sind gemeistert die sechs *chin*
So hat *chou* keine Grenzen.

8. k'ao – »Schulterstoß«
wird durch *ken*, Berg ☶, symbolisiert. Seine Eigenschaft ist die

k'ao, Schulterstoß

Stärke des Berges. Wie ein Berg raschem Vorwärtskommen ein Hindernis ist, so stoppt *k'ao* die Bewegung des Gegners mit Macht.

Das Lied von *k'ao chin*:
Schultertechnik Rückentechnik
Das ist die Methode
Schultern genutzt beim diagonalen Fliegen
Doch keine Schulter ist ohne Rücken
K'ao fällt bei günstiger Gelegenheit
Gleich einem Mörser mit Donnergetöse
Sorgsam sei der Schwerpunkt bewahrt
Ist er verloren, ist alles vergebens.

Die Grundtechniken 1. bis 4. und 5. bis 8. gehören jeweils zusammen. Sie werden, jede Gruppe für sich, in den Partnerübungen *t'ui shou* und *ta lü* geübt. Jede Gruppe enthält zu gleichen Teilen *yin*- und *yang*-Techniken, verwirklicht also die Harmonie zwischen Himmel und Erde.
Diese Harmonie lässt sich durch Kreis und Viereck darstellen, wobei der Kreis den Himmel und das Viereck die Erde symbolisiert. Beide Grundübungen enthalten in sich Kreis wie Viereck.
P'eng, lü, chi und *an* formen ein Viereck, das in sich den Kreis enthält:
Ts'ai, lieh, chou und *k'ao* formen den Kreis außen und das Viereck innen:
Diese Darstellungen besagen, dass die Übung der ersten vier Grund-

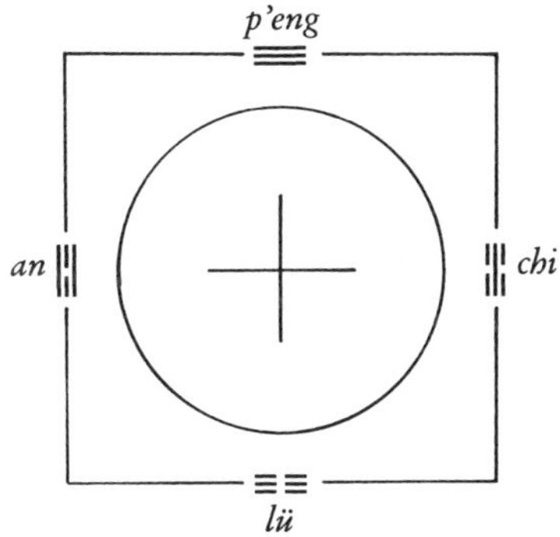

techniken zunächst »viereckig« vor sich geht und später rund wird. Entsprechend beginnt die Übung der zweiten vier kreisförmig – denn Bewegung in die Ecken konstituiert den Kreis und wird später »viereckig«. In der Sprache des *taichi chuan* heißt das, dass alle Bewegungen sowohl gerade als auch rund sind. Die Richtung von *p'eng* geht zum Beispiel nach vorn – eine gerade Bewegung nach Süden (die natürlich in *jede* Richtung gehen kann; Süden gehört zum Charakter ihres *chin*), doch die Bewegungen des Körpers dabei sind rund, weil sie spiralförmig sind, und deswegen ist die gerade Bewegung auch rund. Oder *lü*: *Lü* geht zurück, gerade nach Norden, aber das Zentrum dreht sich dabei seitlich, sodass eine Vierteldrehung der Körperachse um sich selbst erfolgt. Wieder wird die gerade Bewegung rund ausgeführt, das Viereck enthält den Kreis.

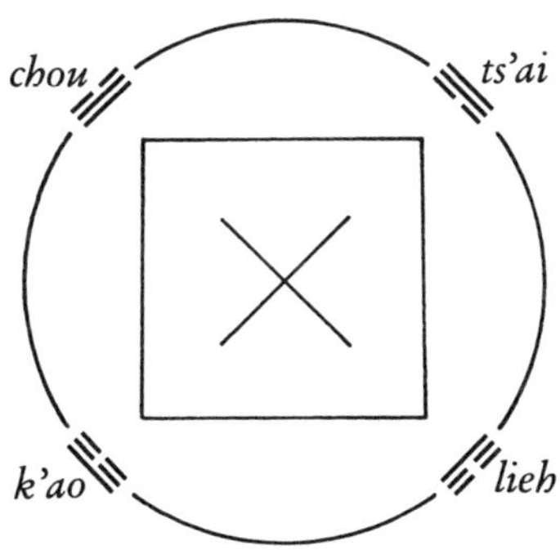

Von Chang San-Feng heißt es, er habe über 200 Jahre lang gelebt und sein *ch'i* sei so stark gewesen, dass die Hütte, in der er meditierte, von den Vibrationen der Energie gebebt habe. Was der »Gelbe Kaiser« für die chinesische Heilkunst ist, ist Chang San-Feng für *taichi chuan*: sein »Patriarch«, der die Prinzipien der chinesischen Philosophie in den Wissenschaften und Künsten schon längst verkörpert, auf das Gebiet der menschlichen Bewegung und der Kampfkunst übertragen und diese damit geadelt hat.

Waffen

Von den zahlreichen Waffen, die die chinesischen Kampf- und Kriegskünste entwickelt haben, werden drei als *taichi*-Waffen gebraucht: das Schwert, *chien,* der Säbel, *tao,* und der lange Stock, *kun. Taichi chuan* mit Waffen zu üben, bedeutet, den Körper um ein »Werkzeug« zu erweitern und dieses so zu integrieren, dass es Teil der Verbindung von innerem und äußerem *ch'i* wird – d. h., es gelten die gleichen Bewegungsprinzipien wie in den Disziplinen ohne Waffen. Waffenloses *taichi chuan* entspricht der Wandlungsphase Erde, der Mutter und Ernährerin der übrigen vier Wandlungsphasen. Erst nachdem der Übende damit die Basis geschaffen hat, kann er darangehen, sein *ch'i* in Wasser, Metall, Holz und Feuer zu verwandeln: in Wasser mit dem Schwert, in Metall mit dem Säbel, in Holz mit dem langen Stock (und in Feuer mit der Lanze, d. h. mit dem langen Stock mit einer Spitze). Wie beim waffenlosen *taichi chuan* gibt es Form und Partnerübungen; man beginnt mit der Form und schreitet fort zu den Partnerübungen.

Großer Bär

Schwert

Das Schwert war die hervorragende Waffe des alten China. Der Kaiser musste es beherrschen; die Gelehrten und Intellektuellen, deren Waffe der Pinsel war, besaßen und verehrten es, oft ohne es führen zu können; es war Grabbeigabe und Schwerttänze wurden am Hof zu Ehren von Gästen aufgeführt. An Schwerter und ihre magische Kraft knüpfen sich viele Geschichten und Mythen. Der Phönix, König aller Vögel, ist sein Symbol. Um die Schwert-Form zu erlernen, braucht man die Basis des waffenlosen *taichi chuan*: Der Stand muss verwurzelt, der Körper rund und die Bewegungen müssen zentriert sein. Der ganze Ablauf enthält über 50 Positionen – also mehr als die 37 der Form –, ist aber wesentlich kürzer und braucht nur zwei bis drei Minuten zur Ausführung. Eini-

Das Himmelspferd fliegt über den Wasserfall

Kleiner Bär

Das Boot mit der Strömung schieben

NAZHA späht in die Tiefe der See

Das Nashorn schaut in den Mond

ge wenige Positionen sind aus Stellungen der Form abgeleitet, in der Mehrzahl aber sind es ganz spezifische Bewegungen. Den ersten vier Grundtechniken *p'eng, lü, chi* und *an* entsprechen hier: »Nach oben stechen«, »Durchschneiden und etwas ziehen«, »Blockieren« und »Von oben nach unten kurz schlagen«.

Das Schwert hat zwei Schneiden. Unten am Griff ist es stumpf und dick, in der Mitte etwa wie ein starkes Schlachtermesser und an der

Spitze dünn und scharf wie eine Rasierklinge. Mit dem unteren Ende wird geblockt, mit der Mitte der Klinge gehackt und geschnitten, mit der Spitze geschnitten und gestochen. Nimmt man – in *taichi*-Haltung – ein Schwert in die Hand, so fügt es sich schwebend in die Energiebahnen des Körpers und der Arme ein; der richtige Griff und die korrekte Haltung des Handgelenks machen die Schneide frei und leicht. Keine Anspannung der Armmuskulatur ist nötig, um es zu halten und zu bewegen. Korrekt geführt gleitet und schwebt es so dahin wie ein Vogel, geht – wie im Wasser – weich und geschmeidig durch alle Formen und keine Bewegung ist abgehackt oder eckig.

Die Positionen der Schwert-Form sind kürzer als die der waffenlosen Form und werden schneller ausgeführt. Das bewirkt, dass die Übung den Geist anregt: Die Wege des *ch'i* (aus Körper und Zentrum) werden kürzer und rascher. Die Aufmerksamkeit, die in der Übung der waffenlosen Form ganz auf den Körper eingestellt ist und mithilfe der Vorstellung, der Körper dehne sich aus wie ein Ball, inneres und äußeres *ch'i* verbindet, tritt nun aus dem Körper heraus und heftet sich an die Waffe: Statt der Hingabe an die Welt wird jetzt die Fähigkeit geweckt, schneidend und trennend – und damit verändernd – in sie einzugreifen. Das erweitert und klärt den Geist. Es ist, als zertrenne die Klinge alles Dumpfe und Schwere und mache den Blick klar und hell – vergleichbar dem Flug des Phönix, der, über den Dingen schwebend, diese mit seinem Blick genau erfasst. Leichtigkeit und Klarheit der einzelnen Bewegungen spiegeln sich in den Namen der Positionen wider: poetische Bilder, in denen der Übende und sein Schwert nicht erwähnt werden: »Die Wespe fliegt ins Nest«, »Die flinke Katze fängt die Maus«, »Der schwarze Drache schlägt mit dem Schwanz«, »Lotosblätter im Wind«, »Die Schwalbe pickt einen Schnabel Lehm«, »Das Wildpferd springt über die Schlucht«. Nach der Form trainiert man Partnerübungen, die dem *t'ui shou* entsprechen: Statt der Hände und Arme werden die Schwerter aneinander gelegt und kreisförmig im Wechsel von *yin* und *yang* vor- und zurückgeführt. Wie beim *t'ui shou* kann der Partner hierbei mit dem Schwert entwurzelt werden, wenn *ch'i* bis in die Spitze geht und weder blockiert noch verschwendet wird. Ch'en Wei-Ming, ein Meisterschüler von Yang Ch'eng-Fu, konnte sein *ch'i* so intensiv in die Schwertspitze lenken, dass der, der sie berührte, zu vibrieren begann und das Gleichgewicht verlor.

Die Übungen von Angriff und Verteidigung sind die nächste Stufe. Wie in der waffenlosen *taichi*-Selbstverteidigung wird der Angriff mit einer Kreisbewegung neutralisiert und zurückgegeben; das Ziel besteht darin, *yin* und *yang* in einer Bewegung zu verwirklichen. Ein Angriff wird durch eine Kreisbewegung gleichzeitig blockiert und zurückgegeben: Z. B. blockt der untere Teil der Schneide und die Spitze trifft. In jeder Technik ist die Entwurzelung des Gegners möglich, was mit dem Übungsschwert aus Holz getestet werden kann: Auch mit einer eigentlich tödlichen Waffe ist das Kämpfen ohne Verletzung oder Vernichtung des Gegners möglich.

Säbel

Die zweite Waffe des *taichi chuan* ist der einschneidige gekrümmte Säbel. Schwerer als das Schwert ist sein Element Metall, sein Symbol der Tiger. Die Säbel-Form ist kürzer als die Schwert-Form und wird noch schneller ausgeführt. Der Säbel liegt schwer in der Hand und war – im Gegensatz zum Schwert, das von Frauen bevorzugt wurde – eine spe-

Hoch auf linkem Bein und Arme auseinander

Schritt nach vorn zu den »Sieben Sternen«
(vgl. Bild S. 177)

Handflächen und Säbel so drehen »wie ein weißer Kranich, der seine Flügel ausbreitet«

Hoch auf linkem Bein und Stich nach vorn

zielle Männerwaffe, weil es einer gewissen Körperkraft bedarf, ihn zu führen. Der leichte und schwebende Charakter der Schwert-Bewegung ist u. a. auf die doppelte Schneide zurückzuführen, die aus *einer* Stellung heraus immer Aktionsmöglichkeiten nach zwei Seiten offen hält; führt man beispielsweise das Schwert nach links, so genügt eine kleine Drehung im Handgelenk, um es nach rechts zu ziehen und mit der anderen Seite zu schneiden – so entstehen Wachheit und Bereitschaft rundum.

Der Säbel hat *eine* Schneide, und das erfordert Bewegung in *eine* Richtung mit anschließender Neuorientierung zur nächsten Aktion. Dadurch werden die Bewegungen bestimmter und direkter; anstelle des schwebenden Tanzes mit dem Schwert findet nun wirbelnde Rotation mit großem körperlichem Einsatz statt, der das Manko der einen Schneide durch äußere Agilität ausgleichen muss. Diese Bestimmtheit in den Aktionen wird noch dadurch verstärkt, dass jede Bewegung an ihrem Ende sehr kurz, aber deutlich angehalten wird. Beim Schwert bilden Mensch und Waffe eine Einheit und das Ziel ist, ganz in der Bewegung der Waffe aufzugehen. Beim Säbel bleibt die Trennung von Mensch und Waffe stärker erhalten; der Eindruck, dass jemand etwas mit seiner Waffe »tut«, ist stärker als der der Einheit mit ihr. Wieder sind die Namen der Positionen charakteristisch: Beim Schwert haben wir lyrische Bilder, in denen der Übende als Subjekt nicht erscheint, beim Säbel enthalten fast alle Namen den Übenden bzw. den Säbel, und ihr poetischer Gehalt ist geringer. Da gibt es: »Nach links und rechts blicken und den Säbel und die Arme auf Schulterhöhe ausstrecken«, »Den Säbel verstecken in den Lotusblättern, die im Wind schwanken«, »Den Säbel nach Belieben aus und ein bewegen« usw. In der *Art* der Ausführung steht die Schwert-Form der *taichi*-Form näher, in der *äußeren Gestalt* ist die Säbel-Form der Form ähnlicher, weil sie Stellungen aus der Form übernimmt. Den ersten vier Grundtechniken entsprechen hier: »Den Säbel hochziehen« (gleichzeitig blockieren und schneiden), »Mit leichter Bewegung den Angriff rund abgleiten lassen«, »Mit kurzer Bewegung seitlich blockieren oder schneiden« und »Mit Kraft und schwer nach vorne schneiden«. Dem *t'ui shou* entsprechende Partnerübungen gibt es beim Säbel nicht, sondern nur solche mit Angriff und Verteidigung. Kraftvoll und dynamisch setzt die Übung des Säbels die gebändigten, gesammelten Energien des Tigers frei. »Unbändig wird der Leib, gelassen der Geist«, wie ein alter Spruch über die Ziele der Kampfkünste es formuliert.

Stock

Der lange Stock (ca. zwei Meter lang) ist die berühmteste *taichi*-Waffe gewesen. Er symbolisiert den Drachen: Meisterlich geführt, fährt er, vom *ch'i* getrieben, wie ein Drachen durch die Lüfte. Seine Wandlungsphase ist Holz. Eigentlich eine Armeewaffe – mit verschiedenen Spitzen als Speer, Lanze, Hellebarde eingesetzt – wurde der Stock durch YANG LU-CH'AN berühmt, der damit nie besiegt wurde, auch von anderen Waffen nicht. Mit dem Stock widerstand er auch Schwert und Säbel, weil sein Holz mehrfach mit Paraffin überzogen wurde, das tief eindrang und den Stock glatt und biegsam machte, so-

Flach nach vorn (gegen das Herz) stechen

Nach oben gegen die Kehle stechen

Nach unten gegen die Füße stechen

dass scharfe Klingen einfach abglitten.

Die Form hat 13 Bewegungsformen; die letzte kann auch als Partnerübung geübt werden: zwei Stöcke, die wie Hände und Arme im *t'ui shou* aneinander »kleben«. Den vier Grundtechniken entsprechen hier: »Nach vorn oben stoßen« (der Stock vibriert dabei), »Nach unten spiralförmig schlagen«, »Etwas seitlich wegheben« und »Nach vorn stechen, schnell und oft wiederholt«. Von YANG LU-CH'AN wird berichtet, er habe mit dem Stock Leute auf Hausdächer gehoben und

Nach unten gegen die Knie stechen

»Einwickeln« (kreisende Bewegung des Stocks nach oben)

Feuer mit ihm gelöscht. YANG CHIEN-HOUS Frau konnte noch als Achtzigjährige meisterlich mit dem Stock umgehen.

Statt eigener Erfahrungen – Meister CHU hat den Stock noch nicht unterrichtet – eine Geschichte von YANG LU-CH'AN: Einst wurde YANG von einem Vertreter einer anderen Kampfkunst herausgefordert. Zweikämpfe waren im alten China üblich; oft ging es bei ihnen auf Leben und Tod, worüber der Herausforderer bestimmen konnte, und der Sieger hatte keine Strafe zu befürchten.

Um dem Kampf die tödliche Spitze zu nehmen, schlug YANG vor, statt eiserner Speerspitzen mit Farbe getränkte Stoffballen an den Stockenden zu befestigen, damit man nach dem Kampf sehen könne, wer wo getroffen sei. Der Herausforderer stürmte vehement heran. YANG vollzog eine kurze Drehung mit dem Stock – und der Angreifer flog ein Stück durch die Luft. Verdattert betastete der Besiegte seine Knochen und verstand überhaupt nicht, wie ihm geschehen war. Schweiß stand auf seiner Stirn. Geistesabwesend fuhr er mit der Hand darüber und erschrak, als er seine Handfläche rot gefärbt sah. Doch es war kein Blut, es war die Farbe von YANGS Stock, der ihn an der Stirn getroffen hatte.

Taichi Chuan und Gesundheit

»Geschmeidig wie ein Kind, gesund wie ein Holzfäller, gelassen wie ein Weiser« – dass man so wird, verspricht die Übung des *taichi chuan.* Sie alle sind vom *ch'i* erfüllt: das kleine Kind, weil es, noch Ich-los, kein Bewusstsein von sich selbst hat; der Holzfäller, die traditionelle Verkörperung des gesunden Lebens in China, und der Weise, der, wieder Ich-los, kosmisches Bewusstsein erlangt hat. Wenn der Mensch sich als Mikrokosmos im Makrokosmos verwirklicht und seine Energie Teil der *einen* Energie wird, dann ist er gesund. Krankheiten entstehen in Menschen, die von ihrem »wahren Körper«, dem Universum, isoliert sind; sie entstehen in Körpern, die wie Maschinen benutzt und verschlissen werden, in Seelen, die nicht ans Licht kommen, und in Köpfen, in denen die Gedanken um sich selbst kreisen.

In vielen *taichi*-Büchern stehen Berichte von Menschen, die durch *taichi chuan* geheilt worden sind bzw. sich selbst geheilt haben. Viele Meister sind erst durch ihre Krankheit zum *taichi chuan* gekommen. In China ist *taichi chuan* anerkanntes Heilmittel, das in Sanatorien »verschrieben« wird. Damit es möglichst für jedermann erlernbar werden konnte, wurde 1955 die einfache Fassung der »Peking-Form« entwickelt und propagiert. Mithilfe westlicher medizinischer Methoden wurde untersucht, warum und wie *ch'ikung* und *taichi chuan* bei bestimmten Krankheiten helfen. Auch aus den USA und Japan liegt Literatur über *taichi chuan* unter medizinisch-therapeutischem Aspekt vor. Da werden Tabellen, Messwerte und Heilungsquoten dargestellt, um zu zeigen, dass Herzkrankheiten und Tbc geheilt wurden, wie Magengeschwüre verschwanden, Diabetes und Rheuma sich besserten und wie alte Menschen, die eine Reihe von Jahren regelmäßig *taichi chuan* geübt hatten, weniger an Gelenkkrankheiten und Knochenschwund litten, und alles wird medizinisch erklärt.

Solche Untersuchungen können das Üben und die eigene Erfahrung und Veränderung nicht ersetzen. Wenn *taichi chuan* als Medikament, als Mittel zum Zweck der Heilung verordnet wird, wird es wenig helfen – der Kranke muss es, als Heilgymnastik, schlucken wie bisher seine Pillen. Die Entwicklung der Lebensenergie braucht vor allem Hingabe an die Sache und kein Schielen nach Zwecken und raschen Erfolgen. Um im Universum, unserem wahren Körper, bewusst zu leben, müssen die Grenzen des individuellen Körpers überschritten und die Einheit von Himmel, Mensch und Erde angestrebt werden. *Taichi chuan* weist einen Weg dahin, und der muss mit ganzem Herzen beschritten werden. Gesundheit kommt dann wie von selbst.

Klassische Texte

1. Chang San-Feng

»In jeder Bewegung muss der ganze Körper leicht und beweglich sein und alle seine Teile müssen miteinander verbunden sein wie Perlen auf einer Schnur. *Ch'i* soll angeregt, aber *shen* im Innern bewahrt werden. Keine Stelle des Körpers darf zusammenfallen oder hervorstechen und die Bewegungen dürfen weder ungelenk sein noch unterbrochen werden. Die (›eigentliche, innere‹) Energie wurzelt in den Füßen, entwickelt sich in den Beinen, wird von der Hüfte gelenkt und wirkt durch die Finger. In allen Bewegungen müssen Füße, Beine und Hüfte als Einheit wirken, damit du im Vor- und Zurückgehen die gute Gelegenheit (den richtigen Zeitpunkt für den Einsatz der Energie) und die überlegene Stellung erlangst. Kannst du dir diese Vorzüge nicht aneignen, dann wird dein Körper schlecht koordiniert und durcheinander sein. Der einzige Weg, diesen Fehler zu vermeiden, besteht darin, Beine und Hüfte zu koordinieren. Dieser Grundsatz gilt für alle Bewegungen, aufwärts und abwärts, links und rechts, vor und zurück.

Alle Bewegungen werden vom Geist ausgeführt und nicht durch den (äußeren) Körper selbst. Wenn du oben angreifst, darfst du unten nicht vergessen. Wenn du nach links angreifst, musst du auf die rechte Seite achten. Wenn du vorgehst, darfst du den Rückzug nicht vergessen. Wenn dein Angriff nach oben gehen soll, musst du ihn erst nach unten richten. Wenn du etwas heben willst, ist das ganz ähnlich: Erst musst du nach unten drücken, dadurch wird der Gegenstand ›entwurzelt‹, und du kannst ihn dann leicht bewegen. Es ist von äußerster Wichtigkeit, zwischen ›leer‹ und

›fest‹ zu unterscheiden. Jeder Teil des Körpers hat sowohl einen ›festen‹ wie auch einen ›leeren‹ Aspekt und ebenso hat der ganze Körper, als Einheit betrachtet, einen ›festen‹ und einen ›leeren‹ Aspekt. Alle Gelenke des ganzen Körpers müssen ohne die kleinste Trennung zusammenhängen wie Perlen auf einer Kette.

Die lange Kampfkunst fließt unaufhörlich dahin wie die Wellen des Yangtsekiang und des Ozeans. Die ›Acht Grundtechniken‹ *p'eng, lü, chi, an, ts'ai, lieh, chou* und *k'ao* entsprechen den ›Acht Trigrammen‹. Die ›Fünf Schritte‹ ›vorgehen‹, ›zurückweichen‹, ›nach links schauen‹, ›nach rechts blicken‹ und *›chung ting‹* (›Zentriertsein‹) entsprechen den ›Fünf Wandlungsphasen‹ (›Elementen‹). *P'eng, lü, chi* und *an* entsprechen den vier Himmelsrichtungen und den Trigrammen *ch'ien, k'un, k'an* und *li. Ts'ai, lieh, chou* und *k'ao* entsprechen den vier diagonalen Richtungen und den Trigrammen *hsün, chen, tui* und *ken.* Die ›Fünf Schritte‹ ›vorgehen‹, ›zurückweichen‹, ›nach links schauen‹, ›nach rechts blicken‹ und *›chung ting‹* entsprechen den Wandlungsphasen Metall, Holz, Wasser, Feuer und Erde. Zusammen ergeben die ›Acht Grundtechniken‹ und die ›Fünf Schritte‹ die ›Dreizehn Bewegungsformen‹.«

Meister Yang Lu-Ch'an (1792 bis 1872) fügte hinzu: »Dieser Text vom Patriarchen Chang San-Feng vom Berg Wu Tang wurde geschrieben mit dem Wunsch, allen Menschen, die *taichi* üben, zu langem Leben und ewiger Jugend zu verhelfen. Der Gebrauch von *taichi* als Selbstverteidigung ist erst in zweiter Linie wichtig.«

2. Wang Tsung-Yüeh

T'ai chi kommt aus dem Unendlichen. Es ist der Ursprung von Bewegung und Ruhe und die Mutter von *yin* und *yang*. In Bewegung handeln die beiden Kräfte unabhängig voneinander, in Ruhe verschmelzen sie zur Einheit. Übermaß wie Unzulänglichkeit müssen vermieden werden; tue weder zu viel noch zu wenig.

Wenn dein Gegner auch nur den leisesten Druck auf dich ausübt, gib nach; wenn er auch nur ein Stückchen zurückgeht, folge ihm. Das Starke durch Nachgeben besiegen heißt »zurückweichen«. Die eigene Stellung zum Nachteil des Gegners verbessern heißt »(am Gegner) kleben bleiben«. Schnelle Bewegungen beantworte schnell, langsame langsam. Das gilt für alle Situationen und Techniken. Durch sorgsames Üben kannst du allmählich lernen, die Energie zu verstehen. Das Ziel der Erleuchtung wirst du aber nur durch langes, beharrliches Üben erreichen.

Ist der Kopf aufrecht, wird er »leer« und wach. Das *ch'i* sinkt in den

Unterbauch, hinunter zum *tan t'ien.* Der Körper ist aufrecht, weder vor- noch zurückgelehnt oder zur Seite geneigt. Vollziehe den Wechsel von »fest« zu »leer« so rasch, dass dein Gegner ihn nicht bemerken kann. Drückt dein Gegner gegen deine linke Seite, dann lass sie »leer« werden, das Gleiche gilt für die rechte Seite. Wenn er dich nach oben oder nach unten wegstoßen will, lass ihn kein Ende der »Leere« fühlen, auf die er trifft. Greift er an, empfindet er den Abstand zu dir als endlos; weicht er zurück, wird der Abstand für ihn beängstigend gering.

Der ganze Körper ist so sensibel, dass du eine Feder fühlen kannst, die auf ihn gelegt wird, und so leicht und geschmeidig, dass ihn eine Fliege in Bewegung setzt, die sich auf ihm niederlässt. Dein Gegner kann deine Bewegungen nicht spüren, aber du kannst seine im Voraus erkennen. Wenn du alle diese Techniken meisterst, wirst du ein hervorragender Kämpfer sein.

In der Kampfkunst gibt es unzählige Schulen. Wie verschieden sie auch sein mögen, alle verlassen sich darauf, dass das Starke das Schwache und das Schnelle das Langsame besiegt. Das aber sind Fähigkeiten, die von natürlicher Begabung und Stärke abhängen und nicht gelernt und verfeinert zu werden brauchen. Das Sprichwort »Eine Kraft von tausend Pfund mit einer auslösenden Kraft von vier Unzen besiegen« zeigt, dass das mit reiner Körperkraft nicht getan werden kann. Und wenn ein alter Mann viele Angreifer besiegt – kann er sich dabei vielleicht auf seine Schnelligkeit verlassen?

Stehe wie eine Waage im Gleichgewicht und bewege dich wie ein Rad. Lass dein Gewicht immer auf einem Fuß ruhen. Ist es gleichmäßig auf beide Füße verteilt, werden deine Bewegungen plump werden. Viele, die lange Jahre beharrlich geübt haben, werden immer wieder besiegt, weil sie diesen Fehler der Doppelgewichtigkeit nicht erkannt haben. Um ihn zu vermeiden, musst du *yin* und *yang* verstehen. (Am Gegner) Kleben ist auch Zurückweichen, Zurückweichen ist auch (am Gegner) Kleben, denn *yin* ist untrennbar von *yang* und umgekehrt. *Yin* und *yang* ergänzen sich: Wenn du das verstanden hast, dann kannst du die Energie verstehen. Durch beharrliches Üben, überlegtes Studieren und Meditieren kannst du dann allmählich das Stadium erreichen, wo du dich ganz auf deinen Geist verlassen kannst.

Entscheidend im *taichi* ist, sich selbst aufzugeben und dem Gegner zu folgen, aber viele missverstehen dieses Prinzip so, dass sie das Naheliegende aufgeben, um das Entfernte zu suchen. Das Sprichwort sagt: »Die kleinste Abweichung führt einen meilenweit in die Irre.« Darum studiere das Gesagte genau und lerne alle Techniken sorgfältig und gründlich.

3. Wu Yü-Hsiang
Abhandlung über die Übung der »Dreizehn Bewegungsformen«

Lenke *ch'i* mit dem Geist *(hsin),* damit es sinkt und sich in den Knochen sammelt. Lass *ch'i* ungehindert durch den ganzen Körper zirkulieren, dann wird er geschmeidig und folgt dem Geist. Wenn du so alle Bewegungen durch den Geist lenkst, wird sich deine gewöhnliche Körperkraft in spirituelle Energie verwandeln, und dann werden deine Bewegungen nicht mehr plump und träge sein. Um das zu erreichen, halte den Kopf so, als würde er von oben von einer Schnur gehalten. Wenn der Wille und das *ch'i* so fein aufeinander abgestimmt werden, wirst du die Wirkungsweise dieser Bewegungskunst beglückt erfahren. Dazu ist es aber nötig, den Wechsel von »fest« und »leer« genau zu beachten.

Wenn du die wesentliche Kraft *chin* einsetzt, musst du ruhig und entspannt sein, deinen Schwerpunkt sinken lassen und dich auf eine Richtung konzentrieren. Der Rumpf muss aufrecht, entspannt und in stabilem Gleichgewicht sein. Auf diese Weise kannst du jeden Angriff, aus welcher Richtung auch immer, abwehren.

Lenkt der Wille das *ch'i* durch den Körper, dann ist es, als würde ein Faden durch eine Perle mit neun verschlungenen Gängen gezogen: Keine Windung und keine Stelle bleiben undurchdrungen. Wenn du *chin* einsetzt, ist es wie hundertfach gehärteter Stahl, und nichts ist so hart, dass es ihm widerstehen könnte. Äußerlich gleichst du dem Adler, der über dem verfolgten Kaninchen kreist und gleich herabstößt, innerlich der Katze, die einer Maus auflauert. Bewegst du dich nicht, sei still wie ein Berg, bewegst du dich, sei wie ein Strom. Sammle *chin,* als spanntest du einen Bogen, und setze es ein, als schnelltest du den Pfeil ab.

Suche den geraden Weg aus der Kreisbewegung. Sammle die Energie erst, bevor du sie einsetzt. Die Kraft kommt aus der Wirbelsäule. Die Schritte folgen den Rumpfbewegungen. Zurückweichen ist auch Angreifen, Angreifen ist auch Zurückweichen. Unterbrechen heißt Verbinden (d. h., wird *yang*-Energie im Angriff freigesetzt – der Energiefluss unterbrochen –, entsteht durch Entspannung sogleich *yin*-Energie). Wenn du dich am Platz vor und zurück bewegst, wende die Falttechnik an. Gehst du vor oder zurück, musst du den Körper drehen und die Fußstellungen ändern. Durch Nachgeben und Weichwerden wirst du stark und widerstandsfähig. Kannst du richtig atmen, dann wird dein Körper leicht und behende werden. Wird *ch'i* auf natürliche Weise kultiviert, dann kann kein Schaden entstehen. Lasse Arme und Beine immer rund, dann wirst du dich nie verausgaben. Der

Geist befiehlt, *ch'i* ist die Signalflagge und die Hüfte das Banner. Wenn du anfängst zu üben, mache große und ausgreifende Bewegungen. Später lasse sie kleiner und kompakter werden. Auf diese Weise wirst du so kämpfen lernen, dass keiner deine Technik durchschauen kann.

Es heißt auch: Erst kommt der Geist und dann der Körper. Der Bauch ist entspannt und das *ch'i* kann sich in den Knochen sammeln. Geist und Körper sind unbewegt und still. Diese Regeln darfst du nie vergessen.

Denke auch daran: Wenn du dich bewegst, bewegt sich der ganze Körper und stehst du still, sind alle seine Teile in Ruhe.

In allen Bewegungen vor und zurück geht das *ch'i* in den Rücken und sammelt sich in der Wirbelsäule. Innerlich stärkst du deine Lebenskraft, nach außen erscheinst du friedlich und still. Gehe wie eine Katze und setze *chin* so ein, als zögest du Seide aus einem Kokon.

Deine ganze Aufmerksamkeit sollte auf den Geist und nicht auf den Atem *(ch'i)* gerichtet sein. Wenn du dich nur auf deinen Atem konzentrierst, kommst du nicht weiter und kannst deine Energie nicht entwickeln. Vergiss das Atmen, verlass dich auf den Geist, und deine Kräfte werden wachsen. *Ch'i* ist wie ein Rad, die Hüfte ist seine Achse. Es heißt auch: Bewegt sich dein Gegner nicht, bewegst du dich auch nicht, aber bei der kleinsten Bewegung kommst du ihm zuvor. Beim Angriff scheint es, als sei *chin* schlaff, es ist aber nur entspannt. Auch scheint es, als seien die Arme gestreckt, sie sind es aber nicht ganz. Wird der Fluss des *chin* unterbrochen, geht seine Bewegung doch im Geist weiter.

4. Yang Ch'eng-Fu
Zehn Grundprinzipien

1. »Leer« und beweglich sein und *chin* zum Scheitelpunkt lenken

»*Chin* zum Scheitelpunkt lenken« bedeutet, den Kopf ganz aufrecht zu halten, damit *shen* sich am Scheitelpunkt sammeln kann. Auf keinen Fall darf man Muskelkraft einsetzen, denn sonst wird der Nacken steif, und das behindert den Kreislauf von Blut und *ch'i*. Das Bewusstsein *(i)* sollte leer und beweglich sein und spontan reagieren können. Ist man aber nicht »leer« und beweglich und kann man *chin* nicht nach oben lenken, dann kann die Lebenskraft *(ching shen)* nicht aktiviert werden.

2. Die Brust einziehen und den Rücken dehnen

»Die Brust einziehen« bedeutet, sie leicht nach innen einsinken zu lassen, damit *ch'i* besser zum *tan t'ien* hinabsinken und sich dort sammeln kann. Man sollte es vermeiden, die Brust aufzublasen, denn wenn *ch'i* sich in der Brust sammelt, dann wird der Oberkörper schwer und der Unterkörper leicht und dann kommen die Beine leicht ins Wanken. »Den Rücken dehnen« bedeutet, dass *ch'i* am Rücken haften sollte. Ein leichtes Einziehen der Brust führt von selbst zu einer leichten Dehnung des Rückens; auf diese Weise kann man seine Kraft von der Rückenachse her aussenden und dann wird man im Kampf ohne Gegner sein.

3. Im Hüftbereich loslassen
Der Hüftbereich ist das Zentrum des ganzen Körpers. Nur wenn man im Hüftbereich loslassen kann, kommt Kraft in die Beine und Stabilität ins Becken. Die Übergänge von »leer« zu »fest« und umgekehrt gehen alle von den Drehbewegungen des Zentrums aus. Deshalb heißt es (im »Lied von den Dreizehn Bewegungsformen« von Wu Yü-Hsiang): »Die Kommandozentrale für alle Körperbewegungen befindet sich im Hüftbereich.« Wenn es an Kraft mangelt, so muss man die Ursachen dafür im Hüftbereich und in den Beinen suchen.

4. »Leer« und »fest« unterscheiden
In dieser Unterscheidung liegt das erste Prinzip in der Kunst des *taichi chuan*. Wenn das Körpergewicht auf dem rechten Bein ruht, so nennt man dieses Bein »fest« und das linke »leer«; ruht das Gewicht auf dem linken Bein, so ist es umgekehrt. Nur wenn man »leer« und »fest« zu unterscheiden weiß, kann man alle Drehbewegungen leicht und locker ausführen, ohne dabei die geringste Kraft zu vergeuden. Andernfalls werden die Schritte schwerfällig und es mangelt dem Körper an Stabilität, sodass der Gegner einen leicht aus dem Gleichgewicht bringen kann.

5. Schultern und Ellbogen senken
»Schultern senken« heißt, in den Schultern los lassen, damit diese nach unten sinken können. Andernfalls hebt man die Schultern und dann steigt *ch'i* nach oben und es mangelt im ganzen Körper an Kraft. »Ellbogen senken« bedeutet, die Ellbogen nach unten hängen zu lassen. Andernfalls kann man auch die Schultern nicht senken, was es einem unmöglich macht, einen Gegner weit von sich zu stoßen. Damit nähert man sich den Techniken der äußeren Kampfkunst, bei denen diskontinuierliches *chin* eingesetzt wird.

6. Den Geist *(i)* und nicht die Muskelkraft einsetzen
Im *taichi*-Traktat des Chang San-Feng heißt es: »Es kommt darauf an, ausschließlich den Geist und niemals Muskelkraft zu benutzen.« Beim Üben des *taichi chuan* soll der ganze Körper so entspannt und locker sein, dass keinerlei grobe Energie zwischen Knochen, Muskeln und Adern zurückbleibt, denn damit fesselt sich der Übende sozu-

sagen selbst. Nur so kann man die Übergänge von einer Bewegung zur nächsten leicht und mühelos ausführen und sich auf natürliche Weise drehen.

Einige fragen sich, wie es denn möglich sei, »dauerhafte Energie« zu entwickeln, ohne Muskelkraft zu verwenden. Im menschlichen Körper gibt es Energiebahnen, die Meridiane, so wie es in der Erde Bewässerungskanäle gibt. Wenn diese Kanäle nicht verstopft sind, dann kann das Wasser fließen; sind die Meridiane nicht verstopft, kann *ch'i* zirkulieren. Stagniert aber im Körper irgendwo »grobe Energie« in irgendeiner Form in den Meridianen, dann stagniert auch der Fluss von Blut und *ch'i,* und die Drehbewegungen werden schwerfällig, sodass man nur an einem Haar ziehen muss, um den ganzen Körper aus dem Gleichgewicht zu bringen.

Statt Muskelkraft soll man den Geist einsetzen, denn *ch'i* folgt dem Geist. Auf diese Weise können Blut und *ch'i* ständig durch den ganzen Körper fließen, ohne auch nur einmal anzuhalten. Durch langes Üben wird man so wahres *nei chin* (innere wesentliche Kraft) erwerben, wie es im *taichi*-Traktat des Wang Tsung-Yüeh heißt: »Die größte Weichheit wird zur größten Festigkeit.« Bei den wahren Meistern des *taichi chuan* gleichen die Arme Eisenstäben, die mit Baumwolle umwickelt sind, und die Energie ist tief eingedrungen.

Bei den Anhängern der äußeren Kampfkünste ist es dagegen ganz anders: Bei ihnen zeigt sich die Kraft in der Aktion, aber sobald sie nicht in Aktion sind, scheinen sie ins Schwimmen zu geraten. Daraus kann man ersehen, dass bei ihnen Muskelkraft und *chin* nur oberflächliche Formen der Kraft darstellen.

Setzt man Muskelkraft anstelle des Geistes ein, dann hat es der Gegner leicht, uns hierhin und dorthin zu ziehen, und davon ist nun wirklich nichts zu halten.

7. Oben und unten verbinden

Die harmonische Verbindung aller Körperteile findet sich als Prinzip im *taichi*-Traktat des Chang San-Feng: »*Ch'i* wurzelt in den Füßen, entfaltet sich in den Beinen, folgt den Befehlen des Zentrums (im Hüftbereich) und zeigt sich in Händen und Fingern. Von den Füßen über die Beine und das Zentrum erfolgt die Bewegung in vollkommener Einheit.« Arme, Zentrum und Beine bewegen sich in gleichzeitiger Harmonie und der Blick (»die spirituelle Energie der Augen«) folgt dabei. Nur unter diesen Voraussetzungen kann man davon sprechen, dass Oben und Unten verbunden sind. Bewegt sich aber nur ein einziger Körperteil selbstständig, gehen Kontrolle und Koordination verloren.

8. Außen und Innen vereinen

Bei der Übung des *taichi chuan* geht es vor allem um *shen.* Deshalb heißt es: »*Shen* ist der Herr, der Körper ist der Knecht.« Wenn die Lebenskraft aktiviert werden kann, dann werden alle Bewegungen von selbst leicht und locker, und in den Bewegungsabläufen der Form folgt man dann den Prinzipien des Wechsels von »leer« und »fest« und von »Öffnen« und »Schließen«.

»Öffnen« meint nicht nur die öffnenden Bewegungen von Armen und Beinen, sondern auch das Öffnen von Herz und Geist; dasselbe gilt auch für das Schließen. Wenn das *eine ch'i* Außen und Innen vereint, dann ist alles vollkommen.

9. Die Bewegungen ohne Unterbrechung weiterführen

In den Kampfkünsten der »Äußeren Schule« benutzt man die postnatale »grobe Energie«. Bei diesen Bewegungen gibt es deshalb Beginn und Halt, Kontinuität und Unterbrechung und genau in dem Augenblick, in dem die alte Kraft erschöpft und die neue noch nicht geboren ist, kann man leicht aus dem Gleichgewicht gebracht werden.

Beim *taichi chuan* dagegen soll man stets den Geist und nie Muskelkraft einsetzen, denn so kann alles ohne Unterbrechung vom Anfang bis zum Ende fließen. Eine Drehung folgt auf die andere und das Kreisen nimmt kein Ende. So lesen wir in den »Dreizehn Bewegungsformen der Langen Kampfkunst« (alte Bezeichnung für *taichi chuan*) von Wu Yü-Hsiang: »Die lange Kampfkunst gleicht den Wellen des Yangtsekiang und des Meeres, die ohne Unterbrechung dahinrollen.« An anderer Stelle steht: »Lasst *chin* so fließen, wie man einen Seidenfaden vom Kokon abwickelt.«

Diese Vergleiche besagen nichts anderes, als dass alle Bewegungen sich in vollkommener Harmonie vollziehen sollten.

10. Stille in der Bewegung suchen

In den äußeren Kampfkünsten legt man großen Wert auf viele Sprünge und man verschwendet Kraft und *ch'i* bis zur Erschöpfung. Deshalb ist man nach dem Üben außer Atem. Beim *taichi chuan* dagegen lenkt man die Bewegungen aus der Stille, und auch wenn man sich bewegt, bleibt man doch ruhig. Deshalb sollten die Bewegungen in der Form so langsam wie möglich ausgeführt werden.

Dadurch wird der Atem lang und tief, *ch'i* kann sich im *tan t'ien* ansammeln und der Puls des Übenden fängt nicht an, heftig zu klopfen.

IV. Erfahrungsberichte

Mein Haus hab ich nah bei den Menschen gebaut,
Und höre doch nichts von Pferden und Wagen.
Wie dieses wohl möglich ist?
Hat sich dein Herz von der Welt gelöst,
Dann wohnst du von selbst in Frieden.
Am Ostzaun pflücke ich Chrysanthemen,
Betrachte in Stille die Berge im Süden.
Erfrischend die Bergluft am Abend,
Wenn Vogelpaare zum Neste fliegen.
In all diesen Dingen liegt tiefe Bedeutung;
Doch will ich sie nennen, so fehlen die Worte.

Aus einem Trinklied von T'AO CH'IEN 365–427 n. Chr.

CH'EN YEN-LIN

Erfahrungen beim Lernen des Taichi Chuan

Heutzutage beginnen die Schüler mit der *taichi*-Form und lernen diese ziemlich schnell. In drei bis vier Monaten sind sie oft schon fertig und meinen dann, sie hätten alles gelernt. Sie wollen gar nicht bedenken, dass unsere Vorfahren *taichi chuan* unter großen Schwierigkeiten über lange Zeit hinweg entwickelt haben: Wie könnten also Anfänger alles in wenigen Wochen lernen? Wie sehr sie sich täuschen wird offensichtlich, wenn wir die Methoden betrachten, nach denen ursprünglich *taichi chuan* als Kampfkunst unterrichtet wurde.

Das Lernen begann mit dem »Reiterstand« *(ma pu),* durch den die Beine stark verwurzelt werden; diesen Stand übte man zwischen einem Monat und einem Jahr. Nachdem der Schüler so einen festen Stand erworben hatte, übte er mindestens einen Monat lang »Hände heben«, um zu lernen, wie man ein Bein »leer« macht und das andere »fest« (verwurzelt). Wenn die Schüler in der Lage waren, diese beiden Stellungen wirkungsvoll einzusetzen, dann lernten sie jede einzelne Bewegung der Form mit ihren Anwendungsmöglichkeiten. Jede Bewegungsform wurde mindestens einen Monat geübt, bis dann die ganze

Form gelernt werden konnte. Es dauerte Jahre, bis man die ganze Form beherrschte, und erst dann ging man zu den fortgeschrittenen Stufen wie Partnerübungen und Waffenformen über.

Bei der Form des authentischen *Yang*-Stils unterscheidet man drei Stellungen: die hohe, die mittlere und die tiefe. Die Schüler beginnen mit der hohen Stellung, bei der die Knie nur leicht gebeugt sind. Dann folgen die mittlere und zuletzt die tiefe Stellung. Ferner gibt es bei Ausführung der Form noch den großen, den mittleren und den kleinen Kreis. YANG CH'ENG-FU (1883–1936) lehrte den »großen Kreis«: Die Stellungen sind gedehnt; das stärkt den Körper und ist gut für die Gesundheit. Beim »mittleren Kreis«, wie er von YANG CHIEN-HOU (1839–1917) gelehrt wurde, strebt man nach der Anwendung der philosophischen Prinzipien des *t'ai chi* (Taoismus) und des Mittleren Weges (Konfuzianismus). Die Konzentration auf das Zentrum soll verhindern, dass zu viel Energie zur Schädeldecke hochsteigt. YANG SHAO-HOU (1868–1930) lehrte den »kleinen Kreis«, der sich durch kompakte Stellungen und schnelle Bewegungen auszeichnet und bei dem besonderer Wert darauf gelegt wird, dass sich Hüfte, Arme und Beine als Einheit bewegen. Der »kleine Kreis« ist am schwersten zu lernen, weil dabei die Bewegungen und ihr Tempo sozusagen gerafft werden, sodass *chin* (die wesentliche Kraft) sich mit großer Intensität entfalten kann.

Bis man all diese Varianten der *taichi*-Form beherrscht, dauert es recht lange. Am Anfang genügen ein bis zwei Bewegungsformen mit ihren Anwendungen im täglichen Unterricht, denn zu viel auf einmal führt zu Fehlern und Umwegen, und außerdem sollte man auf dieser Stufe keine hohe Geschwindigkeit und keine Muskelkraft einsetzen. Schnelles Üben schadet der Entwicklung von *ch'i* und der Einsatz von Muskelkraft schadet dem Blut. Wenn man die Bewegungen korrekt ausführt, dann kann man von ein oder zwei Bewegungselementen mehr profitieren als von mehrfachen Wiederholungen der ganzen Form. Beim Üben sollte man vor allem folgende Punkte beachten: Mund und Zähne werden geschlossen, die Zungenspitze liegt am Vordergaumen, der Atem geht durch die Nase, der Körper wird aufgerichtet, die Brust sinkt ein und der Rücken wird angehoben, Schultern und Ellbogen sind locker gesenkt, Nacken und Kopf hält man ganz gerade, Oben und Unten bewegen sich als Einheit, beim Gehen sind »fest« und »leer« deutlich zu unterscheiden. Man schaut vor die Hände, unterscheidet »leer« und »fest« sowie *yin* und *yang*, reinigt den Geist, sammelt seine Aufmerksamkeit und gibt alle Gedanken auf.

Man sollte Beharrlichkeit im Geist und Ausdauer im Körper entwickeln und völlig entspannen. Durch ständiges, intensives Üben kann auch die Atmung geregelt werden. Durch völlige Entspannung kann man auch grobe Kraft loswerden und dieses Gefühl der Lockerheit und Weichheit von der äußeren Form her in den Körper eindringen lassen. Wenn man so übt, wächst die Lebenskraft und *ch'i* und Blut fließen harmonisch. Andernfalls wird der Geist verwirrt, leichtfertig und ruhelos, und das kann sogar zu Beschwerden führen.

Folglich dauert es länger als nur ein halbes Jahr, um den ganzen Ablauf der *taichi*-Form zu erlernen, auch wenn man noch so viel Talent mitbringt. Fortschritte hängen von der Häufigkeit des Übens ab: Je mehr man übt, desto besser führt man die einzelnen Bewegungsformen aus. Wenn man wirklich etwas in der Kampfkunst erreichen will, dann sollte man jedes Mal die ganze Form mindestens dreimal wiederholen. Beim ersten Durchgang bewirkt man zunächst einmal vor allem eine Dehnung und Lockerung des Körpers; wenn man die Form mehr als zweimal wiederholt, wachsen die Energie und auch das Können. Übt man aber nur für seine Gesundheit, dann genügt sogar schon die halbe Form. Anfänger brauchen viel Platz und frische Luft zum Üben. Wenn der Platz zu klein ist, um die Form ohne Unterbrechung auszuführen, kann man sich nicht so gut konzentrieren und geht manchmal auch in die verkehrte Richtung. Könner benötigen jedoch keinen Übungsplatz von besonderer Größe. Sie können selbst im Sitzen oder im Liegen üben, indem sie sich auf die geistige Übung konzentrieren und nicht auf äußere Formen. Täglich sollte man mindestens zweimal üben: morgens eine halbe Stunde nach dem Aufstehen und abends eine Stunde vor dem Schlafengehen. Beim Üben der Form sollte die Geschwindigkeit von Anfang bis Ende gleichmäßig bleiben, die Übergänge sollten weich sein und die Bewegungen möglichst exakt ausgeführt werden, ohne solche Mängel wie »Dellen« oder »Beulen«. Der Bewegungsfluss sollte von wacher Aufmerksamkeit gelenkt und nicht unterbrochen werden.

Es ist notwendig, die Anwendung der einzelnen Bewegungselemente zu erlernen und in jeder Phase *yin* und *yang* unterscheiden zu können, aber die Anfänger sollten sich nicht um die Atmung kümmern. Am wichtigsten ist es, die ganze Form locker und fließend zu üben: Lass deinen Körper voll *ch'i* werden und bringe Körper und Geist in Harmonie. Als Nächstes kann die ganze Form spiegelbildlich geübt werden, d. h., links und rechts werden vertauscht. Vertrautheit mit der Spiegelbild-Form führt zu höheren Stufen der Könnerschaft. Dann kann man fortschreiten zu Partnerübungen am Platz und im Gehen, zu *ta lü,* Waffenformen und freiem Partnertraining. Auf jeden Fall sollte man langsam und systematisch vorangehen, damit man die Ziele des *taichi* erreichen kann.

Anfänger können manchmal unter körperlicher Schwäche und Muskelschmerzen leiden und dieser Zustand kann sogar mehrere Monate andauern. Wegen solcher Körperreaktionen braucht man sich keine Sorgen zu machen, denn sie zeigen an, dass der Körper sich erneuert und zum Positiven verändert. Ein Grund für diese Beschwerden liegt darin, dass wir so viele Spannungen in uns haben. Da nun *taichi* die völlige Entspannung fördert, ermüden die Beine leicht. Nach zwei bis drei Stunden Schlaf werden die Schmerzen oder die Schwäche verschwinden und danach wird die Lebenskraft wachsen und gedeihen. Zusätzlich zeigen sich auch noch andere Phänomene wie z. B. größerer Appetit. Die Müdigkeit kann bei Anfängern auch daher kommen, dass sie zu lange schlafen, doch andererseits sind acht bis neun Stunden Nachtschlaf notwendig, damit das Blut gut zirkuliert. Nach kurzer Zeit wird sich alles wieder normalisieren und Fortgeschrittene können mit nur vier bis fünf Stunden Schlaf auskommen. »Verträgt sich *taichi chuan* mit sexueller Aktivität?«, so werde ich manchmal gefragt. Die Antwort ist: »ja.« Um jedoch größere Energiereserven aufzubauen, sollten sich die Gesunden etwas zurückhalten und die Alten und Kranken in der Übergangszeit – vom Zustand der Schwäche zu dem der Stärke – enthaltsam leben.

Tabak und Alkohol sind in Grenzen erlaubt, aber nicht in der halben Stunde vor oder nach dem Üben, denn sonst schadet man den inneren Organen. Anfänger fühlen nach dem Üben möglicherweise taube Finger, Arme oder Beine, weil sie zu viel Muskelkraft benutzen. Wenn man die Glieder ein paar Minuten schüttelt, gibt sich das schnell. Aus Mangel an Übung vergessen die Anfänger oft die nächste Bewegung, wenn sie sich zu sehr auf die exakte Ausführung konzentrieren. Was die Atmung betrifft, so empfiehlt es sich für Anfänger, einfach natürlich durch die Nase zu atmen und noch nicht an die Verbindung von langer Tiefatmung mit den einzelnen Bewegungselementen zu denken. Wenn man sich auf dieser Stufe auf die innere Atmung konzentriert, vergisst man allzu leicht den korrekten äußeren Ablauf. Wenn man jedoch ein gewisses Niveau erreicht hat, auf dem man die Körperbewegungen zur Lenkung des Atems einsetzen kann, und der Atem sanft und kontinuierlich fließt, dann wird auch der äußere Bewegungsablauf frei und fließend. Es ist zu hoffen, dass es die Anfänger nicht zu eilig haben, *ch'i* zum *tan t'ien* sinken zu lassen, denn wenn man das nicht erst zur rechten Zeit übt, kann es üble Folgen haben. Frage dich selbst, ob du dich in einer bestimmten Haltung wohl fühlst oder nicht, und frage den Lehrer, damit er dich korrigieren kann. Stellungen oder Bewegungselemente, die nicht »stimmen«, sollte man nicht weiter üben.

Als ich noch *Shaolin*-Boxen übte und bevor ich anfing, *taichi chuan* zu lernen, hatte ich einige falsche Vorstellungen, die sich aber im Lauf der Jahre von selbst korrigierten:

1. Wie können so langsame und weiche Bewegungen wie im *taichi chuan* der Gesundheit nützen? Je weniger Kraft und Anstrengung man aufwendet, desto schneller kann man sich bewegen. Bequeme Haltung und natürliche Atmung, die mit der Verminderung überflüssiger Kraft und Spannung einhergehen, erleichtern den freien Fluss von *ch'i* und Blut im Körper. Auf diese Weise bessert sich die Gesundheit und die inneren Kräfte können sich entwickeln.

2. Wie ist es möglich, die weichen Bewegungen des *taichi chuan* bei der Selbstverteidigung und im Kampf einzusetzen? Wie kann man mit langsamen Bewegungen kämpfen?

Die langsamen Bewegungen haben vor allem den Zweck, zur Stille zu führen, aber wenn nötig, kann man sie natürlich beschleunigen. Außerdem entwickelt die Übung des *taichi chuan* besondere Fähigkeiten wie z. B. »die Energie des Gegners hören« *(t'ing chin)* oder »die Energie des Gegners verstehen« *(t ung chin)*. Stärke im *taichi* entsteht aus Weichheit. Potenzielles Tempo ist verborgen in langsamer Bewegung, denn die Bewegungen im *taichi chuan* haben ihren Ursprung im Zentrum und werden von der Hüfte kontrolliert und nicht bloß von den Armen oder Beinen. Auch wenn sich bei einer Maschine die Hauptachse nur langsam dreht, ermöglichen es die Getriebe den kleineren Schwungrädern, schnell zu rotieren. Dieses Prinzip lässt sich auch auf den Körper und die Gliedmaßen anwenden.

3. Schränkt das Einziehen der Brust das Funktionieren der Lunge ein?

Brust und Rücken gerade zu strecken, ohne die Schultern zu entspannen und die Ellbogen zu senken, hat schlechte Auswirkungen. Um natürlich atmen zu können, sollte man versuchen, die Brust einzuziehen und gleichzeitig den ganzen Körper zu entspannen.

4. Was bedeutet das Zentrum *tan t'ien?* Sind *tan t'ien* und der Dickdarm nicht dasselbe?

Am Anfang hatte ich nur ein Gefühl der Leere im Unterbauch. Ich spürte nichts vom *tan t'ien,* bis ich nach drei Jahren bemerken konnte, dass das *tan t'ien* das Hauptquartier des Körpers darstellt und durch Übung dazu gebracht werden kann, *ch'i* aufzubewahren, zu verteilen und zu nähren. Wenn sich genügend *ch'i* angesammelt hat, dann ist das *tan t'ien* gefüllt. Auf Druck reagiert es wie eine Trommel. Die Atmung eines *taichi*-Könners, der mit dem *tan t'ien* statt mit der Lunge atmet, ist von der Atmung der anderen verschieden. Man kann beobachten, dass Neugeborene mit dem Unterleib atmen, aber in dem Maß, mit dem man wächst, entfernt sich die Atmung vom *tan t'ien.* Menschen, die an Altersschwäche sterben, atmen nur noch mit Nase und Hals. Deshalb besteht eine wichtige Beziehung zwischen dem Leben und der *tan t'ien*-Atmung. Am Anfang wusste ich nicht, wie man *ch'i* im *tan t'ien* speichern kann. Geht es uns nicht ebenso mit der Qualität des Essens, solange man es nicht gekostet hat? Oder, wie soll man die Schönheit einer Landschaft schildern, die man nie besucht hat?

Wahllose Gedanken kommen aus einem ruhelosen Geist. Um diese Gedanken auszulöschen, sollte man seinen Blick geradeaus richten, als ob ein Gegner vor einem stände, und keinerlei Sorgen aufkommen lassen. Wenn man mit der ganzen Form vertraut ist, wird man vollkommene Geistesruhe erreichen. Die Übenden können nach ein paar Bewegungen einen vermehrten Speichelfluss unter der Zunge spüren. Wenn man diesen stärkenden und nährenden Speichel, den so genannten »Honigtau«, schluckt, wird der Körper großen Nutzen davon haben und sich angenehm fühlen. Jeder, der *taichi* korrekt ausführt, die Dinge nicht zu ernst nimmt und die pränatale Atmung einsetzt, wird bemerken, dass das oben Erwähnte leicht erreichbar ist. Diese Erfahrungen zeigen an, dass sich innere Kräfte zu entfalten beginnen, indem man Geist und Willen stärkt. Diesen Prozess nennen die Taoisten die Umwandlung von *yin* in *yang* (von Blei in Quecksilber).

Nach der Form lernen die Übenden Partnerübungen am Platz. Dabei ist es für sie anfangs schwierig, die vier Grundtechniken und -richtungen *p'eng, lü, chi* und *an* deutlich zu unterscheiden und sie flüssig zu verbinden. Die Anfänger sollten dies mit fortgeschrittenen Schülern üben, um durch Nachahmung zu lernen. Dabei wird der Lehrer jede einzelne der vier Grundtechniken vormachen und alle notwendigen Unterscheidungen verdeutlichen, sodass keine Fragen zurückbleiben. Wenn diese Details klar verstanden sind, muss der Schüler alles in kontinuierlicher Folge üben, damit er die vier Techniken flüssig verbinden kann. Dabei sollten Hüfte und Beine locker und aktiv sein. In der Beweglichkeit, Lockerheit und Geschmeidigkeit von Hüften und Beinen zeigen sich nämlich die »neutralisierende« und die »klebende Energie« *(hua chin und nien chin).*

Neutralisieren *(hua)* bedeutet die Fähigkeit, dem Angriff des Gegners zu weichen oder ihn aufzufangen. Kleben *(nien)* bedeutet, so eng am Gegner zu bleiben, dass man wie ein Schatten an ihm haftet, wenn er zurückweichen möchte. Wenn man auf dieser Stufe diese beiden Techniken gemeistert hat, dann wird es Zeit, *na* (haften) und *fa* (entladen) zu lernen. *Na* ist die Technik, einen Körperteil des Gegners, den man »Ansatzpunkt« nennen könnte, zu lokalisieren und daran zu haften. *Na* ist eine Art von »Halten«, d. h., sobald man den »Ansatzpunkt« gefunden hat, bleibt man daran haften, aber ohne eine bestimmte *taichi*-Technik einzusetzen. Nachdem man *na* gelernt hat, kann *fa* ausgeführt werden. *Fa* bedeutet den Einsatz einer Technik, wie Stoß oder Schlag an dem Punkt, den man durch *na* festhalten konnte. Folglich lokalisiert man mit *na* zuerst den Ansatzpunkt und bleibt daran haften, und dann greift man an diesem Punkt mit *fa* an. Diese Techniken wird man nie lernen, wenn man versucht, sie bei den Partnerübungen wahllos einzusetzen. Bevor ein Schüler selbst *na* und *fa* anwendet, sollte er beobachten, wie sein Lehrer *na* und *fa* gegen ihn gebraucht. Für den Schüler sollten die Partnerübungen eine Art Versuchslabor sein, wo er in einer Person sowohl Versuchsleiter als auch Versuchsobjekt ist. Er muss beobachten, wann und wo der Lehrer *na* einsetzt, in welche Richtung *fa* geht und er muss das Timing von *na* und *fa* unterscheiden. Um diese Prinzipien zu meistern, muss er eine bestimmte Technik aussuchen und sie immer wieder mit einem Partner üben, der ihm dabei helfen kann. Wenn diese Prinzipien richtig beherrscht werden, dann ist man in der Lage, jede beliebige Technik an jeder Stelle des Körpers anzuwenden. Dazu braucht man viel Zeit und so sollte es der Schüler nicht eilig haben, denn sonst wird er nichts erreichen.

Nach meiner Meinung bilden die Partnerübungen am Platz die Grundlage für wahre Könnerschaft im *taichi chuan* und deshalb rate ich allen, so viel Zeit wie möglich für das Üben, Beobachten und Studieren dieser Methode zu verwenden. Zu diesem Zweck sollte man auch mit möglichst vielen verschiedenen Partnern üben, gleichgültig ob ihr Können auf niedrigerer, gleicher oder höherer Stufe steht. Auch sollte man die Partner häufig wechseln und sich nicht darum kümmern, ob sie härter oder weicher, größer oder kleiner sind. Wenn man sich nämlich an einen bestimmten Partner gewöhnt hat, dann wird man stets dieselben Techniken benutzen, was zu einem Stillstand in der eigenen Entwicklung führen dürfte.

Bei den »Partnerübungen im Gehen« muss sich der ganze Körper – Beine, Hüften und Arme – als

Einheit bewegen; die »klebende Energie« *(nien chin)* soll kontinuierlich wirken, was auch für die Waffentechniken gilt. Mindestens ein Punkt der Waffe muss stets an der gegnerischen Waffe kleben. Wenn man die klebende Energie unterbricht, hat man den Kontakt unterbrochen, und es wird dem Gegner möglich, zu »hören« *(t'ing)* oder zu fühlen, ob man angreifen oder zurückweichen möchte.

Das freie Partnertraining *(san shou)* wird zuerst in einer festen Form geübt. Um jedoch die wirkliche Anwendung dieser Bewegungsformen zu lernen, muss jede Technik einzeln geübt werden. Dabei soll man besonders Wert darauf legen, die Wirkungsweise der drei Hauptzonen des Körpers genau zu verstehen: Hände und Arme, Rumpf, Füße und Schritte. Dabei ist zu unterscheiden zwischen hoher und niedriger Hand, Vorwärts- und Rückwärtsschritt und den verschiedenen Seiten des Körpers. Als Grundprinzip gilt in jedem Augenblick, dass man alles unternimmt, um sich in eine überlegene Position und den Gegner in eine ungünstige Position zu bringen. Zu diesem Zweck sollen die Hände stets kreisen und Schritte und Körperbewegungen sind so auszuführen, dass Kopf und Rumpf dabei immer aufrecht bleiben. Diese Haltung wirkt wie ein geschlossenes Tor, das das Innere beschützt, um dem Gegner keine Angriffschance zu geben. Jede einzelne Technik muss korrekt sein und die ganze Folge der Bewegungen weich und fließend. »Leer« und »fest« bzw. *yin* und *yang* müssen klar unterschieden sein. Die innere Aktivität sollte energisch und fließend wirken.

Wenn man sich bei den Partnerübungen nur auf die äußeren Techniken konzentriert, dann kann man nach zehn Jahren immer noch schwach und krank bleiben. Ferner dürfte es einem nie gelingen, *tung chin* (»die Energie des Gegners verstehen«) zu entwickeln, denn diese Fähigkeit hängt vom inneren, geistigen Training ab. Äußere Techniken sind leicht zu erlernen, innere Techniken dagegen schwer.

Vielleicht stellt sich auch die Frage, wie sich Gesundheit und Körpergewicht mit der Übung des *taichi chuan* verändern. Nach einem Jahr nehmen die Dünnen zu und ihre Schwäche wandelt sich zur Stärke: *yin* wird zu *yang*. Die Dicken werden leichter und kraftvoller: »leer« wird zu »fest«. Die Wirkung des *taichi chuan* besteht darin, den Körper innerlich und äußerlich zu erneuern. Diese Veränderungen kommen daher, dass der Körper durch das Üben des *taichi* wieder ins Gleichgewicht gebracht wird. Sobald die unausgeglichenen Körperfunktionen einmal reguliert sind, korrigiert der Körper dann innere und äußere Fehlfunktionen.

Nun folgen einige Gesundheitsregeln für *taichi chuan*:

1. 30 Minuten vor und nach dem Üben sollte man keine Mahlzeiten zu sich nehmen.
2. Nach dem Üben ist Folgendes zu vermeiden:
a) kalte Getränke und kalte Nahrung,
b) kalter Luftzug oder kalte Duschen,
c) übergroße geistige Aktivität.
3. Bis der Pulsschlag sich beruhigt hat, sollte man etwas herumgehen und weder liegen, sitzen noch stehen. Andernfalls könnte das Steigen des Blutdrucks schlechte Auswirkungen haben.
4. Um die beim *taichi chuan* verbrauchte Energie zu erneuern, ist ausreichender Schlaf notwendig. Nachtmenschen geben beim *taichi* leicht auf, weil ihre Lebenskraft beeinträchtigt ist.
5. In erschöpftem Zustand soll man *taichi chuan* nicht üben.

Der Weg zum Erfolg hängt im *taichi chuan* von folgenden Faktoren ab:
1. *Beharrlichkeit:* Beharrlichkeit ist beim Üben wesentlich; ohne Ausdauer verschwendet man seine Zeit und Energie. In der Anfangszeit kann nämlich das Üben recht langweilig sein, aber wenn der Schüler entschlossen weiterübt, dann wird *taichi* nach etwa einem Jahr spannend und reizvoll. Ausgezeichnete Ergebnisse kann man in fünf Jahren erreichen und der große Erfolg kommt in 20 Jahren für alle, die täglich üben.
Nach meiner Ansicht gibt es drei besonders schwierige Situationen für den *taichi*-Lernenden: a) die ersten Monate, b) dringende Geschäfte, c) Reisen oder Flitterwochen, die den täglichen Zeitplan stören und regelmäßiges Üben nicht ermöglichen.
2. *Konzentration:* Sie verdoppelt den Erfolg der Übung.
3. *Unabhängigkeit von klimatischen Bedingungen:* Sowohl in der kalten als auch in der heißen Jahreszeit sollte man beharrlich weiterüben.
4. *Intensität:* Man sollte ganz intensiv üben und alles Ablenkende aus dem Geist verbannen. Begierden und Sorgen lenken nur ab. Schlichtheit und Erfahrenheit sind die höchsten Ziele.
5. *Systematisches Vorgehen:* Ein Schritt auf einmal, ohne etwas zu überspringen. Man sollte alles in der rechten Reihenfolge lernen, schrittweise fortschreiten und nicht versuchen, bestimmte Ziele in kurzer Zeit zu erreichen. Es führt zu nichts, wenn man schon die nächste Technik lernt, solange die vorhergehende noch nicht beherrscht wird, und es ist nutzlos, freies Partnertraining zu üben, bevor der ganze Ablauf durchgearbeitet ist. Jeder weiß, dass man beim Bergsteigen unten anfängt und dass ein langer Marsch mit dem ersten Schritt beginnt. Eile und Ungeduld führen zu gar nichts und es ist sehr wichtig, nicht alles auf einmal tun zu wollen. Nur so kann man zum echten *taichi*-Könner werden.

Bis jetzt habe ich noch nicht erwähnt, wie wichtig es ist, einen guten Lehrer zu finden. Bevor man anfängt, soll man sich seinen Lehrer gut aussuchen. Verfügt er über reiche Erfahrung und Bildung und hervorragendes Können? Kann er mich wirklich in die über viele Generationen tradierten Geheimnisse des *taichi chuan* einweihen? Hat man einen guten Lehrer gefunden, dann soll man bei ihm bleiben, sonst kommt man zu nichts, ermüdet nur Körper und Geist und verschwendet Zeit und Geld. Aber ohne Bescheidenheit vonseiten des Schülers ist auch der beste Unterricht nutzlos.

Nachdem der Schüler eine bestimmte Stufe erreicht hat, sollte er darangehen, seine inneren Kräfte und Fähigkeiten zu pflegen. *Taichi chuan* ist wesentlich eine geistige Disziplin, die nichts mit kämpferischer Kühnheit zu tun hat. Man sollte seinen Geist wie ein weites Tal öffnen, wie ein Dummkopf aussehen und sich nie zur Schau stellen. Der Versuch, die Leute beeindrucken zu wollen, führt zum Fall. Jeder *taichi*-Lernende hat die Pflicht, sich um tiefes und vollständiges Verständnis dieser Prinzipien zu bemühen.

Erfahrungen von Schülern

K. G., 29, Dipl.-Psychologin und Psychotherapeutin:
Ich wurde auf *taichi* aufmerksam, als ich eine amerikanische Psychotherapeutin kennen lernte, die seit ca. zwölf Jahren *taichi* machte und auf eine Art und Weise in ihrem Körper lebt, die mich fasziniert hat. Jede Bewegung stimmt, keine ist überflüssig, und wenn sie einer Angriffsbewegung ihres Gegenübers ausweicht, geschieht das mit einer unglaublichen Behändigkeit und Geschicklichkeit, jedoch völlig ohne Hektik. Bis dahin hatte ich geglaubt, in gutem Einvernehmen mit meinem Körper zu leben. Nun sah ich, was es heißt, diese Trennung (ich – mein Körper) aufzugeben und mein Körper zu *sein.*

Im autogenen Training hatte ich bereits begonnen, mehr auf Signale meines Körpers zu hören, ihn kraft meiner Vorstellung besser zu entspannen und ihn positiv zu beeinflussen. Vor ca. fünf Jahren begann ich dann mit Yoga. Hierbei machte ich anfangs ähnliche Erfahrungen wie beim autogenen Training: Es war für mich eine lästige Pflicht, die viel Disziplin erforderte, um mich dazu aufzuraffen. Nach der Durchführung fühlte ich mich jedoch weich, konzentriert und gelöst. Ich lernte, mit meinem Körper sanft umzugehen, ihm Verspannungen nicht übel zu nehmen und im guten Kontakt mit ihm eine wohltuende Meditation zu erleben.

Taichi begann ich vor neun Monaten, bin also noch ein »Küken«. Wieder war es anfangs eine lästige Pflicht, die erst dann Spaß machte, wenn ich mich aufgerafft hatte zu üben. Aber selbst während des Übens verließ mich oft der Mut: »Das lernst du nie!« Mehrmals wollte ich abbrechen oder den nächsten Kurs nicht mehr besuchen.

Bis ich den toten Punkt überwunden hatte und plötzlich täglich mehrmals Lust dazu hatte, einfach *taichi* zu machen. Draußen, drinnen, wo ich gerade war. Und es macht mehr und mehr Spaß! *Taichi* braucht einfach noch mehr Ausdauer, Aufmerksamkeit und Geduld mit sich selbst als die beiden zuvor gelernten Disziplinen. Während man sich beim autogenen Training und beim Yoga körperlich in Ruheposition befindet, ist man beim *taichi* in Bewegung. Und das ist das Schöne und Schwierige gleichzeitig: jede Bewegung exakt zu erlernen. Zwar sind meine Bewegungen noch weit davon entfernt, vollkommen zu sein, aber schon jetzt spüre ich manchmal eine tiefe, volle Zufriedenheit und ein Einssein mit bzw. in meinem Körper während des Übens.

Ich wollte ursprünglich ein bestimmtes Ziel erreichen mit *taichi* – jetzt ist *taichi* eine Bereicherung für mich geworden.

V. N., 39, Dipl.-Physiotherapeutin:
Taichi erlaubt nach meinen Erfahrungen eine Ausweitung und vertiefte Wirkung der Physiotherapie auf medizinischer Grundlage. Deren Aufgabe ist die – passive und aktive – Übungsbehandlung von Krankheiten, Schädigungen und Behinderungen des Körpers, besonders des so genannten Bewegungsapparats; sie befasst sich mit der Haltung, mit den Gelenk- und Muskelfunktionen. Eine wesentliche Ursache chronischer Schädigung sind einseitige Belastungen. *Taichi* führt zu einem harmonischen Muskelspiel zurück. Ferner leitet es dazu an, den richtigen, d. h. tief liegenden Drehpunkt der Körperachse für die alltäglichen Drehbewegungen zu finden. Dies bringt vor allem eine wesentliche Entlastung der Wirbelsäule. Liegt der Drehpunkt zu hoch, nämlich im Bereich der Lenden- und Brustwirbelsäule, so wird in der Bewegung die »Kraftlinie« zum Schwerpunkt unterbrochen und es sind unzweckmäßig große Kraftanstrengungen notwendig.

Taichi lässt sich den Patienten vermitteln, ohne »exotisch« zu sein. Denn es handelt sich um Bewegungsabläufe, wie sie bei vielen Völkern noch beobachtet werden können, die, anders als die Industriebevölkerung, in größerem Einklang und in direkterem Bezug zur Natur leben. *Taichi*-Haltungen sieht man etwa beim Bauern, der die Sense schwingt, bei türkischen Landarbeiterinnen im Baumwoll- oder Tabakfeld oder bei elementarem Handwerk wie dem Schmieden.

Von Bedeutung für Patienten sind ferner die unmittelbaren Beziehungen des *taichi* zu einer entspannten und vertieften Atmung. Die Hetze des industrialisierten Alltags (time is money), Ängste und durch Konvention auferlegte Verhaltensweisen sind mit verkrampfter und eingeengter Atmung verbunden, was sich auch in der Stimme äußert. In den *taichi*-Übungen wird die Atmung einbezogen und reguliert, ohne dass isolierte Atemübungen notwendig sind. Schließlich führt *taichi* zur inneren Sammlung und Konzentration, zu sich selbst im Sinn der Meditation. Diese ist aktiv, verlangt keine vom westlichen Menschen oft als künstlich empfundene Stilllegung der Bewegungen, sondern bringt diese mit den inneren, seelischen Rhythmen in Einklang, Bewegtheit mit Ruhe verbindend.

K. M., 55, Gärtnermeister:
Seit ca. einem Jahr übe ich nun *taichi chuan.* Es war vor ca. fünf Jahren, als ich von einer Leiter stürzte. Die Wirbelsäule war gestaucht worden. Der Orthopäde konstatierte eindeutig Muskelriss. Ein Masseur meinte, eine Fascie wäre gerissen. Unter teilweise großen Schmerzen musste ich arbeiten. Spritzen – von meinem damaligen Orthopäden gegeben – beseitigten das Übel nicht. Viel Geld musste ich ausgeben, um arbeiten zu können. Dann fand ich *taichi chuan.* Schon bald nach dem ersten Muskelkater erkannte ich die wohltuende Wirkung, welche dieses System auf mich ausübte. Obwohl ich den ganzen Tag über arbeiten muss – ich bin Gärtner von Beruf –, fühle ich mich nach den Übungsstunden wieder fit und meine Beschwerden in Rücken, Gelenken und Knien bessern sich von Woche zu Woche.
Ich habe 40 Arbeitsjahre hinter mir – davon ein Jahrzehnt Schwerstarbeit –, doch seit ich *taichi chuan* übe, bin ich noch keine Stunde krank gewesen. Zwar sind meine Beschwerden noch nicht restlos beseitigt, doch auch dies hoffe ich in den nächsten Jahren noch in Ordnung zu bringen.

H. S., 73, Rentnerin:
Ich bin 73 Jahre alt. Lange Zeit habe ich Gymnastik gemacht. Ein Schlaganfall setzte dem ein Ende. Eine Zeit lang war ich linksseitig gelähmt. Auf der Suche nach einer leichten Körperbetätigung hörte ich von *taichi chuan* und bekam Informationsmaterial in die Hand. Inzwischen habe ich vier Monate *taichi* geübt. Anfangs wusste ich überhaupt nicht, worauf ich mich einließ. Heute bin ich mir klar darüber, dass es eine Lebensaufgabe ist. Sehr positiv empfinde ich, dass keine »Leistung« verlangt wird. Jeder arbeitet »für sich«. Den Einstieg zu finden ist nicht einfach, aber wenn man nach und nach erkennt oder besser »empfindet«, worum es

geht, macht *taichi* große Freude. Für mich persönlich habe ich den Eindruck, dass durch *taichi* (ich übe leider lange nicht genug!) sogar die Lähmungserscheinungen gebessert werden.
Ganz offensichtlich ist das Gleichgewichtsgefühl gestärkt: Ich stehe wieder fester auf dem Boden und hoffe noch auf etliche Jahre mit *taichi*.

R. L., 29, Krankengymnastin:
Seit sechs Jahren bin ich als Krankengymnastin in einem Regionalspital tätig. Ich bin jetzt 29 Jahre alt und übe *taichi chuan* seit zwei Jahren.
Ich habe immer wieder nach einer Möglichkeit gesucht, meinen Körper gesund und widerstandsfähig zu erhalten, ebenso wie ich mich für die verschiedensten Meditationstechniken interessiert habe. Ich erlernte das autogene Training nach Schultz, danach habe ich eine Zeit lang Yoga geübt. Eine Weile spielte ich mit dem Gedanken, Judo zu erlernen. Wie mir das eine zu sehr nur körperliches Training war, befürchtete ich beim anderen ein einseitiges Sichverinnerlichen. Wenn ich jetzt dem *taichi chuan* den Vorzug gebe, liegt es daran, dass ich *taichi chuan* als wunderbare Verbindung von Außen und Innen, Körperschulung und Meditation erfahren habe.
Durch meinen Beruf bin ich wahrscheinlich dem Körper gegenüber immer ein Stück weit aufmerksamer als vielleicht jemand anders. Trotzdem, glaube ich, hat mich diesbezüglich *taichi chuan* noch sensibler werden lassen. Bestimmte Körperhaltungen und -bewegungen aus dem *taichi chuan* (z. B. das Bewegen aus der Hüfte) waren mir vorher aus der Krankengymnastik als wichtig bekannt. Ich wusste also, dass gewisse Bewegungen wichtig sind, und jetzt, wo ich *taichi chuan* übe, *spüre* ich, dass sie wichtig sind. Ich stehe viel mehr auf dem Boden, seit ich *taichi chuan* übe. Ich meine das sowohl wörtlich wie auch im übertragenen Sinne. Meine Füße sind standfester, sie sind mir auch bewusster und mein Gleichgewichtssinn hat sich verbessert. Ebenso halte ich meine Bein- und Gesäßmuskulatur für kräftiger als früher und meine Hüftgelenke für wesentlich beweglicher. Mehr auf dem Boden stehen heißt für mich auch, besser zu wissen, was für mich persönlich wichtig ist, und gezielter darauf hinzuarbeiten.
Ich übe *taichi chuan* mittags und abends zwischen einer halben und einer Dreiviertelstunde. Seit etwa drei Monaten beschäftige ich mich auch morgens eine halbe Stunde mit der Form.
Taichi chuan verhält sich für mich zum Körper wie Seide. Seide kühlt, wenn es heiß ist, und wärmt, wenn es kalt ist. So fühle ich mich nach dem Üben frisch und klar, wenn ich vorher schlapp war, und ich fühle

mich ruhig und gelassen, wenn ich vor dem Üben nervös war.

S. S., 36, Übersetzerin:
Ich sehe mich in erster Linie als einen Menschen auf der Suche nach dem eigenen Selbst, der schönen Dingen wie Musik, Literatur, Sprache aufgeschlossen gegenübersteht. Letzterer Aspekt war für meine Berufswahl von Bedeutung, als ich mich für den Beruf einer Übersetzerin entschied. Obgleich ich diese Tätigkeit gerne ausübe, hatte ich jedoch eines Tages das Gefühl, meine innere Entwicklung sei zum Stillstand gekommen. Mehr oder weniger durch Zufall machte ich dann vor ca. einem Jahr Bekanntschaft mit *taichi.* Von den harmonischen Bewegungen angetan, beschloss ich, diese Art körperlichen Trainings zu intensivieren.
Vor ungefähr einem Dreivierteljahr begann ich mit dem Form-Kursus an der *taichi*-Schule. Dazu wurde mein Interesse an der chinesischen Philosophie geweckt, die viele Weisheiten enthält, die ich auch für mich akzeptieren kann. Heute kann ich sagen, dass *taichi* für mich die beste Kombination körperlichen und geistigen Trainings darstellt. Bei jedem Üben entdecke ich andere Dinge in mir. Vor allem jedoch empfinde ich Freude darüber, die körpereigene Energie in mir strömen zu spüren und damit meine Lebendigkeit. Mir wird bewusst, dass ich mich positiv verändere. Meine früher etwas rigide Haltung und Einstellung – geprägt von starken Willens- und Gestaltungskräften – ist einer flexibleren Handlungsweise gewichen. Ich kann Menschen und Dinge loslassen, ohne mich schmerzhaft daran zu klammern, in der Erkenntnis, dass Höhen und Tiefen des Lebens in stetem Wechsel zusammengehören wie *yin* und *yang,* dass nichts von Dauer und das eigentlich Beständige der Wandel ist. Durch *taichi* spüre ich, dass ich innerlich in Bewegung bin, aber dennoch nehmen Ruhe und Gelassenheit weltlichen Dingen gegenüber zu. Damit kann ich auch beruflichen Stress besser meistern. Ich habe erkannt, dass Entwicklungen ihre Zeit brauchen und Veränderungen mit dem Willen allein nicht zu bewerkstelligen sind. Durch *taichi* werde ich geduldiger, auch mit mir selbst.
Zum Schluss möchte ich noch einen Aspekt erwähnen, der mir besonders wichtig erscheint: Durch *taichi* habe ich eine starke Lebensbejahung entwickelt. Und dafür bin ich dankbar.

G. B., 52, Sekretärin:
Schon immer habe ich mich gerne körperlich bewegt und mich aus diesem Bedürfnis heraus während kürzerer oder längerer Zeit in Eurythmie, Pantomime, rhythmisch-musikalischer und allgemeiner Gymnastik betätigt, wobei mir die Pantomime weitaus am meisten Freude machte. Nach einigen Jah-

ren jedoch meldete sich stets das Gefühl, nun sei wieder etwas Neues fällig. In drei Intensivkursen erlernte ich die Form. Ich übe mit unterschiedlicher Gewissenhaftigkeit – und entsprechendem Ergebnis –, in der Regel jedoch nur abends. Die unmittelbar eintretende vordergründigste Wirkung war, dass ich besser schlief. Zuvor konnte ich mit Gewissheit keinen Schlaf mehr finden, wenn ich nachts einmal aufwachte – mit *taichi* kann man mich mehr als einmal aufwecken, ich schlafe innerhalb kurzer Zeit wieder ein. Eine andere Wirkung, für die ich *taichi* besonders dankbar bin: Es gab mir zu einem Zeitpunkt, da ich dies besonders nötig hatte, einen unerhörten Auftrieb, aber auch seither erhält es mich gesundheitlich und vor allem auch moralisch stabiler. Schwankungen gibt es natürlich nach wie vor, aber sie sind bedeutend schwächer; ich stehe irgendwie fester im Leben und ich frage mich manchmal, wie ich die letzten zwei Jahre mit ihren beruflichen und persönlichen Belastungen ohne *taichi* durchgestanden hätte – bestimmt weit schlechter!

(Sogar während der Nachtwache im Spital am Sterbebett meiner Mutter habe ich die Form geübt – einerseits, um mich wach zu halten, und andererseits war ich überzeugt, dass auch meine Mutter eine wohltuende Wirkung verspüren werde, hatte sie mir doch immer gerne beim Üben zugeschaut.)

G. F., 24, Chemielaborantin:
Vor drei Jahren begegnete ich in London auf einer Ausstellung kreativer Künste dem *taichi chuan* zum ersten Mal. Eine Frau, in eine schwarze Robe gekleidet, führte die Bewegungen vor. Ihr Körper glitt sanft, doch kraftvoll dahin und strahlte eine anziehende Schönheit aus, und mich ließ der Gedanke nicht los, dies irgendwann einmal zu erlernen.

Ich begann mit dem alten authentischen *Yang*-Stil. Diese Körperübungen waren völlig neu für mich und es war mir von Anfang an klar, dass das Erlernen dieser Sache harte Arbeit bedeuten würde.

Die Form ist in drei Teile gegliedert und nach Beendigung des ersten stand für mich fest, dass ich weitermachen wollte. Jetzt, da ich mich am Ende des dritten Teils befinde, beginne ich die Auswirkungen des *taichi* zu spüren. *Taichi* gibt mir die Energie, mich in den Verwirrungen und Anforderungen unserer westlichen Welt wieder zu sammeln. Wenn ich übe, bedarf es einer hohen Konzentration, zu der ich, bevor ich mit *taichi* begann, nicht fähig war. Ganz ohne Zwang oder Anstrengung vergesse ich alle Gedanken, die mir im Kopf herumschwirren. Ohne diese Gedankenlosigkeit ist es für mich unmöglich, den Ablauf der Form korrekt auszuführen. Mit der Zeit erlerne ich, diese Konzentration auch in anderen Situationen aufrechtzuerhalten.

Die Bewegungen des *taichi* kommen aus dem Innern und werden nicht vom Kopf aus gesteuert. Diese Geistesleere bringt größtmögliche Entspannung und erweckt in mir eine ungeahnte Kraft – Kraft, die Mut macht, das Leben zu meistern. Nach einem ereignisreichen Tag wird es mir durch die Übungen möglich, mein Gleichgewicht wiederherzustellen. Körper und Geist werden ruhig. Doch diese Ruhe ist nicht statisch, sondern liegt im Fließen.

Taichi spiegelt für mich das Leben wider – den ewigen Wandel der Zeit. Und jede Veränderung in der Bewegung kommt sanft, ohne Zwang, ohne Verkrampfung und ohne Gewalt, doch mit Kraft aus dem Innern. *Taichi* ist für mich eine Herausforderung, wie es das Leben selbst ist. Auch wenn ich mich in ein paar Jahren ändern und von dieser asiatischen Lehre Abstand nehmen sollte, so wird *taichi* weiter in mir leben – ein Teil von mir sein, der nicht beiseite zu schieben ist.

H. P., 31, Lehrer:

Ich betreibe *taichi* seit knapp zwei Jahren. Erlernt habe ich diese Meditation durch einmal wöchentlichen Unterricht; zudem übe ich fast täglich – meistens abends – ca. 20 Minuten.

Meine Motivation, *taichi* zu lernen, entsprang einer allgemeinen Unzufriedenheit mit dem Leben in unserer Gesellschaft. Eine Mischung aus Resignation und Sarkasmus befällt mich beim Anblick des öffentlichen Wahnsinns (Wettrüsten, Wachstumsidiotie etc.). Dazu kommt der Druck gesellschaftlicher Zwänge im persönlichen Bereich, im Berufs- und Privatleben.

Die Beschäftigung mit verschiedenen politischen Ideen, mit Ideologien und philosophischen Richtungen hat mir keine Lösung existenzieller Probleme gebracht.

Nach der unzulänglich gebliebenen Auseinandersetzung mit der Sinnfrage, erhoffe ich mir nun durch *taichi* endlich Antworten – durch Erkennen, Erfahren, Erleben – auf die Frage nach dem Sinn des Lebens.

Da *taichi* die bisher einzige meditative Erfahrung für mich ist, kann ich keine Vergleiche ziehen. Diese Form der Meditation erscheint mir aber ideal, um Theorie (des Lebens) mit Praxis zu verbinden, Ganzheit herzustellen. Konkret positiv kann ich registrieren, dass ich in zwei Jahren Praxis (und geistiger Auseinandersetzung) mehr Körperbewusstheit erreicht habe, mich körperlich wohler fühle, mich psychisch stabiler fühle. Habe ich mich anfangs zu den Übungen häufiger gezwungen, freue ich mich zunehmend auf die tägliche Zeit der Meditation. Dies ist zurückzuführen auf die sich steigernden Fortschrittserlebnisse. So empfinde ich in der Ausübung der »Form« immer stärker – zeitweise –

Leichtigkeit und Stärke, Sicherheit und Ruhe, Rundheit und Fluss ...
Ich habe gelernt, mich stärker selbst zu akzeptieren, mich als Gegebenheit umfassend anzunehmen.
Insgesamt habe ich das Gefühl, auf dem richtigen Weg zur »Erkenntnis« der Existenz als Ganzheit zu sein und damit auch auf dem Weg zur Überwindung des Todes.
Ich glaube aber nicht, dass *taichi* die einzig »wahre« Meditation ist.
Ich habe diese Form für mich gewählt, auch aus innerer Neigung heraus. Der geistige Hintergrund dieser Meditation (chinesische Philosophie – Taoismus) wird aber für mich auch durch die Praxis immer überzeugender.

J. H., 32, Politologe:
Ich lerne und übe *taichi* seit über drei Jahren. Mein Zugang zu *taichi* entstand ursprünglich aus dem Kampfkunstaspekt der *taichi*-Form, der aber heute für mich kaum eine Rolle spielt. Vor Jahren habe ich *Taekwondo* trainiert und bin zu diesem Zeitpunkt durch einen Freund mit *taichi* in Berührung gekommen. Mir fiel auf, dass die Prinzipien des *taichi* den hauptsächlichen Merkmalen heutiger westlicher Lebensformen – Schnelligkeit, äußere Stärke, Eile, Konkurrenz – zuwiderlaufen, dass diese Prinzipien – Weichheit, Ruhe, Festigkeit ohne Härte – aber durchaus die Grundlage für eine andere Lebensauffassung bilden können. Von daher begann das Erlernen der *taichi*-Form für mich bald über den Prozess der Aneignung bestimmter Bewegungstechniken hinauszuwachsen und zu einem Teil meines täglichen Lebens zu werden, der verhindert, dass ich mich in Stress und Konflikten verzettele.
Mein *taichi*-Üben heute ist von zwei persönlichen Gewissheiten getragen: zum einen, dass wir in unserer westlichen Gesellschaft nicht bruchlos nach den Prinzipien östlicher Weisheitslehren leben können; zweitens, dass, wenn man dieses Ziel »vergisst«, *taichi* zu einer äußerst fruchtbaren persönlichen Gegenbewegung zu Hast und kurzfristiger Erfolgshascherei werden kann. Für mich ist es körperliches und geistiges Handwerkszeug zur Selbsterfahrung, das deswegen einzigartig ist, weil es körperliche und geistige Anforderungen gleichgewichtig und untrennbar voneinander unabhängig vereint.

Dr. K.-H. G., 38, Dipl.-Psychologe:
Seit zwei Jahren übe ich nun *taichi* mehr oder weniger regelmäßig. Im Laufe der *taichi*-Form werde ich ruhig und innerlich klar, oft habe ich hinterher Lust, im Sitzen weiterzumeditieren. Auch vor wichtigen Terminen hilft mir *taichi*, zur Ruhe zu kommen. Meine Körperhaltung hat sich in den letzten zwei Jahren deutlich verbessert, das Hohlkreuz ist weitgehend weg und ich habe auch deutlich weniger Muskelver-

spannungen im Rücken. Nach zwei Jahren Üben bekomme ich langsam ein Gespür für die Übungen und merke, dass ich in einzelne Übungen viel besser reinkomme. Gelegentlich wird mir auf diese Weise klar, wo ich verspannt und verkrampft bin, sodass ich gezielt an diesen Spannungen arbeiten kann …
Im Gegensatz zum Sitzen bei der *Zen*-Meditation, die ich vor dem *taichi* eine Zeit lang geübt habe und auch heute noch manchmal mache, gefällt mir am *taichi*, dass ich mich dabei bewege. Die Konzentration auf die Bewegungen und die Gesten hält mich im Allgemeinen besser von meinen Gedanken ab als das bewegungslose Sitzen beim *Zen.* Da ich in meinem Beruf viel sitze und mit Worten hantiere, ist diese wortlose Form der Meditation und die Beschränkung auf den Ausdruck bzw. die Geste für mich eine gute Ergänzung.

Dr. K. H. L., 60, Chemiker, und Frau H., 56:
Wir suchten eine unserem Alter angemessene Gymnastik und fanden viel mehr: Die genauen Bewegungen der »Form«, die die volle Konzentration des ganzen Menschen verlangen, entheben einen dem Alltag, geben einem innere Ruhe und erschließen einem auf dem Hintergrund uralter Weisheit mit wachsender Übung neue Kräfte; auch die für eine passive Selbstverteidigung.

H. W., 80, Pensionär:
Als Kavallerist war ich ein begeisterter Reiter, der mit seinen Pferden in sämtlichen Sparten des Reitsports tätig war. Später nahm ich während ca. 25 Jahren an *Hatha-Yoga*-Kursen teil. Anschließend machte ich mich mit der Feldenkrais-Methode vertraut.
Während der letzten 13 Jahre habe ich in Zürich, Basel und Freiburg bei hervorragenden Lehrern an den Sanskrit-Seminaren teilgenommen. Allmorgendlich nach dem Aufstehen absolviere ich ein Programm, bestehend aus einer Mischung von *Hatha-Yoga* und *taichi*-Auflockerungsübungen. Wenn möglich übe ich täglich zweimal an der Form. Mich fasziniert die Kombination von Konzentration und Bewegung. (Ich suche nach der Beziehung *Yoga – tao – taichi.* Ich möchte mein Gefühl für Bewegungen verfeinern.)
Da die Belastbarkeit des Körpers mit den Jahren abnimmt, ist es besonders wichtig, dass man die Anforderungen, die man an sich stellt, in vernünftiger Weise reduziert.
Dies ist im *taichi* sehr gut möglich, weshalb es auch für ältere Leute besonders geeignet ist.

N. K., 60, Bauingenieur:
Seit ca. einem Jahr betreibe ich *taichi* und habe jetzt den dritten Kurs begonnen. Vorher nahm ich an meditativem Tanzen und gelegentlich an *Aikido* teil. Ich bin 60 Jahre alt, von Beruf Bauingenieur, stehe

Graf Dürckheim nahe, meditiere täglich im Stile des *Zen* und praktiziere das *I Ching.* Ich begann mit *taichi,* nachdem es mir von mehreren Seiten empfohlen wurde, weil ich nicht permanent an Übungsabende gebunden sein will, sondern auch selbstständig zu Hause diese Bewegungsabläufe zu meinem Vorteil absolvieren kann. Außerdem hält sich der Kräfteaufwand in Grenzen, eine Voraussetzung, um die Übungen bis ins hohe Alter praktizieren zu können.

Wie war die Entwicklung? Beim ersten Kurs stand das Erlernen der Form im Vordergrund, dabei entdeckte ich einige wohltuende Körpererlebnisse. Beim zweiten Kurs wurden mir die Vorgänge im Leibesinnern bewusster, deutlicher und mit zunehmender Lösung vom eigentlichen Lernprozess gewannen die Übungen an meditativer Tiefe und die Freude an der Ausübung der Bewegungen nahm zu. Zeitweise sehnte ich mich nach den Übungen wegen des empfundenen Wohlbehagens. Und welche Erfahrungen machte ich?

1. Ich spürte deutlich die Versammlung in der Leibesmitte durch die Übungen.
2. Ich empfand die Wiederherstellung der rechten inneren Ordnung, die Reorganisation der Energieströme auf die Leibesmitte hin.
3. Eine deutliche Entkrampfung der inneren Muskulatur ist zu spüren, besonders an der Wirbelsäule, z. B. nach beruflichem Stress. Damit bessere Durchblutung und Beruhigung des nervösen Herzrhythmus. Empfinden eines leiblichen Wohlbehagens.
4. Ich entdeckte, dass bei Ermüdungserscheinungen am Abend, nach des Tages Arbeit, ein bis zwei »Durchgänge« mir geistige Frische und körperliches Wohlbehagen zurückbrachten.

Dr. E. W., 72, Rentnerin:

Vor einigen Jahren wurde ich auf eine Dame aufmerksam, die trotz etwas unförmiger Gestalt erstaunlich ausgeglichene und elegante Bewegungen hatte. Aus Gesprächen mit ihr erfuhr ich, dass sie regelmäßig Kurse in chinesischer Bewegungskunst besuchte.

Um mehr von *taichi* zu erfahren und zu begreifen, absolvierte ich mehrere Formkurse. Bevor ich *taichi* kennen lernte, befasste ich mich seit Jahren mit *Hatha-Yoga*-Übungen, die ich nun mit *taichi* verbinde. Ich übe beides seit einem halben Jahr konsequent: morgens eine Dreiviertelstunde *Yoga,* anschließend etwa zehn Minuten *taichi,* abends noch einmal zehn Minuten *taichi.* Ich finde, dass sich beides sehr gut ergänzt: *Yoga* ist mehr statischer Natur, *taichi* mehr dynamisch, regt also die Gesundungskräfte von verschiedenen Seiten an. Beide Übungen verbessern die Körperbeherrschung, vermitteln seelische Gelassenheit und Ausgewogenheit und, wie ich hoffe, Gesundung und Gesunderhaltung. Zum Beispiel durch die *Yoga*-Übungen begann sich mein sehr stark gekrümmter Rücken wieder zu strecken und ich stellte fest, dass durch die Kombination von beiden Übungen schnellere Erfolge sichtbar werden. Auch die Gleichgewichtsstörung, unter der ich vorher litt, ist geringer geworden. Außerdem beobachte ich eine Steigerung meiner Konzentrationsfähigkeit. Die Wirkung von *taichi* sehe ich darin, dass Belastungen und Schwierigkeiten im täglichen Leben besser durchgestanden werden können.

H. H., 37, Bewegungstherapeutin:
Vor ungefähr fünf Jahren hörte ich zum ersten Mal von *taichi chuan*. Unklares nur, es sei so ähnlich wie *Kung Fu*, nur viel langsamer und weicher. Das machte mich neugierig. Davor hatte ich mich mit östlichen Religionen beschäftigt und einige Zeit *Zen*-Meditation geübt, doch war mir dabei zu wenig körperliche Bewegung. Ich begann Karate zu lernen und suchte in diesen starken Bewegungen die meditativen Anteile, stieß aber bei meinem damaligen Lehrer nur auf Unverständnis und gab wieder auf. Von *taichi chuan* erhoffte ich mir nun Meditation in Bewegung. Nachdem ich den Ablauf gelernt hatte, wurde das Lernen für mich erst richtig spannend. Anhand der verschiedenen Aspekte wie *yin* und *yang*, Blickrichtung, Anwendung und Partnerübungen, Einsatz des Zentrums, Schwertform usw. lernte ich die Form immer besser zu verstehen und komme so den richtigen Bewegungen immer näher. Die anfänglich gelernte Grobform konnte ich in kleinen, oft nur winzig kleinen Schritten zu einer immer klareren, energiereicheren Feinform weiterentwickeln. Ich selbst bin energiereicher geworden, ich friere viel weniger als früher und ich fühle mich tatkräftiger. Ich stehe besser auf meinen Füßen und bin dadurch in besserem Kontakt mit meiner Realität, komme immer mehr zu mir – zu meiner Mitte. Diese Veränderungen geschehen beim *taichi chuan* sehr langsam, und das ist mir sehr wichtig. Mein Körper braucht Zeit, um eine neue Körper-Haltung und Lebens-Haltung harmonisch zu entwickeln.
Beim täglichen Üben habe ich im *taichi chuan* auch ein Messinstrument für mein Befinden. Wie gut kann ich mich heute konzentrieren, kann ich das Gleichgewicht halten, meine Energie fließen lassen? Manchmal merke ich schon beim Ende des Übens eine Verbesserung der Konzentration und der Standfestigkeit.
Viel Geduld brauche ich noch bei der Anwendung des *taichi chuan* in den Partnerübungen. Es überrascht mich immer wieder, wie wenig Einsatz notwendig ist, wenn eine

Übung nach viel unnötigem Muskelkraftaufwand und verbissenem Wollen dann doch gelingt; wenn ich die Bewegung genauer ausführe und loslassen kann, sodass meine Energie zum Fließen kommt.

Dr. A. G., 36, Pharmakologe:
Die *unmittelbaren* Auswirkungen lassen sich ungefähr so beschreiben:
Wenn ich nach einem anstrengenden Arbeitstag nicht der Versuchung erliege, abends sogleich hundemüde ins Bett zu sinken, sondern mich zum *taichi chuan*-Üben aufraffen kann, bin ich hinterher auf wundersame Weise wieder frisch, nicht aufgeputscht, sondern angenehm wach. Das Üben fällt allerdings anfangs schwer, geht dann aber immer leichter. Spätabends stellt sich dann eine angenehme, tiefe Müdigkeit ein: Der Körper teilt jetzt seine Bedürfnisse unmissverständlich mit.
Nach dem Üben am Morgen fühle ich mich frisch und hellwach (was mir sonst schwer fällt!) und sehe dem Tag gelassen und »energiegeladen« entgegen. Das »Hellwachsein« nach dem Üben am Morgen führe ich darauf zurück, dass *taichi chuan* regulierend sowohl auf niederen als auch auf hohen Blutdruck wirkt.
Für mein Verständnis der chinesischen Medizin, insbesondere der Akupunktur, ist *taichi chuan* auch sehr hilfreich. Es ermöglicht, den Fluss des *ch'i* im eigenen Körper zu spüren – in der Akupunktur spricht man vom *te ch'i*-Gefühl = Ankommen des *ch'i*, und auch davon, *yin* und *yang* am eigenen Leib beim Üben der Form wahrzunehmen (ohne *yin* kein *yang* und umgekehrt). Gesund sein heißt, *yin* und *yang* im Gleichgewicht zu halten.
Faszinierend auch, bei den Partnerübungen zu spüren, dass man nur stark sein kann, wenn man vorher weich ist. Je stärker das *yin,* desto kräftiger das darauf folgende *yang.* Dies zu spüren, hilft die Lehre des Taoismus verstehen zu lernen.
Im Vergleich zu *Hatha-Yoga* hat *taichi chuan* für mich viel mehr Bezug zur Umwelt und Umgebung. Bei der Form bewegt man sich fließend im Raum, bei den Partnerübungen lernt man agieren und reagieren.
In der heutigen Psychotherapie-Szene wird *taichi chuan* oft im Zusammenhang mit Körpertherapien genannt. *Taichi chuan* ist aber keine eigentliche Therapiemethode. Einen Vergleich z. B. zwischen Reichianischer Körperarbeit (Bioenergetik) und *taichi chuan* halte ich für unzulässig, kann aber meine persönliche Erfahrung so schildern:
Die Reichianische Körperarbeit löst Verspannungen und Blockaden gezielt mit entsprechenden Übungen und es wird mit den dabei entstehenden Gefühlen »gearbeitet«; dabei kann es manchmal zu unkontrollierten Energieentladungen kommen. Man kann aber Blockaden sehr schnell überwinden und Spannungen rasch lösen.

Beim Üben von *taichi chuan* erfolgen Lockerungen und Lösen von Spannungen auf sehr sanfte Art und es ist nicht das Ziel, Gefühle damit zu provozieren, sondern alles im Fluss zu halten.

U. V., 28, Lehrer der F. M. Alexander-Technik:
Das erste Mal hörte ich von *taichi chuan,* als ich vor einigen Jahren eine Ausbildung in Alexander-Technik begonnen hatte. Es gab Studenten, die nebenher noch *taichi*-Kurse besuchten, und auch unser Lehrer äußerte sich sehr positiv zu einer solchen Ergänzung. Auf diese Anregung hin besorgte ich mir etwas Literatur und besuchte auch einige Kurse. Aber nichts konnte mich wirklich überzeugen. Durch meine Ausbildung hatte ich bereits einiges über den »richtigen« Gebrauch des Körpers gelernt und sah nun auch andere körperzentrierte Methoden in einem neuen Licht.
Schließlich meldete ich mich zu einem Einführungswochenende bei einem chinesischen Meister (CHU) an. Als ich nach dem ersten Tag mit einem völlig neuem Empfinden für meine Beine (und mit wackligen Knien) den Übungsraum verließ, hatte ich mich entschlossen, *taichi chuan* weiter zu betreiben. Während des Übens spürte ich plötzlich den Energiefluss in meinen Beinen und hatte das Gefühl, das erste Mal wirklich mit dem Boden in Kontakt zu sein. Diese Erfahrung liegt nun schon einige Jahre zurück. Seit diesem Tag übe ich *taichi chuan* mehr oder weniger regelmäßig. Am Anfang dachte ich, mit *taichi chuan* meine Alexander-Technik ein wenig bereichern zu können und gleichzeitig eine sinnvolle Art der körperlichen Betätigung auszuüben. Inzwischen empfinde ich es vielmehr so, dass sich *taichi chuan* und die Alexander-Technik in einer für mich geradezu idealen Weise ergänzen.
Wenn ich aber beschreiben soll, warum genau ich nun eigentlich *taichi chuan* mache, so fällt mir dies nicht leicht. Was mich sowohl an *taichi chuan* als auch an der Alexander-Technik besonders fasziniert, ist eine Kraft, die sich in meinem Organismus (Körper wäre nicht ausreichend) zu entwickeln und auszubreiten beginnt. Nicht, dass ich geschmeidiger und meine Bewegungen flüssiger werden, sondern vielmehr das Gefühl der inneren Freiheit, eines sich ständig erweiternden Freiraums, den ich in mir wahrnehme, ist das, was mich besonders anzieht.
Die vielen positiven Auswirkungen auf die Gesundheit sowie die Möglichkeit der Selbstverteidigung sind für mich eher angenehme Begleiterscheinungen. In dem Maß, in dem ich diesen inneren Freiraum entwickeln, ausdehnen und auch in schwierigen Situationen erhalten kann, wie ich dieser inneren Kraft

Raum geben kann, werden sich diese Begleiterscheinungen einstellen. Ein weiterer Grund, warum ich *taichi chuan* übe, ist ganz einfach, weil es mir viel Freude macht und ich mich sehr wohl dabei fühle.

R. B., 39, Bankkaufmann:
Ich lernte *taichi chuan* vor ungefähr anderthalb Jahren kennen. Vorher kannte ich es überhaupt nicht: Ich war mit der chinesischen Kultur nur über das Kulinarische in Kontakt gekommen.
Die Anregung, *taichi chuan* zu machen, stammte von einem Bekannten, und so besuchte ich vorerst einen ganztägigen Einführungskurs. Da war ich, die wohltuende Wirkung am eigenen Leib erfahrend, sofort begeistert von Idee und Praxis des *taichi chuan.* Ich spürte ähnliche Körperempfindungen wie nach einer Sitzung in einem Orgon-Akkumulator von Reich oder nach einer fachmännisch durchgeführten Reflexzonenmassage, nur noch viel intensiver und nachhaltiger. Die Wirkungen von *taichi chuan* kamen mir anders vor als diejenigen gewöhnlicher Gymnastik oder eines Waldlaufs. Es gab da nie Erschöpfungs- oder Müdigkeitserscheinungen, Muskelkater oder dergleichen.
Seit ich *taichi chuan* mache, fühle ich mich gesundheitlich viel besser, körperlich und seelisch lockerer und gelöster, widerstandsfähiger.
Die Wirkung verstärkt sich bei täglichem Üben von 15–20 Minuten. Am intensivsten ist sie allerdings nach den Kursstunden (anderthalb Stunden) zu spüren, weshalb ich seit anderthalb Jahren fast ohne Unterbrechung wöchentlich einen Kurs besuche. In geistiger Hinsicht bewirkte *taichi chuan* bei mir einen bemerkenswerten Erkenntniszuwachs, indem ich empfänglicher und aufmerksamer wurde, gegenüber diesem fließenden Umschalten von Aktivität zu Passivität und umgekehrt, in mir selber und in der gesamten Umgebung.
Letztlich bedeutet die Ausübung von *taichi chuan* für mich sowohl eine Möglichkeit der körperlichen und seelischen Stärkung als auch der natürlichen Bewusstseinserweiterung.

F. K., 39, Heilpraktiker und Bewegungs-/Meditationslehrer:
Als ich eines Tages entdecken musste, dass ich zu wenig auf den Zustand meines Körpers und Geistes geachtet hatte und die Gefahr bestand, dass sich in meinen Gelenken und Wirbeln alle möglichen rheumatischen Beschwerden entwickeln würden, begann ich mit intensivem Karatetraining. Ich konnte es daraufhin mit mir besser aushalten und hatte sogar einige Erlebnisse, die auf mehr Erfahrungsmöglichkeiten, als ich sie gewohnt war, hinwiesen. Eine Knieverletzung bei den leicht gewaltsamen Übungen stoppte jedoch jäh meine Karriere in dieser Sportart. Von *taichi chuan*

hatte ich schon einmal gehört als einer »Altherren«-Sportart, und da ich, um nicht ganz steif zu werden, Bewegung brauchte, suchte ich Kontakt damit. Bei zwei verschiedenen Lehrern lernte ich nacheinander zwei verschiedene Stile kennen. Gleichzeitig machte ich Erfahrungen mit Alexander-Technik, Elsa-Gindler-Schülern, Eutonie und anderen Bewegungslehren sowie Psychotherapien reichianischen Ursprungs, deren Grundlage die Erkenntnis der Zusammenhänge von Energie und Bewusstsein ist. Alles das half mir zu mehr Entspannung und Gleichgewicht.

Immer mehr Leute baten mich, ihnen zu zeigen, wie ich meine Schwierigkeiten bewältigen, meine Schmerzen und Behinderungen auflösen konnte. Langsam wurde ein Beruf daraus. Je mehr Leute mich fragten, desto deutlicher traten die Wissenslücken zutage. Welches der Konzepte für die natürliche Art, sich zu bewegen, entsprach der Wahrheit?

Erst der Kontakt mit dem traditionellen *Yang*-Stil gab da ein Unterscheidungsmerkmal an die Hand: nämlich ob die anstrengungslose Kraft des *ch'i* wirksam ist oder nicht. Wenn die einzelnen Körperteile bewusst richtig zusammengesetzt werden, kann man sich entspannen, sodass dem Strom der inneren Energie keine »Muskelpanzer-Barrieren« im Weg stehen; die Ordnung des inneren Universums lässt eine nur in diesem Zustand wirksame Energie freiwerden.

Es ist interessant, dass diese Erfahrung des Körper-Energie-Geist-Universums gut zusammenpasst mit dem buddhistisch-tantristischen Konzept, dass unsere Erlebniswelt jeweils ein geordneter Kraftkreis oder *mandala* ist, in dem alle Aspekte ihren angemessenen Platz und Zusammenhang haben, den es gilt, mit entspannter Aufmerksamkeit zu durchdringen und zusammenzuhalten, um zur Grundlage allen Erlebens vorzustoßen. Weil nichts Gekünsteltes am *Yang*-Stil ist, passt dieses *taichi chuan* gut zusammen mit den buddhistischen Meditationen, die ich ansonsten übe.

Ich freue mich darauf, immer mehr von den natürlichen Zusammenhängen meinen Patienten und Schülern zeigen zu können. Mit mehr Verständnis von *ch'i* bekommt meine Arbeit immer mehr Überzeugungskraft zum Nutzen derer, die geneigt sind, mit Disziplin, gegründet auf Einsicht, den Ballast von hindernden Gewohnheiten abzuwerfen. Ohne großen »Flip«, offen und wach, immer im Fluss.

M. D., 31, Maler:

Vor sechs Jahren habe ich mit Meditieren angefangen und seit vier Jahren mache ich *taichi chuan.* Von Beruf bin ich Maler und stoße bei meiner Arbeit auf ähnliche Schwierigkeiten wie beim *taichi chuan.*

Die korrekten Bewegungen im *taichi chuan* sind schwer zu lernen. Es braucht Zeit, Mühe und eine genaue Kenntnis seines Körpers, bis man gutes *taichi chuan* machen kann. Das ist das eine Prinzip des *taichi chuan.* Jeder Anfänger verspürt aber auch den Spaß und die Entspannung der Bewegungen. Das ist das andere Prinzip. Die Mühe und Arbeit wird durch die Leichtigkeit in der Ausführung aufgehoben. Immer muss *taichi chuan* entspannt und ohne Muskelkraft ausgeführt werden und der Körper lockert sich dabei. »Weich wie ein Kind«, heißt es. Kinder sind unbeschwert und natürlich in ihren Bewegungen. Das ist dasselbe, was ich bei guten Bildern empfinde. *Taichi chuan,* von einem Meister vorgeführt, ist leicht und natürlich, trotzdem voller Energie, Kraft und Tiefe. Ich erahne nur die lange Arbeit, die in den Bewegungen steckt.

Der Wille, etwas zu erreichen, sei es beim *taichi chuan* oder im Verfolgen einer Idee beim Malen, führt leicht dazu, dass ich mich verkrampfe oder verbohre. Ich verliere meine Natürlichkeit und die Dinge werden schwer und holprig. Das kann man gut bei einigen Bildern beobachten. Sie sind sicherlich interessant, aber man sieht die Mühe und Arbeit, die in ihnen steckt: Sie wirken ungeschliffen und unnatürlich. Andere Bilder sind leicht und selbstverständlich, man sieht ihnen keine Arbeit an und trotzdem vermitteln sie die ganze Erfahrung des Malers.

P. F., 46, Pfarrer:

Irgendwann 1957 habe ich als Oberschüler die Lao Tzu-Übersetzung von Lin Yutang als Fischertaschenbuch beim Stöbern gefunden. Noch heute habe ich dieses Buch mit seiner Zusammenstellung des Buches *Tao Te King* und mit Auszügen aus Chuang Tzus Schriften gern. Über Bücher zum *Zen*-Buddhismus gekommen stand ich 1959 kurz vor der Fahrt zur Aufnahme in ein *Zen*-Kloster. Doch ich wurde Theologe. Von hier bringe ich Meditationserfahrung, besonders über Singen und Gesungenes, mit.

1981 lernte ich, angeregt durch Freundinnen, *taichi* kennen. *Taichi* erschien mir die leibliche Gestalt der Worte vom weichen (oder sanften) Wasser bei Lao Tzu zu sein.

Mein geschäftiges Berufsleben söhnt sich, auch nach Teil I und II des alten *Yang*-Stils, immer noch nicht mit *taichi* aus. Intensive Zeiten mit der Form machen mich nachdenklich und fremder gegenüber meiner Arbeit. Bei viel Arbeitsbewegung wird mir die Form gleichgültiger. Zwei Anläufe habe ich jetzt zum alten *Yang*-Stil gemacht. Wichtig ist mir der Halt in unserer Übungsgruppe.

Unabhängigkeit und Übereinstimmung sind jetzt die Werte, denen ich im *taichi* für mein Leben begegne.

Ich lerne hier, dass ich es schwer mit ihnen habe.

Dr. R. G., 33, Mathematiker:
Gerade entwickelt sich der Entschluss in mir, die Füße schulterbreit auseinander und parallel nebeneinander auf den Bastteppich zu stellen und *taichi* zu beginnen. Dieser Entschluss, das Zentrum und die Glieder zwecklos durch den Raum zu schieben, unterbricht den Fluss der absichtsvollen Handlungen des Tages. Als ich 1979 zum ersten Mal an einer *taichi*-Übungsstunde teilnahm, hatte ich für mich einfachste und somit stimmige Mantra gefunden: die Aufmerksamkeit für mein Tun, für meine Bewegung als Sprungbrett in die Gegenwart. Die Genauigkeit, mit der die zu lernenden Bewegungen ausgeführt werden sollten, half mir, meine Aufmerksamkeit zu bündeln. Wie überall: Entwicklung durch die Spannung zwischen Form und Fließen. Ja, ich wusste gleich zu Anfang, was *taichi* ist. Doch diese Momente, zu wissen, was das ist, was ich da mache, wiederholten sich immer wieder mit neuen Inhalten und alter Gewissheit. Nach einem halben Jahr hatte ich das Gefühl, die Grundstellung als Grund-Stellung erfahren zu haben. In den darauf folgenden Jahren kam immer wieder das ganz körperliche Eingeständnis: Nein, du hast deinen spekulierenden Geist nicht in die Erde verwurzelt. Hier die Füße – da der Boden. Aber jetzt der Beginn … Es tut mir gut, körperliche Erkenntnis ernst zu nehmen, der Einfachheit zu vertrauen. Es ist ein langwieriger und aufregender Weg für mich, die Einfachheit und Schlichtheit des *taichi* als sich immer wieder versteckendes Geheimnis zu entdecken.

J. S., 59, Tänzerin/Bewegungslehrerin:
Die mystische Wissenschaft der östlichen Länder wirkte schon von Jugend an anziehend auf mich und zog mich in ihren Bannkreis. Selbst in der Zeit, als ich klassisches Ballett lernte und später als Charaktertänzerin tätig war, wurden die Tänze mit fernöstlichem Charakter mit tiefem Empfinden von mir dargebracht.
Die Fachausbildung als Gymnastiklehrerin war für meine Entwicklung ebenso wichtig und ein gutes Fundament auf der physischen Ebene. So viel mir der Tanz auch bedeutete, ich sah in dieser Tätigkeit keine Lebensaufgabe.
Ich heiratete, brachte drei Söhne zur Welt und blieb weiterhin im Training. Als mein Mann starb, nahm ich, der inneren Führung gehorchend, an *Yoga*-Seminaren teil. Von diesem Zeitpunkt an spürte ich eine große Wandlung in mir. Ich begann *Yoga* zu unterrichten und erlebte die feierliche Einweihung in *Za-Zen.* Hier wurde ich auch zum ersten Mal mit *taichi chuan* in Berührung gebracht. Die

Gruppe bewegte sich so harmonisch, gleich der Bewegung des Schilfs, welches vom Wind hin und her bewegt wird. Dieses Erlebnis wurde zum Anlass, *taichi chuan* zu lernen.
Der geistige Fundus stellt einen unerlässlichen Bestandteil der Übungen dar. Dazu gehören Ausdauer, volle Aufmerksamkeit, beständiges Üben. Für mich ist *taichi chuan* eine Methode, die über allem steht. Eine Rhythmik in Bewegung, meditativ gestaltet. Die Bewegungen sind rund nach dem kosmischen Muster geformt. Die Gestirne sind rund und von ihrer Mitte aus strahlt eine Kraft gleichmäßig in alle Richtungen und schafft dadurch eine Sphäre. So empfinde ich auch, wenn das *ch'i* fließt. Es fließt aus unserer Mitte, so wie die Kraft der Planeten aus der Mitte fließt und unser Leben bestimmt.

M. B., 43, Theaterpädagogin/Schauspielerin:
Taichi chuan verspricht vieles: Gesundheit, Geschmeidigkeit, Kraft …, es setzt aber, wie alles Erlernbare, vieles voraus: Wille, Ausdauer im regelmäßigen Üben, Konzentration … Die Trägheitsschwelle muss immer wieder neu überwunden werden; kaum einen Tag darf man sie unüberschritten lassen. Werden die oben erwähnten Voraussetzungen erfüllt, wird allmählich ein Kreislauf merkbar: Zum Willen gesellt sich Bedürfnis, zum Überwinden Lust und Freude; Ausdauer wird zur Gewohnheit– es stellt sich eine neue Alltagsordnung ein. Ein Ruhepunkt ist da, auf den man sich in allen möglichen Situationen innerlich berufen kann … Meditation in Bewegung … Im so genannten »Alltagstrott« vermag man es mit der Zeit, sich auf den Ruhepol zu besinnen. Wenn »Stress« droht, wird man immer weniger vom Gejagtwerden beherrscht, vielmehr lernt man, unliebsame und aufreibende Situationen zu beherrschen. Vorausgesetzt, man übt auch in Gedanken *yin* und *yang,* zwei Impulse, die unser Sein bestimmen und die, richtig erkannt und geführt, ein ausgewogenes Ganzes ergeben – vorausgesetzt man übt!
Seit bald zwei Jahren erlebe ich *taichi chuan* so, wie ich es eben notiert habe. Ich möchte das regelmäßige Üben nicht missen. Eine für mich längst wünschbare Neuorientierung hat sich eingestellt. Ich kann mich immer wieder zurückbewegen zum Punkt, zum Üben der »Form«, zum Nachdenken über deren Hintergründe, zur Meditation. Die »Form« gibt meinem Tagesablauf eine Form im wahrsten Sinne des Wortes, d. h. eine Ordnung.
Taichi – Meditation in Bewegung – und *Yoga*-Meditation sind meine unentbehrlichen Begleiter geworden. Fast gleichzeitig habe ich auf beiden Gebieten mit praktischem Üben begonnen. Zuvor befasste ich mich gedanklich, eher theoretisch

und unregelmäßig mit östlicher Philosophie – ein wenig *Hatha-Yoga* bildete den praktischen Teil des »geistigen Studiums«.
Jetzt stehe ich mittendrin im Lernprozess, im Überwinden der Schwellen, bin immer noch trägheitsanfällig, kämpfe gegen Ausreden wie »keine Zeit zum Üben«, »zu viel zu tun« oder »zu müde« – aber öfter stellt sich auch ein Gefühl der neu gewonnenen Ruhe und Konzentration ein, des Überblicks und eine Ahnung davon, wie es mit der Zeit sein könnte, das »ausgewogene Ganze«.

C. B., 50, Hausfrau:
Als ich vor drei Jahren anfing, *taichi* zu lernen, war mein Gesundheitszustand ziemlich schlecht. Wegen einer Herzschwäche, die ich schon seit meiner Kindheit hatte, konnte ich nicht länger als zehn Minuten hintereinander üben. Der Arzt stellte mithilfe eines EKGs fest, dass schon nach diesen kurzen und relativ leichten Anstrengungen der Herzmuskel nicht mehr ausreichend mit Sauerstoff versorgt wurde. Trotzdem steigerte ich langsam die Übungszeit und es stellte sich heraus, dass sich mein Zustand schon nach einem Jahr wesentlich gebessert hatte. Und auch in den beiden darauf folgenden Jahren wurde ich weiter zunehmend kräftiger und leistungsfähiger. – Nicht nur körperlich, sondern auch in anderer Hinsicht veränderte mich das tägliche Üben der »Form«: z. B. wurde ich wesentlich aufmerksamer. Zuerst nur in Bezug auf meinen Körper, wie er z. B. auf die Anziehungskraft der Erde reagierte, aber nach und nach auch allem anderen gegenüber, was ich tat und von anderen erlebte. Es entstand ein Gefühl von Ganzheit in mir und von »in meiner Mitte sein«, das ich vorher in dem Maße nicht gekannt hatte.

Anhang

Bibliografie

A. Quellen für das *Taichi*-Buch

I. GRUNDLAGEN

BLOFELD, JOHN, *Taoism – The Quest for Immortality,* London 1979

CHANG CHUNG-YUAN, *Creativity and Taoism,* New York 1963. Deutsch: *Tao, Zen und schöpferische Kraft,* Düsseldorf und Köln 1980

CHUANG TZU (H. A. Giles tr.), Shanghai 1926

CONTAG, V., *Die beiden Steine,* Braunschweig 1950

DSCHUANG-DSI, *Das wahre Buch vom südlichen Blütenland,* hrsg. v. R. Wilhelm, Düsseldorf und Köln 1979

EITEL, E. J., *Feng-Shui,* London 1873

FANO, A., *Les neuf figures de base de la pensée chinoise,* Paris 1983

FORKE, A., *World Conception of the Chinese,* London 1925

I Ging, Text und Materialien, Übers. R. Wilhelm, Düsseldorf und Köln 1973

JAYASURIYA, A., *Traditional Chinese Acupuncture,* Kalubowila, Sri Lanka 1982

KAPPSTEIN, S., *An-mo – die chinesische Mikromassage,* Freiburg 1981

LAOTSE, *Tao te king,* hrsg. v. R. Wilhelm, Düsseldorf und Köln 1978

LAVIER, JACQUES, *Bio-énergétique chinoise,* Paris 1976

RYCKMANS, PIERRE, *Les »Propos sur la Peinture« de Shih-t'ao,* Bruxelles 1970

Die Vorsokratiker, hrsg. v. W. Capelle, Stuttgart 1968 (C)

Die Vorsokratiker, hrsg. Wilhelm Nestle, Jena 1908 (N)

WATTS, ALAN, *The Two Hands of God,* New York 1963

II. WEGE UND ERFAHRUNGEN

CH'EN CHIA-CHUO, *Pafa, die acht Elemente der (alten) Siegelschrift* (unveröffentlichtes chinesisches Manuskript), Shanghai 1980

DERS., *Shufa Ch'ikung,* Kalligrafie als Übung des *ch'i* (unveröffentl. chin. Manuskript), Shanghai 1982

CH'EN YEN-LIN, *Tai Chi Ch'üan …* Shanghai 1949 (chinesisch)

LUK, CHARLES (LU K'UAN-YÜ), *The Secrets of Chinese Meditation,* London 1963. Deutsch: *Geheimnisse der chinesischen Meditation,* Zürich und Stuttgart 1967 (Neuauflage Freiburg 1984)

SHEN CHOU, *Eine Inschrift auf einem Jadestab …* (Der älteste *ch'ikung*-Text) aus der chin. Zeitschrift WU LIN 1982, Heft 7, S. 32–33

TERAYAMA, K., *Hitsu-zen-dō* (Der Zen-Weg des Pinsels), Tōkyō 1983 (japanisch)

WANG FU-AN, *Shuo-wen-Radikale* (in kleiner Siegelschrift), Hangzhou 1979 (chinesisch)

WILHELM, H., *Eine Chou-Inschrift über Atemtechnik,* in: Monumenta Serica XIII, Peking 1948, S. 385–388

ZÖLLER, JOSEPHINE, *Qi Gong (Ch'ikung) – eine chinesische Ganzheitsmedizin,* in: Akupunktur 1983, Heft 3

DIES., *Traditionelles Qi Gong (Ch'ikung) im Einsatz gegen Krebs,* in: Akupunktur 1983, 1

DIES., *Qi Gong – eine in der VR China benutzte Ganzheitstherapie* (unveröfftl. Manuskript)

B. Auswahl an benutzter und weiterführender Literatur

I. GRUNDLAGEN

BLOFELD, JOHN, *Das Geheime und das Erhabene,* München 1979

DERS., *Jenseits der Götter,* München 1981

DERS., *I Ging,* München 1983

BRIESSEN, FRITZ V., *Chinesische Maltechnik,* Köln 1963

CHENG, F., *Le vide et le plein – le langage pictural chinois,* Paris 1982

COLEGRAVE, S., *Yin und Yang,* München 1979

COOPER, J. C., *Der Weg des Tao,* München 1979

EBERHARD, W., *Lexikon chinesischer Symbole,* Köln 1983

FENG YU-LAN, *A Short History of Chinese Philosophy,* New York 1966

FISCH, GUIDO, *Akupunktur,* München 1979

GOEPPER, R, *Vom Wesen der chinesischen Malerei,* München 1962

GRANET, MARCEL, *Das chinesische Denken,* München 1963

KALTENMARK, MAX, *Lao-tzu und der Taoismus,* Frankfurt 1981

KLEIST, HEINRICH V., *Über das Marionettentheater,* Reclam UB 7670

KUSHI, MICHIO, *Michio Kushis Dō-In-Buch,* Frankfurt 1980

LEGEZA, L., *Tao Magic – The Secret Language of Diagrams and Calligrafy,* London 1975

NEEDHAM, JOSEPH (ed.), *Science and Civilisation in China,* Cambridge 1956

PÁLOS, STEPHAN, *Chinesische Heilkunst,* München 1975

PAYNE, P., *Martial Arts – The Spiritual Dimension,* London 1981

PORKERT, MANFRED, *Die chinesische Medizin,* Düsseldorf und Wien 1982

DERS., *Die theoretischen Grundlagen der chinesischen Medizin,* Wiesbaden 1973

RAWSON, P. UND LEGEZA L., *Tao – die Philosophie von Sein und Werden,* München 1974

REID, H. UND CROUCHER, M., *The Way of the Warrior,* London 1983

SCHNORRENBERGER, K., *Lehrbuch der chinesischen Medizin für westliche Ärzte,* Stuttgart 1979

SKINNER, STEPHEN, *The Living Earth Manual – Chinese Geomancy,* London 1982

SZE MAI-MAI, *The Way of Chinese Painting,* New York 1959

VEITH, ILZA, *The Yellow Emperor's Classic of Internal Medicine,* London 1972

WALEY, A., *Lebensweisheit im alten China,* Frankfurt 1978

DERS., *The Way and its Power,* London 1965[5]

WALF, KNUT, *Westliche Taoismus-Bibliographie* (WTB), Limburg 1985

WATTS, ALAN, *Der Lauf des Wassers,* Frankfurt 1981

DERS., *Weiheit des ungesicherten Lebens,* München 1981[3]

WIEGER, LÉON, *Chinese Characters …,* New York 1965

WILLIAMS, C. A. S., *Outlines of Chinese Symbolism and Art Motives,* New York 1976

WONG, J. I., *A Source Book in the Chinese Martial Arts,* 2 vols., Stockton, California 1979

II. WEGE UND ERFAHRUNGEN

ANDERS, FRIEDER, *Tai Chi Chuan – Nachgeben und Standhalten,* in: K. Moegling (Hrsg.), Sanfte Körpererfahrung, Bd. II, Kassel 1984

BLOFELD, JOHN, *Selbstheilung durch die Kraft der Stille,* München 1981

CHIA, MANTAK, *Awakening Healing – Powers Through the Tao,* New York 1983. Deutsch: *Tao Yoga,* Interlaken 1985

CH'EN, Y. K., *T'ai ch'i ch'üan – Its Effects and Practical Applications,* Hongkong 1979

CHENG MAN-CH'ING, *Master Cheng's 13 Chapters on T'ai chi ch'üan,* New York 1982

DERS., *T'ai chi ch'üan – A Simplified Method of Callistenics and Self Defense,* Richmond 1981

DESPEUX, C. C., *Taijiquan – art martial, technique de longue vie,* Paris 1979

GORTAIS, J., *Taijiquan,* Paris 1981

HU BIN, *A Brief Introduction to the Science of Breathing Exercise (Ch'ikung),* Hongkong 1982

HUANG WEN-SHAN, *Fundamentals of T'ai chi ch'üan,* Hongkong 1982[4]

JOU TSUNG-HWA, *The Tao of Meditation ...,* Piscataway N. J., 1983

DERS., *The Tao of T'ai chi ch'üan,* Rutland, Vermont 1980

JUNG, C. G. UND WILHELM, R., *Das Geheimnis der Goldenen Blüte,* Freiburg 1971

KIM TAWM, *Geheime Übungen taoistischer Mönche,* Freiburg 1982

KOU, KAMES, *Taijiquan,* Paris 1979

LI YING-ANG, *Anwendung des T'ai chi ch'üan* (chinesisch), Hongkong 1972

LIAO, WAYSON, *T'aichi Classics,* 2 vols., Circo Diegueno del Mar, California 1981

LO, INN, AMACKER, FOE, *The Essence of T'ai chi ch'üan,* Richmond 1979

LUK, CHARLES (LU K'UAN-YÜ), *Taoist Yoga, Alchemy and Immortality,* London 1976[3]

MAIER, HERBERT, *Pa Tuan Chin,* Oldenburg 1979

Martial Arts – Magazin für Kampfkunst und Philosophie, Heft 1–5, hrsg. v. Helmut Barthel, Stelle-Wittenwurth, 1983/84

MIYUKI, MOKUSEN, *Das Kreisen des Lichts,* München 1975

ŌMORI, SOGEN UND TERAYAMA, K., *Zen and the Art of Calligrafy,* London 1983

PÁLOS, STEPHAN, *Atem und Meditation,* München 1974

Simplified Taijiquan – China Sport Series I, Peking 1980. Deutsch: *Schattenboxen leichtgemacht,* Peking 1983

SIOU, LILY, *Ch'i-kung,* Rutland, Vermont, 1975

STEVENS, JOHN, *Sacred Calligrafy of the East,* Boulder und London 1981

STIEFVATER, E. UND I., *Chinesische Atemlehre und Gymnastik,* Ulm 1962

T'ai-Chi Touchstones – Yang Family Secret Transmissions, D. Wile comp. and tr., New York 1983

TSENG JU-PAI (TSENG CHAO-JAN), *Das komplette Buch des T'ai chi ch'üan* (chinesisch), Hongkong 1980

DERS., *The chart of T'ai chi ch'üan,* Hongkong o. J.

DERS., *Primordial Pugilism,* London 1975

YEUNG SAU CHUNG (YANG SHOU-CHUNG), *Practical Use of T'ai chi ch'üan,* Boston 1976

YIU KWONG, *Research into Techniques and Reasoning of T'ai chi ch'üan,* Hongkong 1982

DERS., *T'ui Shou and San Shou in T'ai chi ch'üan,* Hongkong 1981

Zen und die Künste – Tuschmalerei und Pinselschrift aus Japan, Ausstellungskatalog des Museums für Ostasiatische Kunst, Köln 1979

ZÖLLER, J., *Das Tao der Selbstheilung,* München 1984

Quellennachweis

I. GRUNDLAGEN

JOHN BLOFELD, *Das Tao und sein Wirken.* Leicht gekürzte Übersetzung des Kapitels »The Nameless – The Tao and its Activity« aus John Blofeld, »Taoism – The Quest for Immortality« (London 1979). Deutsch von Henning Sabo. Mit freundlicher Genehmigung des Verlags Allen & Unwin, London.

ALAN WATTS, *Yin und Yang – das ursprüngliche Paar.* Übersetzung des Kapitels »The Primordial Pair« aus Alan Watts »The Two Hands of God« (New York 1963). Deutsch von Wolfgang Höhn. Mit freundlicher Genehmigung des Verlags Georg Braziller, New York.

JACQUES LAVIER, *Zwischen Himmel und Erde.* Leicht gekürzte Übersetzung des Kapitels »Entre ciel et sol« aus Jacques Lavier, »Bio-énergétique chinoise« (Paris 1976). Deutsch von Wolfgang Höhn. Mit freundlicher Genehmigung des Verlags Maloine, Paris.

ALICE FANO, *Pa kua – die »Acht Trigramme«.* Übersetzung der Seiten 37–48 aus Alice Fano, »Les neuf figures de base de la pensée chinoise« (Paris 1983) Deutsch von Wolfgang Höhn. Mit freundlicher Genehmigung des Verlags Maisnie, Paris.

JACQUES LAVIER, *Die »Fünf Elemente«.* Leicht gekürzte Übersetzung des Kapitels »Les cinq éléments« aus Jacques Lavier, »Bio-énergétique chinoise« (Paris 1976). Deutsch von Wolfgang Höhn. Mit freundlicher Genehmigung des Verlags Maloine, Paris.

JOHN BLOFELD, *Die »Drei Schätze«.* Auszug aus dem Kapitel »The Yellow and the White« aus John Blofeld, »Taoism – The Quest for Immortality« (London 1979). Deutsch von Henning Sabo. Mit freundlicher Genehmigung des Verlags Allen & Unwin, London.

JACQUES LAVIER, *Ch'i – die Energie.* Gekürzte Übersetzung des Kapitels »L'énergie« aus Jacques Lavier, »Bio-énergétique chinoise« (Paris 1976). Deutsch von Wolfgang Höhn. Mit freundlicher Genehmigung des Verlags Maloine, Paris.

ANTON JAYASURIYA, *Grundlagen der chinesischen Medizin.* Gekürzte Übersetzung des Kapitels »Metaphysics« aus A. Jayasuriya, Traditional Chinese Acupuncture, Kalubowila, Sri Lanka 1982. Deutsch von Wolfgang Höhn.

STEFAN KAPPSTEIN, *Energiepunkte und Meridiane.* Abdruck des gleichnamigen Kapitels aus Stefan Kappstein, »Die chinesische Mikromassage« (Freiburg 1981). Mit freundlicher Genehmigung des Hermann Bauer Verlags, Freiburg.

ERNST JOHANN EITEL, *Das Ch'i der Natur oder vom Wesen der Geomantie.* Gekürzte Übersetzung des Kapitels »The Breath of Nature« aus dem 1873 in London erschienenen Buch »Fengshui«, verfasst von dem deutschen Missionar in englischen Diensten, Ernst Johann Eitel. Deutsch von Henning Sabo.

SHIH T'AO, *Die »Eine Linie«.* Gekürzte Übersetzung aus Kapitel VII

und VIII der Abhandlung »Hua yü lu« des Shih T'ao (1641–1720).
Deutsch von Wolfgang Höhn.
CHANG CHUNG-YUAN, *Die große Stille in Malerei und Kalligrafie.*
Abdruck des gleichnamigen Kapitels aus Chang Chung-Yuan, »Tao, Zen und schöpferische Kraft« (Düsseldorf/Köln 1975).
Teils gekürzt, teils erweitert – um ein Zitat aus dem »Chieh-Chou Hsüeh-Hua-Pien« des Shen Tsung-Ch'ien aus dem späten 18. Jahrhundert.
Deutsch von Stephan Schuhmacher.

II. WEGE

SHEN SHOU, *Der älteste Ch'ikung-Text.*
Leicht gekürzte Übersetzung eines Artikels von Shen Shou in der chinesischen Zeitschrift »Wu Lin«, Heft 7/1982.
Deutsch von Wolfgang Höhn und Yen Heng.
JOSEPHINE ZÖLLER, *Ch'ikung, eine chinesische Ganzheitsmedizin.*
Erstdruck.
CHANG CHUNG-YUAN, *Der Prozess der Selbstverwirklichung.*
Teilweiser Abdruck des gleichnamigen Kapitels aus Chang Chung-Yuan, »Tao, Zen und schöpferische Kraft« (Düsseldorf/Köln 1975).
Deutsch von Stephan Schuhmacher.
CHARLES LUK (LU K'UAN-YÜ), *Taoistische Meditation.*
Teilweiser Abdruck des gleichnamigen Kapitels aus Charles Luk, »Geheimnisse der chinesischen Meditation« (Zürich/Stuttgart 1967).
Deutsch von Hans-Ulrich Rieker. Mit freundlicher Genehmigung des Hermann Bauer Verlags, Freiburg.
WOLFGANG HÖHN, *Der Weg der Schrift.*
Erstdruck unter Einbeziehung der Übersetzung »*Shufa ch'ikung* – Kalligrafie als Übung des *ch'i*«, eines Textes von Meister Ch'en Chia-Chuo aus Shanghai (1982); die deutsche Fassung besorgten Wolfgang Höhn und Yen Heng.

III. DER WEG DES TAICHI CHUAN

CHUANG, TZU, *Der Koch.*
Abdruck der gleichnamigen Lehrgeschichte (Buch III, Nr. 2) aus Dschuang Dsi, »Das wahre Buch vom südlichen Blütenland« (Köln 1984, Diederichs Gelbe Reihe Bd. 14).
Deutsch von Richard Wilhelm.
FRIEDER ANDERS, *Taichi Chuan.*
Erstdruck.
KLASSISCHE TEXTE
1. Übersetzung des »T'ai chi ch'üan lun« von Chang San-Feng (13./14. Jh.).
Deutsch von Frieder Anders und Wolfgang Höhn.
2. Übersetzung aus dem »T'ai chi ch'üan ching« des Wang Tsung-Yüeh (18. Jh.).
Deutsch von Frieder Anders und Wolfgang Höhn.
3. Auszug aus der »Abhandlung über die Übung der ›Dreizehn Bewegungsformen‹« von Wu Yü-Hsiang.
Deutsch von Frieder Anders und Wolfgang Höhn.
4. Zehn Grundprinzipien des Taichi Chuan von Yang Ch'eng-Fu (1883–1936).
Deutsch von Wolfgang Höhn und Yen Heng.

IV. ERFAHRUNGSBERICHTE

CH'EN YEN-LIN, *Erfahrungen beim Lernen des Taichi-Chuan.*
Übersetzung der Seiten 12–17 aus dem Buch »T'ai chi ch'üan« des Meisters Ch'en Yen-Lin, geb. 1906 (Shanghai 1950).
Deutsch von Wolfgang Höhn und Yen Heng.
ERFAHRUNGEN VON SCHÜLERN.
Alle 26 Berichte sind Erstdrucke, für die den Beteiligten herzlich gedankt sei.

Anmerkung zur Aussprache des Chinesischen und zur Umschrift

Bei der Transkription des Chinesischen, d. h. der möglichst lautgetreuen Wiedergabe chinesischer Wörter in lateinischen Buchstaben, herrscht in der einschlägigen westlichen Literatur, besonders im Bereich der Kampfkünste, ein für den Laien völlig verwirrendes Chaos. Um den Lesern das Verständnis zu erleichtern, haben wir uns in diesem Buch um eine *einheitliche* Umschrift nach dem *Wade-Giles-System* (in der vereinheitlichten Form des Chinesisch-Englischen Wörterbuchs von Matthews 1931) bemüht, auch wenn in den (übersetzten) Originaltexten andere Transkriptionssysteme verwendet werden. Die Umschrift nach Wade-Giles ist in westlichen Fachkreisen immer noch gebräuchlicher als das in der VR China seit 1958 propagierte »offizielle« Pinyin-System. Für die Aussprache chinesischer Wörter gelten im Wade-Giles-System zwei Faustregeln:

a) Konsonanten und ihre Verbindungen (z. B. ch) meist wie im Englischen;

b) Vokale meist wie im Deutschen.

Das j wird ungefähr wie im Französischen ›jour‹ gesprochen (*jen* = ›Mensch‹); ein »Apostroph« hinter Konsonanten(verbindungen) zeigt die Aspiration (Behauchung) an (chin. *k'an* wie deutsch ›kann‹); das dumpfe, klangarme i des Chinesischen wird mit ih wiedergegeben (*shih* = ›zehn‹), nach stimmlosem s allerdings mit (s)u (*ssu* = ›vier‹).

Nur in wenigen Fällen haben wir die im deutschsprachigen Raum eingebürgerte Schreibweise chinesischer *Namen* beibehalten (wie *Peking* oder *Kanton*). Die Ausnahme bei *taichi (chuan)* dürfte auffallen, aber zum einen hat sich diese Schreibweise bei der ITCCA eingebürgert, zum anderen möchten wir, dass sich dieser Begriff als Name einprägt. Nach Wade-Giles müsste man eigentlich *t'ai chi ch'üan* schreiben (*taijiquan* in der Pinyin-Umschrift) – um einmal an diesem Beispiel vor Augen zu führen, wie sehr die Schriftbilder in den verschiedenen Transkriptionssystemen voneinander abweichen: für ein- und denselben chinesischen Ausdruck, der für deutsche Zungen und Ohren etwa »tai dschi tschüan« lauten könnte.

Danksagung

Ich danke allen, die mir bei der Fertigstellung des Buches geholfen haben. An erster Stelle Meister *Chu** für die Bereitschaft, seine Fotos zur Verfügung zu stellen, und Wolfgang Höhn für Übersetzungen aus dem Englischen, Französischen, Japanischen und Chinesischen (zusammen mit Yen Heng, danke!), für gute Ideen, Rat und Tat. Weiterhin Dank an Anita Rahn für die Fotoaufnahmen, an Moritz Dornauf für die Grafiken, an Henning Sabo für Übersetzungen und Nachdichtungen sowie an Mariko Sakai und Wolfgang Höhn für die chinesischen Schriftzeichen. Ebenfalls Dank an Peter Faßbender, Andreas Heyden und Helmut Sommerfeld, die zusammen mit M. Dornauf und W. Höhn Meister Chu bei den Fotos assistiert haben. Dank auch an die Verfasser der Selbstdarstellungen für ihre Bereitschaft, ihre Erfahrungen mit *taichi chuan* zu veröffentlichen, und Dank an alle meine Schüler für ihr Interesse am authentischen *taichi chuan.*

Frieder Anders

* Wer, durch die Lektüre dieses Buches angeregt, *taichi chuan* erlernen will, der sei auf die International Tai Chi Chuan Association (ITCCA) verwiesen.

ITCCA Europa:
Meister K. H. Chu, 184/192 Drummond Street, London N. W. 1
ITCCA Bundesrepublik Deutschland:
Frieder Anders, Im Trutz Frankfurt 23, 60322 Frankfurt/M., Telefon (0 69) 72 73 78

Register

Y

Z

Toyo und Petra Kobayashi

T'ai Chi Ch'uan

140 Seiten, Festeinband

ISBN 3-89631-339-8

Das bewährte Übungsbuch vermittelt Schritt für Schritt die Übungsabfolgen, flieflende harmonische Bewegungen, die ohne Anstrengung ausgeführt werden. Die Philosophie des Tao als Grundlage des T'ai Chi Ch'uan wird in Theorie und Praxis erfassbar.

Toyo und Petra Kobayashi

T'ai Chi Ch'uan – Einswerden mit dem Tao

192 Seiten, Festeinband

ISBN 3-89631-412-2

T'ai Chi Ch'uan als ganzheitliche Gesundheitsübung, Heilgymnastik, Entspannungsübung und als ein Weg der spirituellen Entwicklung des Menschen. Die Autoren führen in die hohe Kunst des klassischen T'ai Chi Ch'uan ein und vermittelt die Grundlagen für ein verfeinertes Üben.

Petra Kobayashi

Der Weg des T'ai Chi Ch'uan

168 Seiten, Festeinband

ISBN 3-88034-775-2

Der Schwerpunkt des Buches liegt in der Darstellung des meditativen und geistigen T'ai Chi Ch'uan. Neben Ursprung und Geschichte wird erstmals auch der taoistische Hintergrund erläutert. Der praktische Teil enthält Vorbereitende Übungen (Aufwärmübungen).

Punkte malen

Schuana Amirova

Impressum

Mail schuana.amirova@icloud.com
Kontakt Schuana Amirova
Postfach 26 01 48
80058 München

ISBN 97-819-80980-797